Uni-Taschenbücher 48

UTB

Eine Arbeitsgemeinschaft der Verlage

Birkhäuser Verlag Basel und Stuttgart
Wilhelm Fink Verlag München
Gustav Fischer Verlag Stuttgart
Francke Verlag München
Paul Haupt Verlag Bern und Stuttgart
Dr. Alfred Hüthig Verlag Heidelberg
Leske Verlag + Budrich GmbH Opladen
J. C. B. Mohr (Paul Siebeck) Tübingen
C. F. Müller Juristischer Verlag – R. v. Decker's Verlag Heidelberg
Quelle & Meyer Heidelberg
Ernst Reinhardt Verlag München und Basel
F. K. Schattauer Verlag Stuttgart-New York
Ferdinand Schöningh Verlag Paderborn
Dr. Dietrich Steinkopff Verlag Darmstadt
Eugen Ulmer Verlag Stuttgart
Vandenhoeck & Ruprecht in Göttingen und Zürich
Verlag Dokumentation München

Das sozialwissenschaftliche Curriculum

Schriften zur politischen Didaktik
Band 1

Die Bände dieser Reihe stehen ausschließlich in der
Verantwortung ihrer Verfasser oder Herausgeber.
Eine übergeordnete Gesamtredaktion erfolgt nicht.

CIP-Kurztitelaufnahme der Deutschen Bibliothek

**Das sozialwissenschaftliche Curriculum in der
Schule:** neue Formen u. Inhalte / hrsg. von Antonius Holtmann.- 2., durchges. u. erg. Aufl.-
   (Uni-Taschenbücher ; 48) (Schriften zur politischen Didaktik ; Bd. 1)
   ISBN 3-8100-0157-0

  NE: Holtmann, Antonius [Hrsg.]

Das sozialwissenschaftliche Curriculum in der Schule

Neue Formen und Inhalte

Herausgegeben
von Antonius Holtmann

2. durchgesehene und ergänzte Auflage

Leske Verlag + Budrich GmbH, Opladen 1976

Die Übersetzung besorgte Hanne Herkommer. Den ersten Beitrag von Jerome S. Bruner übertrug Arnold Harttung. Die deutsche Fassung der annotierten Bibliographie von Merl M. Knight stammt vom Herausgeber.

ISBN 3-8100-0159-X
© 1976 by Leske Verlag + Budrich GmbH, Opladen
Satz und Druck: Anton Hain KG, Meisenheim/Glan
Bindearbeit von Sigloch-Henzler KG, Stuttgart
Printed in Germany

Vorwort

Seit Mitte der sechziger Jahre ist Curriculum-Theorie und -Entwicklung in der Bundesrepublik im Gespräch, aber erst in wenigen Ansätzen realisiert. Vorbild sind neben Schweden vor allem die USA. In bezug auf den politisch-historischen und sozialwissenschaftlichen Fachbereich (Social Studies) sind die Interessenten bisher nur oberflächlich informiert.

In den USA stehen mit unterschiedlichem Gewicht zur Diskussion: die Integration der traditionellen Fächer Geschichte, Sozialkunde und Erdkunde zu einem sozialwissenschaftlichen Fachbereich; die Notwendigkeit einer wissenschaftstheoretischen und historisch-politischen Begründung der politischen Didaktik mit dem Interesse an Emanzipation; die stärkere Rezeption der Sozialisations- und Lernforschung durch eine solche politische Didaktik und die Bestimmung der familiären, schulischen und darüber hinausgehenden gesellschaftlichen Sozialisationsfaktoren.

Der Band dokumentiert Curriculum-Theorie und Curriculum-Projekte der sechziger Jahre. Er hätte seinen Zweck erfüllt, wenn er eine sehr gründliche, aber auch sehr kritische Rezeption und Kooperation der Theorie und Praxis des sozialen und politischen Lernens einleitete. Sie ist eine gesellschaftspolitische Notwendigkeit.

Der einleitende Beitrag von *Antonius Holtmann* gibt einen Überblick über die Curriculum-Entwicklung in den USA und liefert einen kritischen Vergleich zur politischen Didaktik in der BRD, mit der Forderung nach Kooperation.

Die beiden Texte von *Jerome S. Bruner* skizzieren die Ausgangsposition der »New Social Studies« und die Hypothesen, um die der Streit in den sechziger Jahren geht (concept and structure).

Die Aufsätze von *Mark M. Krug* und *Gerald Leinwand* enthalten die ablehnende Argumentation der Hypothesen von Bruner. Sie rechtfertigen den bisherigen Geschichtsunterricht.

Der Beitrag von *Oliver/Shaver* kritisiert den gängigen Geschichtsunterricht, aber auch die so starke wissenschaftsorientierte Konzeption von Bruner. Die Autoren plädieren für Fallstudien, bei denen es um kontroverse Argumentation zu konkreten Konflikten im gesellschaftlichen Leben geht.

Die Aufsätze von *Edgar Bruce Wesley* und *Charles G. Sellers* stellen eine scharfe Kritik am traditionellen Geschichtsunterricht dar. Sie setzen sich für eine »New History« im Rahmen eines sozialwissenschaftlichen Unterrichts ein.

Lawrence Senesh versucht, aus den Strukturen der verschiedenen sozialwissenschaftlichen Disziplinen Kategorien für die Curriculum-Entwicklung abzuleiten.

Die Beiträge von *Fannie R. Shaftel* und *June R. Chapin* weisen auf die Bedeutung von Plan- und Rollenspielen in der politischen Didaktik hin.

Die annotierte Bibliographie laufender Curriculum-Projekte verschafft einen Überblick über die Curriculum-Entwicklung im Fachbereich Social Studies in den sechziger Jahren.

Die abschließende Bibliographie enthält wichtige relevante Buchliteratur aus den USA und alle bisher in deutscher Sprache erschienenen Arbeiten zu den Social Studies.

April 1972

Antonius Holtmann

Vorwort zur zweiten Auflage

Noch ist zu wenig Neues zu berichten, als daß sich eine überarbeitete zweite Auflage oder gar eine völlige Neufassung lohnte. So bringt die zweite Auflage bibliographische und informatorische Ergänzungen.

1975 hat eine Konferenz in Bloomington an der Indiana University („Political Education in the Federal Republic of Germany and in the United States", 15.–19. September) den vorliegenden Überblick über die Diskussion in den sechziger Jahren bestätigt. Viele Projekte, die Merle M. Knight aufgelistet hat, sind nun auf dem Markt, mit mäßigem Erfolg aufgrund der Resistenz eingeschliffener Praktiken und Denkmuster und der bestätigenden Verknappung der Mittel. Die Euphorie ist verflogen, die Probleme sind geblieben, so auch das Mißverhältnis zwischen den Theorie-Defiziten materialreicher Curriculum-Entwicklung in den USA und esoterischer Theoriediskussion in der Bundesrepublik. Reduzierung der Ausgaben und politische „Tendenzwende" greifen hier wie dort: Theorie und Materialien bleiben relativ wirkungslos.

Es bleiben aber auch die Chancen dieses Mißverhältnisses: im Zuge kooperativer Curriculum-Entwicklung die jeweiligen Defizite aufzuheben und eine Problematisierung zu erarbeiten, die den gemeinsamen politisch-ökonomischen Bedingungen in den USA und in der BRD gerecht wird. Der Trend zeichnet sich ab in den USA und in der BRD: Das Konzept offener Curricula (Engle/Longstreet) und die Betonung von Sozialisationsbedingungen der Institution Schule (Merelman) und der gesellschaftlichen Voraussetzungen für institutionelle Veränderungen (Sarason). Schule als Bildungs- und Aktionszentrum der Gemeinde bleibt pädagogischer Anspruch, gründlich legitimiert und in der Ernüchterung der ersten Hälfte der siebziger Jahre differenziert entfaltet (Newmann).

Diese Ausweitung der Diskussion gibt den Social Studies und dem

Politischen Unterricht eine realitätsgerechtere Chance als das Konzept zwar schon methodologisch orientierter, aber doch geschlossener Curricula der sechziger Jahre.—

Neue Literatur ist der Bibliographie angefügt. Wer alles über abgeschlossene und laufende Curriculum-Projekte im Bereich der Social Studies wissen möchte, hat jetzt ein ständig ergänztes Verzeichnis als Loseblatt-Sammlung zur Verfügung:

Social Studies Curriculum Materials:
Data Book, II Volumes.

Bezug über:
Social Science Education Consortium (SSEC)
855 Broadway
Boulder/Colorado 80302.

Dieses „Consortium" speichert auf Mikrofilm gedruckte und ungedruckte Arbeiten, Materialien etc. zu den Social Studies.

Zur besseren Information sind hier nun auch die Fachzeitschriften und ihre Verlage genannt:

„Behavioral and Social Science Teacher"
Behavioral Publications, Inc., 72 5th Avenue,
New York, N.Y. 10011;

„Social Education"
National Council for the Social Studies (NCSS)
1515 Wilson Boulevard,
Arlington/Virginia 22209;

„The Social Studies",
Heldref Publications,
4000 Albemarle Street, N.W.,
Washington D.C. 20016.

In England erscheint, mit internationaler Blickrichtung:

„Teaching Political Science"
Sage Publications, Ltd., St. George's House,
44 Hatton Garden, London EC1N8ER.

Seit 1976 erscheint — von Niederländern und Schweden — vor allem aber von Herausgebern aus der Bundesrepublik und aus den USA getragen:

„International Journal of Political Education"
H. D. Tjeenk Willink, P.O. Box 58, Groningen,
The Netherlands.

Ins zweite Vorwort nur noch dieser letzte Hinweis: Lippitt's „Social Science Laboratory Units" (vgl. S. 223 f.) liegen nun als „Deutsche Bearbeitung" vor:

„Detto und andere" — Acht Einheiten für Sozialwissenschaften in der Schule, Stutttgart, Klett-Verlag 1975.

Februar 1976   Antonius Holtmann

Inhalt

Vorwort 5

Antonius Holtmann

Social Studies und politischer Unterricht
Zu den Chancen eines Mißverhältnisses 13

Jerome S. Bruner

Die Bedeutung der Struktur im Lernprozeß 77

Jerome S. Bruner

Entdeckendes Lernen 91

Gerald Leinwand

Kritische Überlegungen zum entdeckenden Lernen
in den Social Studies 106

Mark M. Krug

Bruner's »New Social Studies«: Eine Kritik 113

Edgar Bruce Wesley

Laßt uns den Geschichtsunterricht abschaffen 130

Charles G. Sellers

Verschwindet Geschichte aus unseren Schulen und kümmern
sich die Historiker darum? 143

Donald W. Oliver / James P. Shaver

Politische Fallstudien-Didaktik und ihr Stellenwert innerhalb der Social Studies 159

Lawrence Senesh

Zur Organisation eines Curriculum auf der Grundlage sozialwissenschaftlicher Begriffe 178

Fannie R. Shaftel

Rollenspiel und soziales Lernen 197

June R. Chapin

Planspiele 207

Merle M. Knight

Neue Curriculum-Projekte zu den »Social Studies«
(Stand: August 1970) 214

Bibliographie 239

Antonius Holtmann

Social Studies und politischer Unterricht

Zu den Chancen eines Mißverhältnisses

Von über 500 »Social Studies Curriculum Projects« berichtet in seinem 39. Jahrbuch [1] der »National Council for the Social Studies«, die wichtigste Organisation der Lehrer, die in den USA im Fachbereich der Social Studies unterrichten, neben den jeweils auch gesondert organisierten Geographie- und Geschichtslehrern. Das ist ein verwirrendes und verwirrtes Angebot auf den jährlich im November stattfindenden Kongressen des Council in Vorträgen und Seminaren, vor allem aber auf der Ausstellung der Lehr- und Lernmittelindustrie vorgestellt und angepriesen. – Da ist dann alles Curriculum, neu und modern, auf »inquiry-« und »discovery-learning«, auf »concept and structure« aus, empirisch erprobt und darum mit besten Erfolgschancen: auch das traditionelle Lehrbuch, durch einige Zwischenfragen und Arbeitshinweise und realistische Fotos ansprechend herausgeputzt. Diaserien und Filmsequenzen, mit einem »Teacher's Guide« versehen, der schon konkrete Unterrichtsentwürfe enthalten kann; Addition verschiedener Medien gebündelt durch Schüler- und Lehrerbücher; und die anspruchsvolle Kennzeichnung als »Curriculum-Unit«. Ob nun diese Materialien das Curriculum des Lehrers auffüllen sollen oder selbst eins darstellen; Autoren und Produzenten hoffen von dem mit zu profitieren, was mit wissenschaftlichem Anspruch in den Learning Research and Development Centers und den Curriculum-Instituten an Colleges und Universitäten und in der entsprechend anspruchsvollen Literatur als Curriculum bezeichnet wird: »Eine Sequenz der durch die Schule intendierten Lernerfahrungen, die auf bestimmte Verhaltensdispositionen zielen. Ein Curriculum umfaßt also die Lernziele, ihre Begründungen, ihre Umsetzung in Lerneinheiten, die innere Struktur der Lerneinheiten, ihre Koordination sowie die Evaluation im Hinblick auf die angestrebten Ziele« [2]. Das heißt in den Social Studies für das Jahrzehnt von 1960 bis 1970: Curricula sind materialisierte Planungseinheiten von Unterricht mit möglichst interdependenter Lernzielformulierung, Thematisierung, methodischer Strukturierung und Medienwahl unter Einschluß lernzielbezogener Leistungskontrolle, und all dies innerhalb des Entwicklungsprozesses empirisch erprobt, zuweilen auch ein »teacher-proof-curriculum«, dem die Autoren auch dann noch Lernerfolge nachsagen, wenn der Lehrer fachlich oder pädagogisch nicht hinreichend qualifiziert ist. Er muß mit seinen Schülern nur in den vorgegebenen Arbeitsspielräumen und Denkmustern verharren. Mit diesem idealtypischen Verständnis werden die Projekte der meisten Institute erstellt. Über die in den sechziger Jahren dominierend diskutierten Probleme und über den Stand der derzeitigen Curriculum-Entwicklung zum Fachbereich der Social Studies informiert dieser Band.

Zur »Theorie und Praxis der Curriculum-Entwicklung« in den USA liegt ein umfassender Bericht in deutscher Sprache vor [3], so daß hier zunächst einmal die Praxis und dann die theoretischen Probleme der Social-Studies-Reform im Kontext mit denen des politischen Unterrichts in der BRD zu skizzieren sind.

Die »New Social Studies«

Vater: »Was ist denn das? Ein neues Lehrbuch? Was sind denn ›laboratory units in social science‹?«
Jim: »Ach so. Das ist unser neues sozialwissenschaftliches Lehrbuch.«
Vater: »Sozialwissenschaften? Du meinst wohl so etwas wie die Social Studies: Geschichte und Erdkunde?« [4]
So läßt *Ronald Lippitt* in seinem sozialwissenschaftlichen Curriculum (vgl. unten S. 13 ff.) den Vater verständnislos sein; er kann sich nur an Geschichte und Erdkunde erinnern.

Und das waren die Social Studies und sind sie in weiten Landstrichen der USA für Schüler und Lehrer heute noch: Zunächst und vor allem amerikanische Geschichte zum Zwecke nationaler Integration und Identifikation, und dies im dreimaligen Durchgang bis zum Abschluß der High-School; Rekapitulation entproblematisierten historischen Kompendienwissens und herrschaftskonformer Urteile in nationaler Selbstbespiegelung; und daneben »civics« (Staatsbürgerkunde), ein nicht minder entproblematisierter institutionenkundlicher Appell an bürgerliches Wohlverhalten mit dem ständigen Verweis auf die »values« von Unabhängigkeitserklärung und Verfassung und des »american way of life«. [5] Erdkunde blieb Beiwerk, nicht sonderlich ernst genommen von Schülern und Lehrern, mehr topographische Heimatkunde als weltweite Wirtschafts- und Sozialgeographie.

Dagegen stehen die »New Social Studies« [6]. Die Curriculum-Reform für Grundschulen und High-Schools hatte schon vor 1960 begonnen, aber eben nur für Sprachen (nach 1945), für Mathematik (1952, 1958), Physik (1956), Chemie (1957) und Biologie (1959), bis 1960 schon mehr als hundert Projekte, mit dem Ziel, Schülern und Lehrern vor allem fachwissenschaftlich anspruchsvolle, durchstrukturierte Unterrichtsplanungen anzubieten. Hochschullehrer übernahmen die Federführung: die Schüler sollten nicht mehr einen längst überholten Forschungsstand lernen, sondern lernend selbst forschen; das von den Wissenschaftlern vorgegebene Material hatte Korrektheit und Aktualität zu sichern. Begriffliche Struktur und Methoden der Wissenschaften dominierten – und der Optimismus, daß dies den Schülern mehr Spaß bereite als bloßes Rekapitulieren, mit einigen Experimenten garniert; Lernen sei jetzt weitgehend selbstbestimmende Selbsttätigkeit der Schüler, ein anspruchsvolles, motivierendes Geschäft.

Die Ursachen dieser Curriculum-Reform sind umstritten. Das Mißverhältnis zwischen Schulunterricht und Hochschulwissenschaft wird genannt; die Wissensexplosion und der politische Wunsch, die wirtschaftliche und politische Überlegenheit über die Sowjetunion mit Hilfe qualifizierter Ausbildung zu sichern. Geld stellte vor allem die Industrie zur Verfügung.

Und dann gab es 1957 den »Sputnik-Schock«: die Verbesserung des Bildungswesens wurde zur nationalen Aufgabe. Nach der Morrill Act von 1862 zur Verbesserung des College-Systems und der Smith-Hughes Act von 1917 zum Ausbau des Berufsschulwesens erließ die Bundesregierung 1958 das erste, das gesamte Bildungswesen umfassende, zentrale Förderungsprogramm, die »National Defense Education Act« (NDEA). War der Kongreß bis dahin nicht gewillt, nennenswerte Bundesmittel dem Erziehungswesen zur Verfügung zu stellen, jetzt gelang es, Erziehung mit nationaler Verteidigung zu verbinden. Präsident Eisenhower bezog noch 1957 das amerikanische Bildungssystem mit größtem Nachdruck in die nationalen Verteidigungsanstrengungen mit ein. Innerhalb von 10 Jahren liefen 3 Milliarden Dollar durch den Verteiler der NDEA, für Stipendien, naturwissenschaftliche und fremdsprachliche Curricula, für Schülerberatung (guidance) und Testentwicklung, für computerunterstützten Unterricht und programmierte Instruktion, für berufliche Qualifizierung und Lehrerweiterbildung und zur Förderung sozial benachteiligter ethnischer Gruppen, und seit 1965 dann auch über die »Elementary and Secondary Education Act« für die Social Studies. »Ein schlechtes Bildungswesen schwächt unsere Wirtschaft und unser Gesellschaftssystem und verdüstert den ›American Dream‹«, schrieb 1968 der Unterstaatssekretär im Department of Health, Education and Welfare [7]. Was 1950 mit der Gründung der National Science Foundation vor allem auf Initiative der Industrie für den naturwissenschaftlichen Unterricht begonnen hatte, war jetzt ein wirtschafts- und verteidigungspolitisches Regierungsprogramm. Der Boom begann nun auch für die Social Studies, auf lokaler und staatlicher Ebene, an Colleges und Universitäten, hier auch meist sehr bald in enger Zusammenarbeit mit Verlagen und elektronischer Industrie, d. h. von diesen Interessenten mitfinanziert, zum Teil sogar beauftragt, mit einer Flut von Materialien, vom Lehrbuch bis zum umfassenden Medien-System, vom eng begrenzten Thema bis zum »Curriculum K. to 12« (Kindergarten bis zum 12. Schuljahr), vom fachspezifischen Programm bis zur fächerintegrierenden Konzeption. Lehrer und Schulverwaltungsbeamte, Pädagogen und Psychologen und Fachwissenschaftler sahen eine Chance, Geld zu bekommen, sofern nur ein Konzept als Beitrag zu den »New Social Studies« angesehen werden konnte. Derzeit hat die großzügige Ausschüttung ein Ende. Sparmaßnahmen der Regierung schränken die Zahl der öffentlich geförderten Projekte drastisch ein; durchaus mit einem positiven Erfolg. Planungsanstrengungen werden verstärkt, der Prozeß der Curriculum-Entwicklung durchreflektiert, Leerlauf und Einfallslosigkeit nicht mehr honoriert.

Die organisatorischen Aspekte der Curriculum-Entwicklung in den sechziger Jahren lassen sich wie folgt idealtypisch skizzieren:

▶ Die Projekte werden aus Mitteln des Office of Education, von Stiftungen und mit Beiträgen der Verlags- und elektronischen Industrie finanziert.
▶ Die Institute sind personell und finanziell relativ gut ausgestattet. Auch wenn ein Projekt sich auf einen Fachbereich beschränkt, wird interdisziplinär gearbeitet, vor allem aber mit Psychologen und Erziehungswissenschaftlern.
▶ Die Kooperation mit Verlagen kommt schon bei der Planung zustande, um Innovations- bzw. Verkaufschancen zu sichern.
▶ Die Curriculum Development Centers oder Educational Research and Development Centers bemühen sich um die Weiterbildung der Lehrer und um eine Rückkoppelung zur permanenten Verbesserung der Curricula. Das geschieht über institutionalisierte Korrespondenz, Broschüren, Diareihen und Filme zum Umgang mit den Curricula, Sommerkurse für Lehrer und Schulaufsichtsbeamte [8], aber auch in ersten Versuchen seit 1964 über »Regional Educational Laboratories«, als Informations-, Beratungs-, Erprobungs- und Forschungsinstitute, die als unabhängige Institutionen den Lehrer in den Entwicklungs- und Erprobungsprozeß zu integrieren versuchen [9].

▶ Den Projekten liegt eine vom Arbeitsteam erstellte langfristige Zeitplanung zugrunde (die ersten Projekte sind seit 1969 auf dem Markt), für die als Beispiel die Entwicklung des »High School Geography Project« [10] (vgl. S. 216) stehen mag: 1961 haben Fachwissenschaftler, beraten von Psychologen und Schulgeographen, Lernziele, thematische Strukturierung und die methodische Grundkonzeption festgelegt. Zusammen mit Wissenschaftlern haben dann 30 Lehrer in der 2. Phase dazu Unterrichtseinheiten entwickelt. Sie gingen in die (3.) Erprobungsphase mit anschließender kritischer Revision des bisherigen Gesamtkonzepts. Nun gingen in der 4. Phase von Wissenschaftlern geleitete Teams an die Konstruktion eines geschlossenen Curriculum von 10 Einheiten, das 1965/66 erneut erprobt wurde (70 Klassen) und nach einer letzten Revision seit 1969 erscheint. Entwicklungskosten bis zu diesem Zeitpunkt: etwa 1,5 Millionen Dollar.

Was dann, wenn es vollständig ist, dabei für Schüler und Lehrer herauskommt, zeigen die »Social Science Laboratory Units« von *Lippitt/Fox/Schaible* (vgl. S. 223) [11] für das 4. bis 6. Schuljahr:

»Der Materialsatz besteht aus 7 Unterrichtseinheiten, die in einem Jahr durchgearbeitet oder in den bestehenden Lehrplan eingefügt werden können. Für eine Unterrichtseinheit benötigt man ungefähr 6–8 Wochen. Das Material ist flexibel strukturiert, so daß einzelne Unterrichtseinheiten über ein, zwei bis drei Jahresprogramme verteilt werden können.

Unterrichtseinheit I:
Das Erlernen sozialwissenschaftlicher Verfahrensweisen
Unterscheiden sich Sozialwissenschaftler von anderen Wissenschaftlern? Wie führen sie Experimente durch? Diese Unterrichtseinheit nennt einige der Instrumente und Methoden, die die Sozialwissenschaftler anwenden. Die Kinder lernen, wie man das Studium des menschlichen Verhaltens mit wissenschaftlicher Objektivität angeht. Die Unterrichtseinheit ist Vorbedingung für die weiteren.

Unterrichtseinheit II: Aufdeckung von Unterschieden
In welcher Beziehung sind Menschen unterschiedlich? Sind Unterschiede wichtig? Die Schüler weisen biologische und kulturelle Unterschiede zwischen einzelnen und Gruppen nach. Sie untersuchen Ursache und Wirkung der Entstehung von Vorurteilen gegenüber Andersartigen. Auf diese Weise entdecken sie, wie stereotype Urteile sich entwickeln.

Unterrichtseinheit III: Freundliches und unfreundliches Verhalten
Welche Ursache und Wirkung haben Güte oder Grausamkeit, Bejahung oder Ablehnung? Schüler untersuchen Gefühle und Gedanken, die freundlichem oder unfreundlichem Verhalten zugrunde liegen. Diese Unterrichtseinheit bezweckt ein objektives Verständnis der Schüler für diese wichtigen Aspekte der sozialen Interaktion.

Unterrichtseinheit IV: Sein und Werden

Was bedeutet es heranzuwachsen? Gibt es verschiedene Möglichkeiten heranzuwachsen? Diese Unterrichtseinheit gibt dem Schüler die Möglichkeit, sein eigenes Aufwachsen und seine Entwicklung zu untersuchen. Während der Untersuchung erkennen die Kinder die doppelte Anforderung, eine Generation zu sein und eine andere zu werden. Es wird untersucht, wie die Wechselwirkung von Vererbung und Umwelt die Entwicklung beeinflußt.

Unterrichtseinheit V: Einzelne und Gruppen

Was ist eine Gruppe? Wie funktioniert sie? Die Kinder beobachten gruppendynamische Prozesse. – Sie lernen die Probleme kennen, denen der einzelne gegenübersteht, wenn er Mitglied einer Gruppe wird. Gegenstand der Untersuchung sind Möglichkeiten der Gruppenführung (autokratisch, demokratisch, laissez faire) und das entsprechende Verhalten der Gruppenmitglieder.

Unterrichtseinheit VI: Entscheiden und Handeln

Wie treffen wir Entscheidungen? Führen wir sie immer aus? Schüler beobachten, wie einzelne und Gruppen ihre Entscheidungen ausführen. Sie versuchen die Gründe positiver und negativer Ergebnisse darzustellen. Sie entdecken die gemeinsamen Probleme der Menschen im Hinblick auf den Entscheidungsprozeß.

Unterrichtseinheit VII: Wechselseitige Beeinflussung

Wie beeinflussen wir einander? Gibt es verschiedene Formen der Beeinflussung? Die Schüler prüfen fünf Grundlagen sozialer Macht. Sie suchen Gründe für das Sich-Beeinflussen-Lassen und stellen fest, warum einige Versuche der Beeinflussung erfolgreicher sind als andere. Gruppenignoranz und halo-effect zu entdecken sind ebenfalls Ziel der Untersuchung.

Inhalt: Ein vollständiger Materialsatz enthält ein Social Science Resource Book (sozialwissenschaftliches Quellenbuch), sieben Project Books (Arbeitshefte für die einzelnen Unterrichtseinheiten), vier 33-rpm-Schallplatten für Schüler, ein Teacher's Guide (Handbuch für Lehrer), dazu ein Arbeitsheft für Lehrer mit einer 33-rpm-Schallplatte: The Teacher's Role in Social Science Investigation (Die Rolle des Lehrers in der sozialwissenschaftlichen Forschung).

Resource Book: Das Quellenbuch benutzt szenische Geschichten und ungewöhnliche Fotografien, um die Kinder zu motivieren, sich wie Forscher zu verhalten. Weitere Beiträge sind bearbeitete Fassungen sozialpsychologischer Untersuchungen. Dazu kommen Unterlagen, die wissenschaftliche Begriffe erklären und den Grundstein für eine gründliche Untersuchung legen. Die Informationen sind in sieben Unterrichtseinheiten aufgeteilt, jeweils mit einem Glossar versehen. Der Band umfaßt 282 Seiten.

Project-Book: Sieben Arbeitshefte für die einzelnen Projekte, eins für jede Unterrichtseinheit des Quellenbuches, sind genau koordiniert. Sie enthalten Anleitungen zu Beobachtungen von Verhaltensbeispielen, Vorlagen für Interviews und Fragebogen für Projekte zur Datenerhebung. Dazu gehören Verstärkungs- und Wiederholungsübungen. Das erste Heft umfaßt 38 Seiten, alle weiteren haben 30 Seiten.

Student Records: Vier 33-rpm-Schallplatten für Schüler entsprechen den Untersuchungen der sieben Unterrichtseinheiten und enthalten wichtiges neues Material über Motive menschlichen Verhaltens.

Teacher's Guide: Das Handbuch für Lehrer enthält ausführliche Anleitungen detaillierte Planungsvorschläge und nützliche Hinweise für jede Stunde oder jedes Projekt. Das Buch liefert Manuskripte und Auswertungsbogen für die Ergebnisse der Schüler aus den Verhaltensspielen und das Transkript der Schallplattenaufnahmen.

Teacher Training Materials: Das Übungsmaterial für Lehrer, das für die erfolgreiche Durchführung des Programms zusammengestellt wurde, enthält das Buch: ›The Teacher's Role in Social Science Investigation‹ (Die Rolle des Lehrers in der sozialwissenschaftlichen Forschung) und eine dazugehörige 33 rpm Schallplatte. Sieben Kapitel decken die wichtigsten Aspekte des neuen Curriculum ab. Die Materialien können von Lehrergruppen, aber auch von Einzelpersonen durchgearbeitet werden. Das Buch hat 152 Seiten.«

Diese Curricula der »New Social Studies« sind nicht mehr, nach väterlicher Erwartung, traditionelle Geschichte und Geographie in Form eines berichtenden Lehrbuches. »Diesen Projekten dürfte die Zukunft gehören, und dann ist das Lehrbuch tot. – Eine erstaunliche Fülle geschriebenen, audio-visuellen und zu bearbeitenden Materials wird es ersetzen. Als Kernstück zahlreicher Kurse fügen die Projekte ausgedehnte Sammlungen von Quellenmaterial ineinander, jedes mit einer spezifischen didaktischen Funktion: Tagebücher, Briefe, Autobiographien, biographische Szenen, literarische Stücke, amtliche Dokumente, Geschäftsberichte, Karten, Tabellen, Graphiken, Sekundärliteratur von Historikern und Sozialwissenschaftlern – mit anderen Worten: im Grunde alles, was Daten über die Gesellschaft enthält.« [12] Dieser »multi media approach« ist zugleich ein sozialwissenschaftlicher Integrationsversuch: »Das Social Studies Curriculum besteht aus den Prinzipien, Arbeitsverfahren und dem spezifischen Inhalt der sozialwissenschaftlichen Disziplinen«, heißt es 1969 im 39. Jahrbuch des National Council for the Social Studies [13]. Und diese Disziplinen sind Soziologie, Psychologie, Sozialpsychologie, Anthropologie, Politische Ökono-

mie, Rechtswissenschaft und Geschichte und Geographie. Daß die Curriculum-Autoren Gemeinsamkeiten sehen, zeigt die wachsende Zahl interdisziplinärer Projekte; der »multi media approach« ist zugleich mehr und mehr ein sozialwissenschaftlicher »interdisciplinary-approach« in Sachen »Gesellschaft«.
Hier bündelt sich das »Neue« an den »New Social Studies«. Sozialwissenschaftliche Akzentuierung, interdisziplinärer Trend und multimediales Arrangement sind Konsequenzen aus der Anfangsphase der Curriculum-Reform, in der die Weichen gestellt wurden: Es sind »Bruner's New Social Studies« (vgl. S. 109).
Der vor allem über kognitives Lernen arbeitende Psychologe der Harvard-Universität, Jerome S. Bruner, leitete 1959 eine überwiegend von Naturwissenschaftlern besuchte Konferenz, die eine Bestandsaufnahme curricularer Arbeit vornahm. Die Konferenz wäre vergessen, wenn Bruner nicht schnell ein kleines Buch daraus gemacht hätte: »The Process of Education« (1960) [14]. Ein Bericht mit Hinweisen, was erforscht werden müßte, mit der dankenswert provozierenden, voreilige anthropologische Setzungen verhindernden Hypothese, (1) daß jedes Kind auf jeder Entwicklungsstufe jeden Sachverhalt lernen könne, wenn dieses Lernen auf intellektuell redliche Weise ermöglicht werde; ergänzt durch drei weitere: (2) alle Disziplinen können auf grundlegende Ideen zurückgeführt werden, d. h. auf eine Struktur; (3) alle Kinder können das intuitive Erkenntnisvermögen des Wissenschaftlers erlernen, und: (4) Schüler sind neugierig und motiviert, wenn sie Gelegenheit haben, die Struktur der Disziplin selbständig im schulischen Lernprozeß zu entdecken (S. 79 ff.). Der Lernpsychologe popularisierte den Anspruch der Naturwissenschaftler, daß Begrifflichkeit, Generalisierungen und Methoden der Wissenschaften in die Schule gehörten. Er lieferte die lernpsychologische Legitimation für das entdeckende Lernen und ermunterte die Sozialwissenschaftler, es einmal entsprechend mit ihren Fächern in der Schule zu versuchen. »In Übereinstimmung mit Saint Jerome« wurde zur augenzwinkernden Absicherung bei Reformdiskussionen [15]. Endlich hatte ein Lernexperte gesagt, was Reformer schon einige Jahre anstrebten; die Hypothesen schlugen ein. Sie waren undifferenziert genug, um zahlreiche Anhänger zu finden, unkritische und kritische [16] – und vor allem Gegner unter den Historikern, die sich zunächst in ihrer Domäne »Social Studies« belästigt, aber schon in der zweiten Hälfte des Jahrzehnts bedroht fühlten. Selbst wer sich von ihm interpretierend unterschied, übernahm sein Axiom von der begrifflichen Struktur der Disziplinen, die im Erkenntnisprozeß bewußt werde und dadurch motiviere und besser im Ge-

dächtnis hafte als Fakten und Generalisierungen. Und er übernahm sein Vokabular. Jetzt war die Rede von »process curriculum«, »discovery curriculum«, »inquiry curriculum«, »inductive curriculum«, »structured curriculum« und »spirale curriculum«, von »concept and structure«, »skills«, »inquiry« und »probleme solving« und »reflective teaching«.

Ein Historiker, zugleich auch Promotor der »New Social Studies«, *Edwin Fenton*, und ein Sozialpsychologe, *Ronald Lippitt*, haben in Zusammenhang mit ihren Projekten (S. 227 und S. 223) je ein Schema entdeckenden Lernens (inquiry), d. h. die Schritte fachwissenschaftlicher Reflexion, die von den Schülern erlernt werden sollen, zusammengestellt, in der Hoffnung, daß Schüler, die diese Denk- und Arbeitssequenz einmal internalisiert haben, »selbständig auf disziplinierte Weise lernen und forschen können«[17].

Edwin Fentons »Schritte zum entdeckenden Verfahren in den Social Studies«:

1. Problemwahrnehmen aufgrund vorliegender Daten
2. Formulieren von Hypothesen
   a) analytische Fragen stellen
   b) Hypothesen setzen
   c) sich der Vorläufigkeit von Hypothesen bewußt bleiben
3. Die logischen Zusammenhänge von Hypothesen erkennen
4. Sammeln zusätzlicher Daten
   a) Entscheiden, welche Daten benötigt werden
   b) Auswählen bzw. Zurückweisen von Quellen
5. Analysieren, Bewerten und Interpretieren der Daten
   a) Auswählen relevanter Daten
   b) Bewerten der Quellen
      (1) Bestimmen des Bezugsrahmens eines Autors
      (2) Bestimmen der Genauigkeit der Sachaussage
   c) Interpretieren der Daten
6. Überprüfen der Hypothesen im Lichte der analysierten, bewerteten und interpretierten neuen Daten
   a) Eventuelles Modifizieren der Hypothesen
      (1) Zurückweisen logischer Zusammenhänge, die von den Daten nicht gestützt werden
      (2) Setzen der revidierten Thesen
   b) Ausformulieren und Setzen einer generalisierenden Erkenntnis bzw. Einsicht.

Ronald Lippitts »Richtschnur für die Erforschung von Verhalten« mit Hilfe seines Materials sieht wie folgt aus:

a) Die Schüler werden einem verwirrenden Verhaltensbeispiel ausgesetzt oder mit ihm konfrontiert.
b) Die Schüler formulieren gezielte Fragen.
c) Die Schüler entscheiden, wie sie an die Informationen gelangen, die eine Antwort auf die Fragen ermöglichen.
d) Die Schüler sammeln Daten (Informationen).
e) Die Schüler interpretieren und analysieren die Daten (Informationen).
f) Die Schüler identifizieren Werturteile und erkunden deren Grundlagen.
g) Die Schüler formulieren generalisierende Erkenntnisse bzw. Einsichten in bezug auf das Erforschte.
h) Die Schüler stellen neue Fragen oder halten das Erforschte fest [19].

Fallstudien, Rollen- und Planspiele

Der weitaus dominierende Trend der Curriculum-Entwicklung in den Social Studies ging in den sechziger Jahren in diese Richtung kognitiver Qualifikationen, beherrscht von sozialwissenschaftlichen Integrationsbemühungen. Daneben stehen die Fallstudien (case study approach) des Harvard Social Studies Project von *Donald W. Oliver* und *Fred M. Newmann* (S. 155 und S. 226). Da ist die Rede von »controversial issues« und »decision making«, von »problem solving« und »discussion«. Dialektisch-rhetorische Qualifikationen stehen im Vordergrund, und die Fähigkeit, im Interessenkonflikt nicht nur rational begründet und wertbezogen argumentieren, sondern auch entsprechend entscheiden und handeln zu können. Öffentliche Kontroversen sind Gegenstand der Konflikt-Analyse, der in schmalen Heften kontroverse Informationen und Positionen vorgegeben sind: Zur religiösen Freiheit und zum Recht des Angeklagten, zur Rassenfrage und zur Gemeindepolitik, zum New Deal und zur Amerikanischen Revolution, zum Nazi-Deutschland und zum kolonialen Kenia. Das Interesse der Autoren liegt gewiß auch bei kognitiven Qualifikationen, aber dann im politischen Engagement in der konkreten Kontroverse. Ganz konsequent bieten *Oliver* und *Newmann* kein abgerundetes multimediales curriculares System, keinen streng durchstrukturierten Materialsatz,

sondern grundlegende Ausgangsinformationen zur Disposition von Schülern und Lehrern – für ihre Reflexionen, Diskussionen und auch wohl Aktionen.
Diese offenen Curricula haben ihr Pendant im Rollenspiel, als Ausgangspunkt für individuelle und kollektive (Selbst-)Reflexion von Sozialverhalten (S. 193). *Ronald Lippitt* hat es in sein Programm eingefügt, dabei aber seiner Spontaneität provozierenden Möglichkeiten, soweit sie über die vorgegebenen Lernziele hinausgehen, beraubt. Das Plan-Spiel (S. 203) [20] schränkt Verhaltensreaktionen von vornherein durch bindende Informationsvorgabe ein. Es gewinnt an Gewicht in der amerikanischen Curriculum-Reform, je stärker der Computer als informationsspeicherndes, auswertendes und wertendes Instrument in die Schulen dringt.

Lernziele, Lehrprogramme und Evaluation

Programmierter Unterricht, konsequent individualisiertes Lernen, operationale Lernzieldefinition und differenzierte, auch Einstellungen und Verhaltensänderungen, ja selbst komplizierte kognitive Qualifikationen messende Testverfahren spielen in den Social Studies noch keine bedeutende Rolle. Die Lernzieldefinition bewegt sich durchweg auf der Ebene der Grobziele mit »einem mittleren Grad an Eindeutigkeit und Präzision«. Er schließt »nur wenige Alternativen« aus und zeigt »eine vage Endverhaltensbeschreibung ohne Angabe des Beurteilungsmaßstabes«. Feinziele sind allenfalls im Bereich der zu erlernenden Fakten und formalen Arbeitstechniken zu finden, d. h. jeweils eine Definition, die »alle Alternativen ausschließt und die drei Merkmale Endverhaltensbeschreibung, nähere Bestimmung des Endverhaltens und Angabe des Beurteilungsmaßstabes aufweisen kann« [21].
Lernprogramme sind nach dem theoretischen Enthusiasmus der frühen sechziger Jahre von den meisten Curriculum-Autoren nachsichtig unbeachtete Produkte geblieben. Nicht anders steht es um den möglichst einfach, also auch maschinell auszuwertenden Test, der zum traditionellen Lehrbuch gehört, aber nur selten zu den neuen Curriculum-Projekten [22]. Selbst deren Evaluation ist ein noch ungelöstes Problem, weil den Entscheidungsprozessen und den Zielen – Einstellungen, komplizierte kognitive Qualifikationen, Verhaltensänderungen – die Meßinstrumente nicht gerecht werden [23].
Donald W. Oliver und *James P. Shaver* haben es bei der Evaluation ihres Harvard Social Studies Project (S. 226) erfahren: Entweder er-

faßten vorhandene Tests nicht die Ziele des Projekts oder eigens konstruierte waren noch zu undifferenziert, um die komplexen Faktoren des »learning by discussion« abzudecken. Die Ergebnisse sind dürftig: historische Fakten blieben beim »case study approach« länger haften als beim gängigen historischen Kurs, und schon in der Junior High School können Schüler mit den Materialien umgehen. Ansonsten hänge der Erfolg eben von Schülern und Lehrern ab – und das ist eben schon lange bekannt.

Der Schlußsatz der beiden Wissenschaftler: »Das wichtigste Ergebnis unserer Erprobung: wir benötigen dringend methodisch konsequente Forschung zur Entwicklung valider und zuverlässiger Methoden, um den Lernerfolg, den Lernprozeß und die implizierten personalen Faktoren erforschen zu können.« [24] Die meisten Projektgruppen beschränken sich auf schlichte Schüler- und Lehrerbeobachtung, deren Ergebnisse der Überarbeitung der Curriculum-Entwürfe dienen.

»Individually Prescribed Instruction«

Gruppen, die an Versuchen mit »Computer-Assisted Instruction« arbeiten, streben auch für die Social Studies als vorherrschend individualisiertes programmiertes Lernen mit präziser Zielformulierung und Auswertung an. Das Learning Research and Development Center an der Universität Pittsburgh *(Robert Glaser)*, das Institute for Mathematical Studies in the Social Sciences an der Stanford University *(Patrick Suppes)* und die American Institutes for Research in Palo Alto *(John C. Flanagan)* haben den politisch-gesellschaftlichen Fachbereich in ihrer langfristigen Projektplanung. Selbst wenn er noch lange auf sich warten läßt; die Veränderung der Lernbedingungen, zugleich auch Sozialisationsfaktoren, sind hinreichend politisch.

Mitarbeiter des genannten Research and Development Center übertragen in ersten Versuchen die Prinzipien der programmierten Instruktionen auf das Gesamtcurriculum eines Faches, letztlich alle Lernbereiche einer Schule, um möglichst alle störenden Lernbedingungen zum Zwecke höchster Effektivität zu beseitigen. »Individually Prescribed Instruction (IPI) ist die Konsequenz der These, daß Lernen immer eine personelle und individuelle Aktivität darstellt. Darum müssen detaillierte Lehrpläne für Individuen und nicht für Gruppen erstellt werden; ... man muß Lernen individualisieren.« [25] Schule ist dann nicht mehr eine Institution, in der Schüler einer Jahrgangsklasse angehören, sondern »ein Ort, an dem ein Schüler eine Sequenz von

Lernaktivitäten oder -erfahrungen entsprechend seinen Interessen und Fähigkeiten durcharbeitet« [26]. Zur Organisation dieses Lernens benötigen Curriculum-Autoren, Schüler und Lehrer operationalisierte Lernziele, eine Hierarchie der Lernschritte, selbstinstruierendes Material, detaillierte Kenntnis der Ausgangslage, der Interessen und Fähigkeiten des Schülers, Möglichkeiten zur unmittelbaren Praktizierung des erwarteten Verhaltens, sofortige Aussagen zum Lernerfolg und permanente Modifikationen des Materials und der Lernverfahren durch den Lernprozeß [27]. Ohne ein Computersystem mit einer Entscheidungszentrale kann man dieses Lernen nicht organisieren [28]. Jeder Inhalt, so sagen die Autoren, der sich in operationale Lernziele definieren lasse, könne auch im IPI-Verfahren gelehrt werden, selbst Haltungen und Wertvorstellungen. Wenn es da noch Grenzen gebe, so liege das nur an der Unfähigkeit der Erzieher, Zielvorstellungen klar zu analysieren, und an der mangelnden Bereitschaft, entsprechende Lehrmaterialien und Lehrverfahren zu entwickeln [29]. Es handelt sich um ein »System«, dessen Prozesse und Organisationsformen durch definierte »inputs« und »outcomes« bestimmt werden. Curriculum-Autoren in der Zentrale und Lehrer in den schulischen Dependancen treffen die Entscheidungen [30].

Harry F. Silbermann von der (privaten) System Development Corporation (Santa Monica) hat 1965 einiges dazu gesagt. Es komme darauf an, gute Lehrerleistungen einzelner in Standardpraktiken zu übersetzen, die Schüler dann imitierten und arrangierten Entscheidungssituationen auszusetzen und »ganz spezielle Problemsituationen zur Stärkung ganz spezieller Verhaltensweisen einzusetzen... Die erfolgreiche Prägung des Verhaltens unserer Kinder durch eine verständnisvolle Schul-Umwelt ist abhängig von einer konstanten Belohnung aller erwünschten Verhaltensweisen«. Er schlägt vor, »die Höhe des Lehrergehalts danach zu bemessen, inwieweit die betreffende Person zur Herbeiführung der erwünschten Änderung im Leitungsverhalten der Schüler beiträgt«. Und wer lenkt das System? Es wird »immer wahrscheinlicher, daß diese Technologie zur Steuerung menschlichen Verhaltens in den Dienst staatlicher Ziele gestellt wird« [31]. *Patrick Suppes* sieht vor allem einen Demokratisierungseffekt: was früher einigen wenigen Aristokraten vorbehalten gewesen sei, sei jetzt allen Schülern zugänglich: individualisierter Unterricht [32]. Und *John C. Flanagan* sieht das Bildungssystem schon der siebziger Jahre unbekümmert optimistisch: »Die Ziele muß man genau formulieren, input und output des Systems akkurat messen, und alle relevanten Bedingungen sind zu beschreiben und zu definieren.« [33] Dann werde es schon gelingen, daß der Schüler durch seine eigene Aktivität lerne, zu lernen, zu denken und Entscheidungen zu treffen, und dies eben auch, um staatsbürgerliche Verantwortung unter den sich verändernden Bedingungen der technologischen Gesellschaft zu übernehmen. Das Verfahren sei systematisch, weil es von den individuellen Bedürfnissen ausgehe und darauf mit Hilfe eines differenzierten zentralisierten Computersystems sein Angebot an »Lehr-Lerneinheiten« immer wieder entsprechend den individuellen Lernerfolgen einstelle; denn der »computer input-output terminal« der Schule steht in direkter Verbindung mit einem Zentral-Computer. Er speichert »das Lehrangebot, aber auch detaillierte Informationen über jeden Schüler: seine Fähigkeiten, sein Lernverhalten, seine Interessen, seine soziale Umwelt«, und den jeweiligen Lernfortschritt. Lehrer und Schüler können dann gemeinsam auswählen: der Computer nennt ihnen den Leistungsstand und ein Alternativangebot darauf zugeschnittener Einheiten, mit Hinweisen zur Einzel- und Gruppenarbeit und zur Auswahl aus dem Materialangebot und Aktivitätsangebot der Schule [34]. »Das beste Modell eines Erziehungssystems ist bis heute das des Privatlehrers.« *John C. Flanagan* perfektioniert es. Verwaltungsbeamte und Lehrer bestimmen die Ziele und die Grundkonzeption der Einheiten, die American Institutes for Research in the Behavioral Sciences (AIR) stellen das Management der Verhaltensforscher und Systemplaner, und die (private) Westinghouse Learning Cooperation – Tochter eines beherrschenden Elektrokonzerns – liefert die Apparatur, die Technologen und Medien-Spezialisten [35].

Trends

Noch steckt all dies im Experiment, und zunächst noch beschränkt auf Naturwissenschaften und Sprachen, aber auch schon auf allgemeine grundlegende kognitive Qualifikationen übergreifend. Und doch ist es ein kennzeichnender Trend der sechziger Jahre, der gegen Ende der siebziger plötzlich durchschlagen kann, weil z. Z. die langwierigen Entwicklungsarbeiten geleistet werden. Über den Vorläufer »Programmierte Instruktion« hat er in den Schulen Fuß gefaßt, allerdings noch ebenso geringfügig wie die »New Social Studies«. Aber deren Wirksamkeit in den Schulen steht auch erst für die siebziger Jahre an. Noch dominieren in der Praxis erzählende Geschichte, institutionenkundliche, appellierende Staatsbürgerkunde und topographische Erdkunde, national zentriert.

Die Social Studies sind ein Nachzügler in der seit 1950 laufenden Curriculum-Reform. Die »New Social Studies« in der von *Jerome S. Bruner* initiierten Konzentration auf »concept und structure« und »inquiry« machen den Kern der meisten derzeit laufenden Projekte aus, von denen die wichtigsten, an Instituten erarbeiteten, in diesem Buch annotiert vorgestellt werden (S. 210). Der mehr oder weniger kritische Bezug auf Bruners Anforderungen gilt für nahezu alle Projekte, die bis 1968 begonnen wurden. Sie stellen fachwissenschaftlich und – durch Bruner – behavioristisch strukturierte und durchgeplante, mit vergebenen Zielen und zumeist auch Methoden und Medien versehene Curriculum-Einheiten dar, häufig auch mit dem Versuch, stärkere Individualisierung zu provozieren. Die konsequente Form dieser behavioristischen Curriculum-Entwicklung sind »Individually Prescribed Instruction« und »Computer Assisted Instruction« als Systeme permanent kontrollierbaren inputs und outputs. »Case study approach« zu politischen Kontroversen *(Oliver/Newmann)*, Rollenspiel und z. T. Planspiel, gewichtig, aber nicht dominierend, stellen dagegen Unterricht eher zur Disposition von Schülern und Lehrern [36].

Die meisten dieser Projekte werden durch die »National Defense Education Act« gefördert, um Wirtschaft und Gesellschaft der USA zu erhalten und den »American Dream« zu ermöglichen.

Das »amerikanische Dilemma«

Träumen die Wissenschaftler in den Instituten und Schüler und Lehrer in den Schulen einen wachen, kritischen »american dream«? Gibt es Alternativen in den Social Studies? Und haben diese eine Chance, die »New Social Studies« zu transformieren und die radikale Individualisierung des Lernens zu stoppen? Was meint für Wissenschaftler, Verwaltende, Lehrer, Schüler und Eltern die Formel, die Edwin Fenton im Sommer 1968 den 65 »social studies curriculum supervisors« vortrug, die seinen Sommerkurs gebucht hatten: »Der Sinn all dieser Reformen ist, jedem Kind zu helfen, selbständig denken zu lernen und ein guter Bürger zu werden. Sie sollen kritisch und wach Informationen aufnehmen können. Sie sollen vernünftig entscheiden und im gesellschaftlichen Leben kooperieren können. Und wir wünschen, daß sie ganz deutlich die Werte einer demokratischen Gesellschaft erkennen.« [37] – *Edwin Fenton* könnte aus einer bundesrepublikanischen Lehrplan-Präambel zitiert haben.

Die »*american values*« sind ungebrochen Richtschnur curricularer Zielsetzungen [38]. Die pluralistische Gesellschaft funktioniert; sie ist eine offene Gesellschaft, wie *Karl R. Popper*, der angelsächsische Exponent des kritischen Rationalismus, es noch 1971 über bundesdeutsche Fernsehschirme bestätigt hat; Minderheiten seien in der Lage, die Regierung zur Beendigung des Vietnamkrieges zu bringen [39], und ein so entschiedener Kritiker der »Great Society«, wie sie um Präsident Johnson entworfen wurde, *Donald W. Oliver* von der Harvard University, möchte die »liberale demokratische Gesellschaft« in den sechziger bis achtziger Jahren durch einen verantwortungsvollen Individualismus der Bürger gesichert wissen. Sie sollen sich zugleich für und gegen das amerikanische Wertsystem entscheiden, sie sollen Wertkonflikte, die in konkreten Fällen innerhalb dieses Systems entstehen, rational diskutieren und mit Respekt vor den Interessen des anderen eine politische Entscheidung treffen und soweit wie möglich durchsetzen [40]. Die Primarschulen müssen zunächst einmal mit Hilfe einer »moving personalized narrative history of America, written by literary artists«, Mythen, Legenden, Symbole internalisieren, d. h. »nationale Identifikation« in bezug auf die allgemeinen grundlegenden »american values« bewirken: eine »tiefe emotionale Bindung an ein sehr dramatisches, personalisiertes nationales Geschichtsbild, ... als irgendwie gemeinsame Vorstellung vom amerikanischen Erbe ... (und als) konkrete Basis für unser dynamisches Vertrauen in eine wahrhaft liberale Gesellschaft« und in die »Weisheit, die hinter den politischen Institutionen steckt, auf denen dieses Land gründet« [41]. Die Social Studies in den Sekundarschulen sollen die Loyalität absichern. Sie greifen öffentliche Kontroversen heraus (S. 115 und S. 226) jetzt bezogen auf die eigenen Interessen und Freiheiten mit dem Ziel, »kritisch zu reflektieren und eine Theorie des Umgangs mit Konflikten und Auseinandersetzungen in einer freien Gesellschaft zu entwickeln«. Der letzte Grund für die didaktische Zweiteilung: »Wir wissen nicht, wie viele Menschen in der Lage sind, mit konkreten Problemen umzugehen. Für alle, die es nicht können, ist die Projektion eines Bildes nationaler Größe besser als ein gänzliches Fehlen des Idealismus.« [42]

Der »progressive« *Donald W. Oliver* greift für die Grundschule zurück auf die alte indoktrinierende Erziehungspraxis, die selbstverständlich auch heute noch für viele amerikanische Schulen gilt. Nur tritt sie in den an »concept and structure« orientierten Curriculum-Projekten der sechziger Jahre nicht mehr auf. Doch gehen auch sie nur zu einem Teil über die Ausnahme *Oliver* hinaus. Zwar stehen schon in der Grundschule die kognitiven Qualifikationen im Vordergrund, sie erfahren aber hier und im Sekundarbereich keine kritische Anwendung auf die »american values« und das bestehende institutionalisierte politische System, das die Akzente des wissenschaftlichen Fragens setzt. Die pluralistische Balance wird fraglos vorausgesetzt. Forschendes Lernen ist allenfalls in diesem Rahmen und von diesen Voraussetzungen her empirisch-positivistische Bestandsaufnahme [43]. Die auch erst in den sechziger Jahren ausgebildete und mit ersten Ergebnissen hervorgetretene politische Sozialisationsforschung [44] besagt bisher, daß die emotional-personalistischen Geschichtserzählungen, aber auch ein kognitiv orientierter Unterricht in den Social Studies die bereits in Familie und sozialer Umwelt erzielten Sozialisationsergebnisse eher bestätigen als in Frage stellen: Divergierende Interessen und Wertsetzungen werden bewußtgemacht, aber nur dann vom Anspruch der Verfassung und der Menschenrechte her relativiert, wenn sie den Wertpluralismus negieren oder eine der menschenrechtlichen Normen unter Ausschaltung jeglicher Absicherung durch ein anderes ethisches Regulativ mißachten. Wer immer nur für sein Handeln ein Grundrecht benennen kann, hat es leicht, anerkannt, in Berufung auf seine Interessen, einem anderen Menschenrecht strikt zuwiderzuhandeln. Diese mittelständische Ideologie ist Verhaltensmuster auch für die Unterprivilegierten, sofern sie nicht von einer gezielten Klassenanalyse her denken und handeln; auch sie sehen in der amerikanischen Gesellschaft für jeden Tüchtigen die Chance, Probleme zu lösen und zu seiner Selbstverwirklichung zu kommen. Der Pluralismus einer offenen Gesellschaft gibt sie ihm.

Gunnar Myrdal hat schon 1944 als »amerikanisches Dilemma« den scharfen Widerspruch zwischen »american values« und »american behavior« bezeichnet, das Dilemma einer so sehr um Moral und Rationalität bemühten Nation. Angesichts der großen Zahl noch ungelöster Probleme in der amerikanischen Gesellschaft ermöglicht das »ererbte liberale Vertrauen, daß die Dinge sich schon irgendwie von selbst lösen, den meisten, auch angesichts der Widersprüche ringsum und in ihnen selbst glücklich zu sein und fatalistisch dahinzuleben... Dieser Fatalismus gehört zum nationalen Ethos«. Die realen Probleme werden hinwegrationalisiert: Einmal durch die Überzeugung, daß die großen Werte die amerikanische Gesellschaft beherrschen, dann aber auch durch »soziale Ignoranz«, die beim Benachteiligten, Ausgeschlossenen, Ausgebeuteten, Unterdrückten anthropologisch fixiert, was aller sozialwissenschaftlichen Forschung nach gesellschaftlich vermittelt ist [45]. Das ist schon ein Dilemma: Da stehen die Ideale von der grundlegenden Würde des menschlichen Individuums, von der grundlegenden

Gleichheit aller Menschen, von gewissen unverlierbaren Freiheitsrechten, von Gerechtigkeit und fairer Chance für jeden in der Unabhängigkeitserklärung, in der Präambel der Verfassung, in der Bill of Rights und in den Verfassungen der Bundesstaaten. Der Oberste Gerichtshof urteilt nach ihrem Maßstab, und »in allen Kriegen ist dieses amerikanische Glaubensbekenntnis die ideologische Begründung der nationalen Moral gewesen« [46]. Und doch gibt es brutale Ausbeutung der Afro-Amerikaner und Puertorikaner, weitgehende Ausrottung der indianischen Urbevölkerung, isolierte ethnische Gruppen [47], eine breite »weiße« Armut, Sozialhilfe mehr als karitatives Almosen denn als gesellschaftspolitische Maßnahme, ein Arbeitsrecht, das den Unternehmer mehr schützt als den Arbeiter, rücksichtslosen Strafvollzug und Kriege und Geheimdiensttätigkeit als Instrumente privatwirtschaftlicher und staatlicher Machtausweitung, vor allem nach Mittel- und Südamerika [48] und nach Asien hinein, von Hippies und Rauschgift, »Love Story«, »Jesus People« und schweigender Mehrheit gar nicht zu reden.

Und um dies Dilemma zu verdecken:

▶ die Rhetorik vom »american dream«, vom »american creed« und von den »american values«;
▶ die Überzeugung von der grundsätzlich gleichen Chance der im pluralistischen System widerstreitenden Gruppen;
▶ der fatalistische Glaube an die liberale Selbstregulierung der gesellschaftlichen Probleme im Sinne des »american dream«;
▶ das Vertrauen auf Geld und private Initiative als geeignete Mittel zur Lösung der Probleme im Sinne des »american dream«;
▶ die Überzeugung von der grundsätzlichen Intaktheit des bestehenden politisch-ökonomischen Systems als Instrument zur Verwirklichung des »american dream«;
▶ die »soziale Ignoranz«, um weiterträumen zu können.

»Afghanistanismus«

Die »New Social Studies« zerstören den Traum nicht. *Donald W. Olivers* Grundschulunterricht sichert ihn ab, und sein Mittel- und Oberstufenunterricht gerinnt leicht zur dialektischen Resignation, die jede nicht gerade offen antihumanitäre interessenbestimmte Position mit legitimierenden Argumenten versieht. »Bruners New Social Studies« bieten schon eher eine Chance, sofern sie sozialwissenschaftliches forschendes Lernen provozieren. Sie können das amerikanische Dilemma bewußtmachen und verschleiernde Rationalisierungen wissenschaftlich abqualifizieren. Auch der empirische Positivismus hat eine ideologiekritische Chance — dem dann aber mit der Aufklärung der Widersprüche die Hände gebunden sind; die Projekte verweisen auf die intakte pluralistische Gesellschaft und private Initiative von einzelnen und Gruppen. Die Autoren behindern sich um ein weiteres, Kritiker haben es »Afghanistanismus« [49] genannt: Brennende gesellschaftliche Probleme der USA werden gern draußen behandelt: *Edwin Fentons* Schüler untersuchen die Rassenfrage am Beispiel Südafrikas und Brasiliens, und *Ronald Lippitt* handelt das Problem der Vorurteile am Beispiel eines Jungen mit grünen Haaren ab. Gesellschaftliche Realität läßt er wissenschaftlich beseitigen: Die Schüler lernen, ihr Problem, nämlich »warum Bud sich immer so gemein benimmt«, in ein Forschungsproblem umzuformulieren: »Wodurch entsteht unfreundliches Verhalten?« Eine erneute Rückformulierung findet allenfalls im privatisierenden Realitätsbezug statt, aber nicht im gesellschaftlichen [50]. Gesellschaftlich Verursachtes wird individualisiert.

Und so wie das bestehende politische System Themenauswahl und Fragehaltung bestimmt — *Edwin Fentons* aufwendiges Curriculum-Projekt (S. 227) ist dafür ein treffendes Beispiel —, sind die neuen Curricula, getreu den dominierenden Mittelklassen-Standards der amerikanischen Schule [51], Widerspiegelungen des gesellschaftlichen Bewußtseins weißer suburb-Bewohner: Bei *Lippitt* (S. 223) dokumentiert es das Bildmaterial, bei *Bruner* (S. 229) der Versuch, der Menschheitsgeschichte in kontrastierendem Verfahren grundsätzliche Einigkeit zu unterlegen; als gebe es keine Dialektik von Produktion, Besitz und Herrschaft; bei *Senesh* (S. 174 und 211) die übliche Reduktion politischer Ökonomie auf die »Sachgesetzlichkeit« liberalkapitalistischer Nationalökonomie; und bei den meisten die Ausklammerung der zumindest seit dem 4. Juni 1776 mit der Unterzeichnung der Unabhängigkeitserklärung anstehenden Rassenfrage.

Edwin Fentons Hinweise [52] zu diesem für die USA existentiellen Problem offenbaren die Hilflosigkeit der »New Social Studies«, mit dem amerikanischen Dilemma überhaupt fertig zu werden. Er polemisiert mit Recht gegen die Lehrbuchschwemme zum Thema »The American Negro« [53] und moniert, daß selbst »Life« und »Look« eine gewichtige schwarze Vergangenheit der USA entdeckt haben. Er polemisiert gegen die Reduzierung der »black past« auf die großen Schwarzen der amerikanischen Geschichte: *Frederick Douglass, Ralph Bunche, Jackie Robinson* und *Martin Luther King*. Wir haben es mit den Juden in der deutschen Geschichte erfahren: die Millionen bleiben draußen, und mit ihnen — auch nach dem Kriege — blieben Dummheit und Vor-

urteile erhalten. So sind dann auch in den USA die Lehrbücher »lilienweiß«. »Crispus Attucks« genügt nicht, d. h. die Geschichte von jenem »amerikanischen Kolonisten, der im sogenannten Bostoner Massaker von 1770 als erster zu Tode kam. Er war schwarz«.
Was schlägt *Edwin Fenton* vor? Bloße Information zur Geschichte der schwarzen Amerikaner ändere nicht Einstellungen und Verhalten, so sagt er. Die schwarzen Schüler müssen selbstbewußt werden, forschend lernen und ohne Gewaltanwendung ihre Lebensbedingungen verändern können. Und die weißen sollen ein Wertsystem entwickeln, in dem die Menschenrechte höher stehen als das Recht auf Eigentum, und Gleichheit höher als Rassismus, Vernunft höher als Vermutungen und Vorurteile. Lehrer und Elternhaus helfen dabei: durch »eine freundliche Stimme, mit einigen lobenden Worten, zu Papier gebrachten konstruktiven Bemerkungen, oder ein freundliches Schulterklopfen«. Multimediale Lehrsysteme schlägt er vor und Fallstudien zu kontroversen Fragen, um »Kindern zur Klärung ihrer Wertvorstellungen zu verhelfen«. Die Schulen brauchen Geld und das Interesse schwarzer Eltern. »Sonst können die Lehrer nur wenig für ihre schwarzen Schüler tun.«
Appelle eines Liberalen, der mit den Prunkstücken der »New Social Studies« auffährt – und mit ihnen scheitert angesichts einer brutalen politisch-ökonomischen und damit auch schulischen Wirklichkeit seit 200 Jahren [54].

Ein bescheidener Schritt nach vorn

»Die Schwarzen erkennen sehr deutlich, daß Amerika auf Inhumanität gegründet ist. Die Unterzeichner der Unabhängigkeitserklärung legten ihre Feder nieder, gingen nach Hause und schlugen ihre Sklaven. Die Schwarzen hörten die großen und edlen Worte, während die Peitschen die Haut ihrer Rücken zerrissen.« [55] Das ist das amerikanische Dilemma. Kein persönliches Problem der Bürger und der ethnischen Minderheiten dieses Landes, das mit Geld und guten Worten von Eltern, Lehrern und Schülern zu lösen wäre. Es ist der grundlegende Antagonismus einer entschieden liberal-kapitalistischen Wirtschafts- und Gesellschaftsordnung, deren an der Profitmaximierung und Produktionsleistung orientierte Produktionsweise vor allem das Verhalten der Bürger bestimmt. Der aufklärerisch-humanitäre Anspruch der Dokumente dieser Staatsgründung provoziert überragende private und auch staatliche Hilfsmaßnahmen, kann aber gegen die dominierenden

Verhaltensmuster nicht an; nicht selten also Aktivitäten, die immer neue Opfer produzieren, zumindest aber in karitativer Hilflosigkeit steckenbleiben, weil die verursachenden gesellschaftlichen Verhältnisse nicht beseitigt werden. Das pluralistische Selbstverständnis sichert nicht so sehr personell, sondern vor allem habituell stabilen Eliten aus Wirtschaft, Militär und Wissenschaft die normierende Priorität, habituell stabil aufgrund ihrer Funktion im Produktions- und Herrschaftssystem, nicht anders als der Mittelstand und die unterprivilegierten Schichten.
Der amerikanische Menschenrechtskatalog setzt keine Prioritäten. Die werden von der Ökonomie bestimmt. Private Interessen, private Initiative, privates Eigentum werden »erzwungen« und liefern die Menschenrechte einer vor allem interessenbestimmten Dialektik aus, die sich gängiger Vorurteile, von der »Erfahrung« bestätigt, bedient, und die stereotype Formel von den notwendigen Unterschieden und Differenzierungen in der pluralistischen Gesellschaft mit den gleichen Chancen, die man habe, wenn man nur wolle, koppelt. Ein Psychiater von Harvard hat es nach langen Gesprächen mit Bewohnern weißer »middle-middle-class or ... upper-middle-class suburbs« herausgefunden: Zum Rassenproblem befragt, wünscht eine weiße »suburban mother« ihren »privaten Bereich und eine gleichgesinnte, integre Nachbarschaft und keinen Einbruch in ihren Lebensstil und ihre Rechte als privater Bürger. Sie hält sich für eine gute Amerikanerin, eine feine Person, die niemanden haßt, aber die nun einmal vorhandenen und notwendigen Unterschiede beachtet haben möchte, die sie und die Ihren nun einmal von den anderen trennen. Auf Widersprüche in ihren Aussagen hingewiesen, wird sie nicht laut und kreischt nicht und flucht nicht, wie es arme weiße Leute tun würden, nein, sie zitiert aus dem reichen Schatz an Klischee-Vorstellungen, die wir, so fürchte ich, in diesem Lande produziert haben. Gegen jeden begründeten Anspruch auf Gleichheit gibt es einen begründeten Anspruch auf ›Privatheit‹, so daß eine gut ausgebildete Frau wie sie keine Schwierigkeiten hat, ihre Einstellungen darzulegen und zu rechtfertigen«. Und so ist die Reaktion dieser Leute subtil und gar nicht hysterisch: Sie ziehen aus, wenn Schwarze kommen, das Recht eines jeden freien Amerikaners [56].
Sie könnten die »New Social Studies« durchgemacht haben, sie verstehen zu argumentieren und interessengerecht zu handeln; das andere ist ein »soziales Problem«, das nur die »Gesellschaft« lösen kann; die Eliten also. Und auch die haben ihre Interessen, die sie durchsetzen können – und den Verweis auf die Gesellschaft.
Fassen wir zusammen: die »New Social Studies« sind nur ein bescheidener Schritt nach vorn,

▶ weil sie personalisieren, wo die politisch-ökonomischen Ursachen analysiert werden müssen;
▶ weil sie bei aller Sozialwissenschaft allenfalls sozialpsychologisch belehren, aber nicht konkret-situationsbezogen reflektieren;
▶ weil sie in Form durchstrukturierter curriculum-units zumeist in vorgegebenen Denk- und Lösungsmöglichkeiten verharren und damit kreative Selbständigkeit unbemerkt beschränken:
▶ weil sie auf politische Praxis als Teil des schulisch arrangierten politischen Lernens verzichten;
▶ weil sie den interessenbestimmten Wertrelativismus des amerikanischen politisch-ökonomischen Systems bestätigen und nicht durch eine auf die Menschenrechte bezogene konkret-utopische Dialektik zu ersetzen versuchen
▶ weil sie die gesellschaftliche Funktion der Schule in Theorie und Praxis unreflektiert den pluralistischen Gegebenheiten überantworten und nicht vom Menschenrechtskatalog her gesellschaftskritisch bestimmen.

Die »New Social Studies«: ein Instrument nationaler Verteidigung zur Sicherung der bestehenden wirtschaftlichen und gesellschaftlichen Verhältnisse.

Das sozialwissenschaftliche Integrationsfach

Und doch bieten die »New Social Studies« Chancen, für die USA und für die Bundesrepublik.

Dominierend ist in den sechziger Jahren der Versuch, interdisziplinäre Curricula zu erstellen, d. h. zumindest Ökonomie, Politologie, Soziologie, Anthropologie, Geographie und Psychologie als mit Gesellschaftlichem befaßte Disziplinen aufeinander zu beziehen. Die Geschichte ist umstritten; sie wird teils zu den Geisteswissenschaften gezählt [57], teils den Sozialwissenschaften zugerechnet (z. B. *Edwin Fenton*).

Die Geschichte ist bei den Reformbestrebungen sehr stark ins Hintertreffen geraten. Als dominierende Disziplin der traditionellen Social Studies ist sie in bezug auf ihre schwächste und konkreteste Stelle, die Lehrbücher, von der sozialwissenschaftlichen Kritik vernichtend abqualifiziert worden [58]. Historiker und Geschichtslehrer wachten aus ihrer eingewöhnten Sicherheit erst auf, als die Sozialwissenschaftler die Curriculum-Reform in diesem Bereich übernommen hatten. Das war zwingend: Der Sozialwissenschaftler *Jerome S. Bruner* gab die Anregungen, und Anthropologen, Soziologen, Psychologen und Politologen griffen sie zuerst auf, weil *Bruners* Forderung nach dem entdeckenden Lernen (inquiry) hier einem Wissenschaftsverständnis entsprach, das den Prozeß der Erkenntnisgewinnung in der Absetzung von der geisteswissenschaftlichen historischen Methode konstitutiv vor die Addition von Forschungsergebnissen, die im High School- und College-Unterricht dominierten, gestellt hatte. Zudem bedürfe demokratisches Verhalten nicht so sehr der Wissensquantität, sondern der Erkenntnis- und Handlungsqualifikationen, hatten der große Lernpsychologe und seine Anhänger den nun an Schulunterricht interessierten Hochschullehrern gesagt.

Abgesehen von einer institutionenkundlichen Staatsbürgerkunde (civics) und einer beschreibenden Erdkunde gab es in bezug auf diese Disziplinen keine belastende Schulpraxis, weil sie in den Social Studies noch keinen Platz gefunden hatten. Sie konnten leicht diese Praxis schelten und Zielvorstellungen des Geschichtsunterrichts als arge und gefährlich indoktrinierende Illusion abtun, etwa die von *Ray Allan Billington*, Professor für Geschichte an der Northwestern University (Chicago) aus dem Jahre 1959, wonach Amerikanische Geschichte zwingend notwendig sei, um »effective citizens« heranzubilden: »(1) Sie entwickelt ein perspektivisches Verständnis, das dazu verhilft, klügere politische Entscheidungen zu treffen; (2) sie bewirkt ein Bewußtsein der Identität mit der Vergangenheit, so daß die nationale Loyalität vertieft wird; (3) sie versieht die Bürger mit dem praktischen Wissen, das sie benötigen, um sich bei den Wahlen klug zu verhalten; (4) sie schenkt ihnen eine Liebe zum Lernen, die noch weit über die Schulerfahrungen hinaus anhält; (5) sie stattet sie mit den Informationen und der Toleranz aus, die zu einer Zeit, da politisches Handeln nicht mehr nur mit nationalen Kategorien erfaßt werden kann, notwendig ist.« [59]

Das Verdikt der »linksliberalen« Sozialwissenschaftler traf zum Teil die offensichtliche politische Reaktion des Geschichtsunterrichts, vor allem aber seine methodologische Fehlanzeige. Geschichte, das war und ist noch weitgehend in den amerikanischen Schulen Geschichtserzählung, Aufsagen und Reden über einige mehr oder weniger qualifizierte Forschungsergebnisse, deren Komplexität handlich umgemünzt ist. Für wissenschaftliches Arbeiten wird da schon beliebiges Diskutieren von Tatbeständen und Meinungen gehalten, meist mit dem Ziel, sie gegeneinander abzuwägen und dann eine Entscheidung zu treffen. Nichts von systematischem Fragen und Antworten, wie *Edwin Fenton* und *Ronald Lippitt* es ihren Projekten zugrunde legen (vgl. S. 17).

Mit ihren Projekten verändern Vertreter der anerkannten sozialwissenschaftlichen Disziplinen die Staatsbürgerkunde. Und nachziehende Geographen und Historiker, und diese in verhältnismäßig geringer Zahl im Vergleich zum Anteil ihres Faches an den Social Studies, kon-

zipieren nun ihr Fach als sozialwissenschaftliche Disziplin, weil sie mit zwei Dingen Ernst machen: mit der pädagogischen Zielsetzung »demokratisches Verhalten« und mit der methodologischen Stringenz sozialwissenschaftlicher Forschung in bezug auf Sozialverhalten und dessen gesellschaftlich institutionalisierte Absicherung, zu der sie als Historiker die zeitliche und als Geographen die räumliche Dimensionen abdecken. Der Zwang zur existentiell bedrohlichen Auseinandersetzung mit den Sozialwissenschaften hat zumindest diesen Historikern bewußtgemacht, daß sie aufgrund ihres vor allem retrospektiven Wahrnehmungsinteresses dazu neigten, die pädagogische Aufgabe der Geschichte in der Übermittlung des tradierten Wissens zu sehen und – unüberprüfbar – mit dem Ziel politischer Qualifizierung zu versehen; daß sie aus eben diesem Grunde aber auch in der historischen Methodologie des 19. Jahrhunderts verharrten – und nun durch die Einfügung in den sozialwissenschaftlichen Fächerkanon zugleich auch deren zeitgemäße Methodologie spezifisch sachbezogen übernehmen. Sozialverhalten und Gesellschaft waren schon im 19. Jahrhundert Gegenstand historischer Forschung, nur mit den eingeschränkten Möglichkeiten der wissenschaftlichen Anfänge dieser Disziplin. Die Sozialwissenschaften haben sie zunächst gegenwartsbezogen erweitert, auch für die zurückgebliebene Geschichtswissenschaft und die Geschichte im Unterricht (vgl. weiter unten die relevanten Beiträge).
Noch wird die Integration der sozialwissenschaftlichen Fächer sehr widerspruchsvoll diskutiert. *Arthur W. Foshay* hat das Dilemma so beschrieben: »Wir müssen sehen, daß die Integrität der Forschungsbereiche – der Disziplinen erhalten bleiben muß, wenn sie gelernt werden. Aber eben dieser Anspruch macht es unmöglich, die Disziplinen in einem multidisziplinären Schulfach zu vereinigen. Die einzelnen Gegenstände müssen getrennt gelehrt werden, jeder auf seine eigene Weise, mit der ihm eigenen Logik ... Doch die Fächer getrennt zu lehren heißt, dem mehr oder weniger hilflosen Schüler die Integration des Wissens zu überlassen.« [60] Pädagogisch engagierte Autoren plädieren für die Integration: »Die Menschen machen ihre Erfahrungen nicht in sechs oder noch mehr wohl verschnürten Paketen, von denen jedes das Etikett einer der sozialwissenschaftlichen Disziplinen trägt oder, säuberlich getrennt, deren wichtige Daten enthält.«
Earl S. Johnson spricht von »Erfahrungsbereichen« (area of experience) und zitiert einen Aphorismus seines Lehrers *George Herbert Mead:* »Denken ist kein Gebiet und auch kein Königreich, das aus seiner möglichen gesellschaftlichen Verwendung herausgehalten werden kann.« [61] Die »concept and structure«-Projekte der »New Social

Studies« erfüllen *Arthur W. Foshays* wissenschaftlichen Anspruch, selbst wo sie interdisziplinär entworfen sind; je spezifische fachwissenschaftliche Begrifflichkeit, Gegenständlichkeit und Methodik bestimmen dann doch die einzelnen Einheiten. Diese Autoren haben an Integration erreicht, was ihr Wissenschaftsverständnis zu erreichen zuläßt: die Einigung auf den komplexen Gegenstand »Gesellschaft« (Geschichte ist dann ganz wesentlich Wirtschafts- und Sozialgeschichte), dessen Erforschung dann aber doch zu einem fächerspezifischen Nebeneinander von Ergebnissen, mit einem Nebeneinander von Begriffen und sich leicht wieder verselbständigenden, wenn auch zum Teil kongruenten Methoden führt.

Für den wissenschaftlich verantwortlichen Pädagogen sind vorerst schon diese Integrationsbemühungen wichtig, weil sie ein über die einzelnen Disziplinen hinausgehendes gemeinsames Erkenntnis- und Handlungsinteresse ermöglichen, und das heißt zugleich eine gesellschaftskritische Erkenntnis- und Wissenschaftstheorie. Deren Fehlen bei den Vertretern empirisch-positivistischer Forschung läßt sie die Integrationsbedürfnisse der Pädagogen, die sich nicht der Illusion hingeben, durch bloße Wissens- und Fertigkeitsadditionen entstünden politische Handlungsinteressen, als suspekt und ideologisch erscheinen. Nur *Donald W. Oliver* plädiert unter Ablehnung der »concept and structure«-Projekte (vgl. S. 155) mit seinen von der Unterrichtspraxis und einem politischen Handlungsinteresse bestimmten Fallstudien für eine erkenntnis- und handlungsbezogene Integration – ohne sie allerdings schon im Detail bestimmen zu können [62].

Politisches Lernen und politisches Handeln

Diese Fallstudien-Didaktik wird bisher allein dem zweiten Dilemma gerecht, das die kognitiv orientierten »New Social Studies« produzieren: Sie bewirken keine direkte Beziehung zwischen »Erziehung und Leben« [63]. Sie sind auch hier dank *Jerome S. Bruner* eingeengt durch ihre nahezu vollständige Beschränkung auf kognitives Lernen und einen behavioristischen Wissenschaftsbegriff, der sozialwissenschaftliche Forschung entschieden von Wertentscheidungen und gesellschaftspolitischen Analysen trennt, und letztere besonderen Kursen (»general education and/or humanities«) zuweist [64]. *Donald W. Oliver* dagegen kann die Kluft überbrücken. Er hat dem auch von *Earl S. Johnson* gesetzten Ziel, die Urteils- und Entscheidungsfähigkeit über soziale Werte anhand konkretisierter Konfliktfälle und Fallstudien zu verbessern [65], ein zweites hinzugefügt: begründet gesellschaftspolitisches Handeln zu lernen. Zusammen mit *Fred M. Newmann* hat er einen Zukunftsentwurf vorgelegt, der die hypothetische Konsequenz seiner Fallstudien darstellt [66]. Kinder, Jugendliche und Erwachsene lernen, wenn möglich gemeinsam, im »school context« Grundkenntnisse und Grundfertigkeiten in einem problemorientierten Unterricht, im »laboratory-study-work-context« in der Verbindung von Theorie und Praxis bis hin zu durchreflektierten und im Nachhinein analysierten politischen Aktionen, und im »community-seminar-context« die rationale Analyse von Gemeindeproblemen und die gewissenhafte Diskussion jugendlicher und erwachsener Lebenspraxis und Lebenserfahrung (Gruppendynamik), und das heißt auch die Ausdifferenzierung der Lernmöglichkeiten in der Gemeinde. – Aber noch ist dies eine konkrete Utopie, wohl nur erreichbar, wenn die Fallstudien sehr bald zur Situationsanalyse im eigenen Lebensbereich führen und die nur relativierende und vor allem Individualinteressen legitimierende Argumentationstechnik durch eine hierarchisierende Dialektik in Frage gestellt – und abgelöst wird. Das gilt nicht minder für den kognitiven Zweig der Curriculum-Reform, nur daß dort nicht nur ein politisches, sondern ein wissenschaftliches Selbstverständnis revidiert werden müßte.

»Concept and Structure«

Von Erkenntnisinteresse bestimmte Integration der Sozialwissenschaften und der Social Studies und gesellschaftspolitischer Realitäts- und Handlungsbezug sind Möglichkeiten der »New Social Studies« unter spezifischen Bedingungen. »Inquiry«, »problem solving« und »reflective thinking« sind notwendige und nicht mehr zu hintergehende Konsequenzen sozialwissenschaftlich-kognitiver Curriculum-Reform, die den Qualifikationserwerb an die erste Stelle der Lernzielkataloge gerückt hat. Die wiederum notwendige Konsequenz: Das Lehrbuch wird durch multimediale Planungssysteme auf seiten der »concept and structure«-Projekte und durch noch zu erweiternde differenzierte Informationsvorgaben der Fallstudiendidaktik abgelöst. Der politische Sozialisationserfolg der beabsichtigten Lernprozesse hängt ab von den Dispositionsmöglichkeiten, die Lernende und Lehrende auf die Strukturmomente des Lernens, der Ziele, Themen, Methoden, Medienwahl und Leistungs- und Erfolgskontrolle erhalten. Der Gefahr des bloßen Nachvollzugs vorgegebener Einfälle und Erkenntnisschritte eines behavioristisch und von fachwissenschaftlicher Selbstsicherheit bestimmten Lernarrangements steht, über vielfältige Abstufungen, ein provozierendes Materialangebot mit der Möglichkeit selbstbestimmenden Lernens gegenüber [67]. Welche curriculare Materialisierung gewählt wird, hängt ab vom gesellschaftspolitischen Interesse der Social Studies und der adäquaten lernpsychologischen Absicherung. Es ist zugleich die Frage nach der erkenntnis- und wissenschaftstheoretischen Grundlegung. Hier liegt die Crux der »New Social Studies« und zugleich die Chance ihrer Politisierung.

»Saint Jerome« *(Jerome S. Bruner)* hat seinen Jüngern mit dem Begriff »Struktur« (structure) im Jahre 1960 einige Rätsel aufgegeben, die zu teilweise verständnislosen Kontroversen geführt haben [68], ohne daß der Initiator der »New Social Studies« in seinen späteren Büchern zu einer Klärung beigetragen hätte [69]. Er deutet an, daß »Struktur« etwas mit Einstellungen und Forschungsmethoden zu tun habe und daß es als Gefüge grundlegender Aussagen und als deren Organisationsprinzip »die Struktur« einer Disziplin gebe [70]. Sein erstes konkretes Beispiel aus dem Lernbereich Social Studies hat die Unsicherheit nur vergrößert: »Eine Nation muß Handel treiben, um überleben zu können.« [71] *Edwin Fenton* hat gegen derartige nichtssagende Generalisierungen polemisiert, die als »grundlegende Einsichten« (fundamental ideas) oder »Begriffe« (concepts) zu bezeichnen die Wissenschaft der Banalität ausliefere. Sie könnten so manchen Lehrer als »die Struktur der Social Studies« erscheinen und noch einmal die Unsitte der fünfziger Jahre wissenschaftlich legitimieren, den Lernstoff in Listen zu vermittelnder Einsichten zu pressen; Unterricht nicht als Prozeß, sondern als Rezeption von Forschungsergebnissen oder Setzungen oder als deren Evidenzerweis. Edwin Fenton stellt dagegen: »Mitten in der Wissensexplosion muß jeder von uns neue Generalisierungen aufstellen können, oder er muß sich damit zufriedengeben, mit dem Wissen von gestern in der Welt von morgen zu leben.« [72] Die meisten Projektgruppen teilen diese Kritik, müßten sie aber auch selbstkritisch nutzen. Die Betonung von »process« und »inquiry« läßt leicht übersehen, daß Curricula als Planungseinheiten von Unterricht leicht in subtiler Form zum Evidenzerweis vorgegebener Lernziele — Inhalte und Qualifikationen — werden, anhand der materialisierten Methodologie empirisch-positivistischer Wissenschaftlichkeit. Davon war schon die Rede, und davon wird noch weiter unten (S. 51 f.) die Rede sein müssen.

Die Diskussion in der ersten Hälfte der sechziger Jahre hat zu einer vorläufigen Ausdifferenzierung der Andeutungen Jerome S. Bruners geführt. Gestützt auf eine Arbeit von *Joseph J. Schwab* [73] haben *Edwin Fenton, William T. Lowe, James P. Shaver* und *Harold Berlak* eine Konzeption für die Social Studies entwickelt, die so offen ist, daß sie eine weiterführende wissenschaftstheoretische und didaktische Reflexion geradezu provozieren muß.

»Sozialwissenschaften sind nicht nur Akkumulation realen Wissens; sie sind ebenso systematische Verfahren zu fragen und Fragen zu beantworten.« [74] Die »Struktur der Sozialwissenschaften« meint ein Bezugssystem grundlegender Erkenntnisbestände, Begriffe (concepts/categories) und Hypothesen, d. h. den Gegenstandsbereich und die Fragerichtung der Disziplinen und das davon abgeleitete methodologische Potential. »Laienhaft formuliert: Struktur besteht aus einer Forschungsmethode, die sich aus zwei Teilen zusammensetzt: der Erstellung von Hypothesen und dem Prozeß der Überprüfung eben dieser Hypothesen.« [75] Der hypothesenbildende Aspekt der Struktur liegt in der Funktion der wissenschaftlichen Begriffe. Das auf einen Sachverhalt angelegte Begriffsgefüge impliziert die analytischen Fragen. Sie »lenken die Datensammlung auf die Probleme, die die Sozialwissenschaftler in bezug auf die Analyse gesellschaftlicher Erscheinungen für nützlich halten« [76]. Die einen Sachverhalt aufschlüsselnden Begriffe ändern sich im Laufe der Zeit, sind aber auch von Wissenschaftler zu Wissenschaftler verschieden [77], jeweils abhängig von seinem Erkenntnisinteresse. Ob man bei der Analyse internationaler Beziehungen nach der »balance of power« fragt oder nach den jeweiligen Gesellschaftsstrukturen, nach Produktions- und Herrschaftsverhältnissen, Klassen, Rollen und Normen, ergibt je unterschiedliche Problematisierungen und Antworten. Es gibt auf jeden Fall in den Sozialwissenschaften nicht »die Struktur«, die einem fachwissenschaftlichen Gegenstandsbereich inhärent ist, sondern nur »Strukturen« als Forschungskonzeptionen, zumeist sogar mehrere innerhalb einer Disziplin [78].

Die derzeitige Psychologie des kognitiven Lernens [79] sagt, daß jeder eine ihm eigene, durch Sozialisations- und Lernprozesse erworbene »kognitive Struktur« besitze, wie unwissenschaftlich auch immer die Erkenntnisprozesse seien, die sie zulasse. Auf keinen Fall werden Situationen und Probleme naiv erfaßt. »Jede Person verfügt über eine eigene (kognitive) Struktur. Es ist unser Problem, wie das Problem der Curriculum-Institute, auf der Grundlage der Sozialwissenschaften eine (kognitive) Struktur zu entwickeln, die uns Probleme derart zu lösen hilft, daß unsere Antworten einen hohen Genauigkeitsgrad besitzen.« [80] »Der Lehrer muß dem Schüler helfen, eine (kognitive) Struktur zu finden, die für ihn arbeitet.« [81] Dabei muß »die private Welt des Kindes ... entwickelt und nicht umgestürzt werden« [82]. Das verlangt ein Ernstnehmen seiner Situation, seiner Fähigkeiten, eine Hierarchie der zu erlernenden Qualifikationen und ein dem jeweiligen kognitiven Niveau angemessenes phasenspezifisches Lernen – nach Piaget verläuft aufgrund der derzeit genutzten Lernmöglichkeiten die kognitive Entwicklung von der phänomenal-operationalen Phase (0–7) über die konkret-operationale (7–11) zur logisch-operationalen Phase (11 ff.) [83] – im Rahmen einer im Laufe der Jahre an Komplexität zunehmenden »Curriculum-Spirale« *(Jerome S. Bruner).* »Umfassende, gut differenzierte Begriffsgefüge lassen mehr Wahlmöglichkeiten und mehr wirksame Richtungen möglichen Handelns zu als oberflächliche, kaum differenzierte Begriffssysteme. Die Zahl der verfügbaren Begriffe ist eine signifikante Determinante bewußten Verhaltens, und sie zu vergrößern und zu differenzieren ist die erzieherische Aufgabe in unserer Gesellschaft.« [84]

Die Richtziele der »american values«

»Wenn alles gesagt und getan ist, bleibt die Verantwortung für vernünftiges Handeln dort, wo sie nur bleiben kann – bei der Person, die immer handeln muß. Die begrifflichen Systeme der Wissenschaften kann man derart auf den Handelnden zusammenlaufen lassen, daß sie sein Verständnis von den Bedingungen, unter denen er lebt, aufhellen und seinen Verstand von den Zwängen der Unwissenheit und verengter Perspektive befreien.« [85] Diese »Befreiung« haben in unserem Falle die Social Studies zu leisten, indem sie die logischen oder begrifflichen Strukturen der Sozialwissenschaften in die kognitive Struktur der Lernenden transformieren mit dem Effekt einsichtigen Lernens und Handelns [86]. Der politische Pädagoge ist notwendig handlungsbezogen – wie der Politiker. Er kann sich nicht der Selbsttäuschung bloß analytischer Arbeit überlassen. Er ist, um es aus der Negation zu bestimmen, nicht jedem beliebigen Gesellschaftssystem verpflichtet, sondern der Emanzipation des Menschen, den humanitären Menschenrechten, deren Realisierungsgrad den Demokratisierungsgrad einer Gesellschaft anzeigt. Er ist dieser Emanzipation verpflichtet, weil personen- und gesellschaftsbezogene Rationalität keine andere allgemeine sozialethische Zielsetzung zuläßt. Seit der Aufklärung ist menschliche Selbstverwirklichung nicht anders denkbar. Politische Pädagogik muß ausgehen von einer rational nicht widerlegbaren optimistischen konkreten Utopie eines vorweggenommenen besseren Zustandes in bezug auf die konkreten gesellschaftlichen Verhältnisse.

Theoretiker und Praktiker der Social Studies analysieren die gegenwärtigen Verhältnisse und den humanitären Anspruch der »american values«, aber mit einer praxisabstinenten analytischen Wissenschaftlichkeit, vertrauend auf eine liberal-pluralistische Selbstregulierung im Rahmen ökonomischer Interessendominanz. Mit Geld und gutem Willen und differenzierten kognitiven Qualifikationen wirft die Übersetzung des Ideals von »Würde und Wert jedes Individuums ... in konkretes Tun« allenfalls »einige Probleme« auf [87]. *Donald W. Oliver* und *James P. Shaver* setzen zwar sehr konkret politisch an, aber eben auch nur im skizzierten Sinne: sie gehen aus von den »politischen Bedürfnissen (ihrer) Gesellschaft« und setzen davon ab die (nur analytischen) »Erfordernisse der Sozialwissenschaften«, aber auch sie erliegen dem »liberalen Fatalismus« *(Gunnar Myrdal),* eben den »politischen Bedürfnissen ihrer Gesellschaft«. Die Autoren binden den emanzipatorischen Anspruch der »american values« an die »westliche Verfassungstradition« und die »demokratische Tradition der westlichen Zivilisation«, deren derzeitige Konkretisierung der »Pluralismus und die Offenheit der amerikanischen Gesellschaft« darstellen, d. h. ein grundlegender Antagonismus zwischen dem emanzipatorischen Anspruch und der gesellschaftlichen Realität ist nicht einmal denkmöglich; und das derzeitige politisch-ökonomische Gesellschaftssystem erfährt eine grundsätzliche emanzipatorische Legitimation. Die Autoren lehnen konsequent die Utopie eines vorweggenommenen besseren Zustandes ab: »Im Lichte der Geschichte wie nach der bisherigen Erforschung des Sozialisationsprozesses (bilde) sie eine unrealistische Ausgangsbasis für Curricula öffentlicher Schulen in einer Demokratie«. Wer grundlegende Antagonismen nicht denkt, erfährt sie nicht. – Die Autoren sind der Meinung, »daß sich für die meisten öffentlichen Entscheidungen, die für eine pluralistische Gesellschaft erforderlich sind, keine Wahrheit in so unzweideutigen Begriffen definieren läßt, daß alle Menschen sie auf gleiche Weise sehen und begrüßen werden« [88].

Sekundäres, kontroverse Strategien und Akzentuierungen, kurz: immer umstrittene Folgeprobleme rücken an die erste Stelle, oder aber grundlegende Antagonismen werden als notwendige Konflikte, schlimmstenfalls als Störungen im Prozeß der Konfliktlösung verkannt. Technokratische Reformen können das System erhalten, weil es selbst bei dieser – schon progressiven – Konzeption schwerfällt, den emanzipatorischen Anspruch gesellschaftliche Praxis werden zu lassen. Aber die Autoren fügen ein letztes absicherndes Moment hinzu: Sie bestimmen die »Freiheit der politischen Entscheidungen« im pluralistischen Kräftespiel als »unverzichtbares Merkmal« der »Menschenwürde« [89], halten diese aber für »zu vage, um als normative Kriterien für Probleme der Gemeinschaft dienen zu können«. »Ideale mit konkreter Bedeutung« finden sie »in den politischen und juristischen Quellen (von) Gesellschaft und Regierung«. Alle Menschen sind gleich geschaffen; Anspruch auf Leben, Freiheit und Glück, Gerechtigkeit und Wohlfahrt, innere Ruhe und gemeinsame Verteidigung; Rede-, Glaubens- und Versammlungsfreiheit; das Recht auf Unverletzlichkeit der Wohnung und der Anspruch auf Schutz des persönlichen Eigentums. Dies ist die »gemeinsame Basis« für Gegner, »um ihre Differenzen zu diskutieren« und die je »eigenen Normen und Vorlieben (zu) entwickeln«, d. h. die je »eigenen Definitionen von menschlicher Würde« [90]. Einzelne und Gruppen können aus dem breiten Bedeutungsfächer der einzelnen »values« die Worte und die Bedeutungen herausnehmen, »die mit ihren eigenen persönlichen Werthaltungen und Interessen übereinstimmen« [91].

Donald W. Oliver hat diese Unbestimmtheit und den Verzicht auf eine präzise Definition selbst der »Ideale mit konkreter Bedeutung« eine »einzigartig kreative Lösung« genannt. »Die Lösung ist einfach und klug. Wir handeln entsprechend unseren privaten Überzeugungen ... Aber wir denken und sprechen in der Öffentlichkeit, als ob alle in einem Glaubensbekenntnis der Freiheit und Gleichheit miteinander verbunden seien, von dem wir ernstlich und gewissenhaft vorgeben, es bestimme unser Handeln. In Zeiten nationaler Krisen handeln wir wohl auch danach... Wir müssen den Mythos erhalten, daß amerikanische Ideale in ein konkretes Handlungssystem transformiert werden können, aber wir müssen ganz sicher sein, daß keine einzige dieser Transformationen sich jemals auskristallisiert.« *Donald W. Oliver* warnt die Lehrer davor, die »american values« über einen durchreflektierten systematischen Entwurf verwirklichen zu wollen. »Die amerikanischen Ideale Wirklichkeit werden zu lassen heißt, unbestimmte Erklärungen zu Freiheit, Gleichheit, Glück usw. in spezifische (politische) Aktionen zu übersetzen. Wenn dies geschieht, tritt Ideologie zum Vorschein, und Erziehung wird zur ideologischen Indoktrination.« [92]

Eine so unbekümmerte Offenheit – im Vertrauen auf das pluralistische Gesellschaftssystem der USA – ist selten in der Literatur zu den Social Studies, aber doch die pronozierte Summe der Diskussion um die »american values« als Richtziele für die Social Studies: »Individuelle Freiheit und Verschiedenartigkeit sind in der liberalen Gesellschaft die überragenden Werte.« [93] Sie machen vor allem Menschenwürde aus. Die »american values« müssen unbestimmt bleiben, um

die individuelle politische Entscheidungsfreiheit zu erhalten. Sie legitimieren individuelle Interessen, weil sie nicht in einer »hierarchischen Ordnung«[94] konzipiert und damit isoliert verfügbar sind. Das offene pluralistische Gesellschaftssystem reguliert das Handeln von einzelnen und Gruppen im Rahmen der prinzipiellen »american values«; es sorgt für seine Ausbalancierung und bei Gefahr der Zerstörung dieses Systems für deren Abwehr durch konsequenten Rückgriff auf die »american values«. Widersprüche zwischen emanzipatorischem Anspruch und gesellschaftlicher Wirklichkeit in den verschiedensten Bereichen können gemildert und immer nur zum Teil aufgehoben werden.
Dieses »amerikanische Glaubensbekenntnis« liegt den »New Social Studies« zugrunde. Es ist eine Ideologie, die sich der grundlegenden Selbstkritik und damit auch der grundlegenden Veränderbarkeit aus den eigenen Denk- und Handlungsmöglichkeiten heraus beraubt hat. Und dies dreifach:
1. Die gesellschaftliche Wirklichkeit wird nicht in ihren Widersprüchen zum emanzipatorischen Anspruch als bedingt durch die politisch-ökonomischen Verhältnisse und deren Verhaltenszwänge erfaßt, sondern privatisiert und personalisiert und personalen Lösungen zumeist nur gradueller Verbesserung im Rahmen pluralistischer Veränderungsmöglichkeiten überantwortet. – Die »New Social Studies« verzichten auf die Denk- und Handlungsmöglichkeiten des Sozialismus und eines entschieden sozialethisch geprägten Linksliberalismus.
2. Die soziale Ethik der »New Social Studies« stellt einen den privaten Interessen ausgelieferten Wertrelativismus dar. Er wird beherrscht von einer interessenbestimmten Dialektik nicht hierarchisierter allgemeiner sozialethischer Setzungen. – Die »New Social Studies« verzichten auf die Ausdifferenzierung des Begriffs »Menschenwürde« auf Emanzipation hin und auf eine darauf bezogene konkretisierende Dialektik der kodifizierten »Ideale mit konkreter Bedeutung«.
3. Politisches Handeln als Lernziel der »New Social Studies« ist nur möglich von begründeten privaten Interessen und Werthaltungen her, wenn das Lernziel nicht sogar auf ein analytisches Erkenntnisinteresse reduziert wird. Der dominierende positivistische Wissenschaftsbegriff der Sozialwissenschaften provoziert beides für die Social Studies durch seinen Verzicht auf gesellschaftspolitische Praxis und durch die privaten, gesellschaftlich vermittelten Erkenntnisinteressen der Sozialwissenschaften. – Die »New Social Studies« verzichten auf die Rezeption einer gesellschaftskritischen Erzie-

hungswissenschaft mit emanzipatorischem Erkenntnis- und Handlungsinteresse oder einer rationalistischen Wissenschafts- und Erkenntnistheorie in Verbindung mit einem decisionistischen emanzipatorischen Handlungsinteresse als Reflexions- und Aktionsrahmen der Wissenschaft.
Ausdruck dieses dreifachen Verzichts: *Donald W. Oliver* verurteilt den Versuch *Theodor W. Adornos* und anderer, demokratisches Verhalten durch die Kennzeichnung der autoritären Persönlichkeit zu bestimmen [95], als verkümmernde Einschränkung individueller Freiheit und Verschiedenartigkeit [96]. Mit *James P. Shaver* sieht er in Christentum und Kommunismus Ideologien mit idealen Lösungen und doktrinären Vorstellungen vom guten und schlechten Menschen, die die Wahrheit usurpieren, eine konfliktfreie Welt schaffen wollen und »den Schutz der menschlichen Würde für den höchsten Zweck der menschlichen Gesellschaft halten« [97]. Die Autoren halten sich ans Klischee absoluter sozialer Gerechtigkeit, um vordergründig die eigene Position mit der Evidenz des Faktischen abzusichern. Man ist peinlichen Fragen aus den Reihen progressiver Christen und demokratischer Sozialisten, ja selbst engagierter Linksliberaler, enthoben. *Karl R. Poppers* Bemerkung von der offenen Gesellschaft in den USA, die die Vietnamkriegsgegner so zum Zuge kommen lasse, daß die Regierung den Krieg beenden müsse (S. 24), dürften sie nicht als zynisch empfinden angesichts der Opfer des Krieges, und auch nicht als eine Legitimation für den Versuch, gesellschaftliche Verhältnisse zu schaffen, die Kriege verhindern. Wer diese »Utopie« als Richtziel diffamiert, anerkennt notgedrungen die Realitäten, auch die, die *Reinhard Lettau* als »täglichen Faschismus« aus Zeitungen herausgeschrieben hat [98], Ergebnisse eines selbst durch die »New Social Studies« nicht zu verändernden »habituell gewordenen Nicht-zu-Ende-Denkens« – in Form »verschobener Denkaktivität« [99]. Um diese »Denkfähigkeit« noch einmal zu resümieren:

▶ Individuelle Freiheit und Verschiedenartigkeit machen den Kern der »Menschenwürde« aus;
▶ der Schutz der »menschlichen Würde« (im Sinne unverrückbarer normativ-ethischer Ansprüche) ist nicht »der höchste Zweck der menschlichen Gesellschaft«.

Diese Argumentation *Donald W. Olivers* ist die pädagogische Variante der politisch-ökonomischen Verhältnisse in den USA:

▶ die konkreten normativ-ethischen Ansprüche der »american values« werden durch die formalen Richtziele »individueller Freiheit und Verschiedenartigkeit« im Dienste ökonomischer Interessen und Erfolge instrumentalisiert und im pluralistischen Selbstverständnis legitimiert.

Edwin Fentons Hilflosigkeit bei dem Bemühen, normativ-ethische Ansprüche an die Spitze zu stellen (S. 28), findet in dieser politisch-ökonomischen Grundlegung der »Social Studies« ihre Erklärung:

▶ die »New Social Studies« sind nur in der Lage, die Sympthome des »amerikanischen Dilemma« von den vorherrschenden politisch-ökonomischen Interessen her beschreibend zu erfassen und mit Hilfe formaler kognitiver Qualifikation und dialektischer Fertigkeiten (z. T. sogar nur bestätigend) anzugehen.

Emanzipatorische politische Didaktik

Die Diskussion um die »New Social Studies« bietet Ansatzpunkte genug für eine verstärkte Politisierung und erkenntnistheoretische Absicherung. Gunnar Myrdal hat 1944 die Notwendigkeit logischer Konsistenz in der Hierarchie moralischer Werte unterstrichen, um »moralischen Zynismus« und nur interessenbestimmte Rationalisierung bei Wertkonflikten zurückzudrängen. Der durchaus langwierige und von Rückschlägen gezeichnete Prozeß müsse vor allem durch Erziehung beschleunigt werden, durch den Abbau »sozialer Ignoranz« [100].

Es geht um eine »auch von der wissenschaftlichen Pädagogik mitzuverantwortende Intentionalität der Erziehung« [101], die in der politischen Didaktik der BRD sich durchgesetzt hat, in den »New Social Studies« aber noch in zurückhaltenden Ansätzen steckt. Die theoretische Diskussion in der BRD sollte von den amerikanischen Autoren einmal an einem konkreten Curriculum-Projekt durchgespielt werden. Das heißt politische Didaktik von den Kontroversen im »Positivismusstreit in der deutschen Soziologie« [102] her zu entwickeln. Die Rezeption ist von der Theorie der politischen Didaktik in der BRD so weit vorangetrieben,

▶ daß sich dominierend eine wissenschaftstheoretische Begründung auf der Bandbreite vom »kritischen Rationalismus« bis zur »kritischen Theorie« mit deren jeweiligen gesellschaftspolitischen Entsprechungen »Linksliberalismus« und »demokratischer Sozialismus« ergeben hat [103].

Nur in diesem historisch-politisch gekennzeichneten erkenntnistheoretischen und gesellschaftspolitischen Rahmen erscheinen Politik und politische Bildung vor einem emanzipatorischen Anspruch rational begründbar [104] – und »pluralistisch« im Rahmen sehr differenzierter emanzipatorischer Realisierungen.

Beide Grundpositionen sind sich mit ihren vielfältigen strategischen und inhaltlichen Differenzierungen und trotz aller politischen und erkenntnistheoretischen Gegensätze darin einig,

▶ daß die Emanzipation des Menschen und eine dementsprechende demokratische Organisation aller gesellschaftlichen Verhältnisse Richtziele politischen Lernens sein müssen. Demokratisierung meint die höchstmögliche Verwirklichung von Emanzipation in der Gesellschaft, das heißt Ausgestaltung sozialstaatlicher Demokratie in der Aufhebung der überflüssige Herrschaft stabilisierenden Trennung von Staat und Gesellschaft [106].

Gegensätzlich ist die erkenntnistheoretische Begründung von Emanzipation, einmal als ein aus einer als Bildungsprozeß begriffenen Gattungsgeschichte mit einem von der Vernunft abgeleiteten emanzipatorischen Erkenntnis- und Handlungsinteresse (kritische Theorie), andererseits als wissenschaftlich nicht begründbare, um der Humanität willen aber notwendige Entscheidung (kritischer Rationalismus). Gegensätzlich sind die politischen Positionen, einmal ausgehend von einer antagonistischen Gesellschaftsauffassung mit dem konkret-utopischen Zielentwurf, die Emanzipation ver- und behindernden Antagonismen in der Gesellschaft aufzuheben, auch mit Hilfe revolutionärer Veränderungen (demokratischer Sozialismus), zum anderen ausgehend von einer Konflikttheorie der Gesellschaft mit dem Ziel, immer vorhandene und die Menschheitsentwicklung vorantreibende Konflikte derart zu lösen, daß Emanzipation in der Beschränkung durch menschliche Gegensätzlichkeit höchstmöglich verwirklicht wird (Linksliberalismus). »Radikaler Reformismus« [107] ist für die Industriegesellschaften die gemeinsame, aber unterschiedlich bis hin zur »Sozialtechnik der kleinen Schritte« *(Karl R. Popper)* akzentuierte Innovationsformel.

Eine Durchsicht der neueren erziehungswissenschaftlichen, vor allem der politisch-didaktischen Literatur läßt folgende begriffliche Auffächerung zu, deren Konkretisierung für politisches Lernen *Gerold Becker* [108] an einem Teilaspekt so verdeutlicht hat, daß die Diffamierung, hier werde leichtfertig mit leerformelhaften Klischees jongliert [109], nicht mehr stichhaltig ist:

▶ Begriffliche Auffächerung von Emanzipation

Wahrnehmungsqualifikationen:	Rationalität
	Kreativität
	Sensibilität
	Spontaneität
Handlungsqualifikationen:	Identifikationsfähigkeit
	Innovationsfähigkeit
	Solidarität

Verhaltensdispositionen: Selbstbestimmung
Mitbestimmung
Genußfähigkeit
Frustrationstoleranz

Ichstärke/Ichidentität

Emanzipation wird ermöglicht durch den permanenten Abbau irrationaler und überflüssiger Herrschaft und personeller, institutioneller und materieller Abhängigkeit und durch rationale Kontrolle (noch) notwendiger Herrschaft und Abhängigkeit. Sie ist bisher nur in wenigen Teilbereichen gesellschaftliche Wirklichkeit geworden und erscheint darum vielen noch weitgehend leerformelhaft. Die Teilidentität in bezug auf Zielsetzung und Strategie läßt es möglich erscheinen,

▶ »daß die Theorie einer freieren und gerechteren Gesellschaft« [110] Elemente aus den Denkmodellen der kritischen Theorie und des kritischen Rationalismus miteinander verbinden kann. In der politischen Didaktik und im politischen Lernen ist die Kooperation deswegen möglich und geboten.

Rudolf Engelhardt hat als Vertreter der Konflikttheorie von »emanzipatorischen Fragehaltungen an die Unterrichtsgegenstände bzw. an die zu analysierenden Fälle« gesprochen [111]. Sie einzuüben verhindert Indoktrination. Gesellschaftliche Verhältnisse, politisches Bewußtsein und Problemlösungen werden von demokratisch-sozialistischen, linksliberalen, konservativen, faschistischen usw., das heißt von unterschiedlichen politischen Interessen und Erkenntnissystemen her analysiert und auf ihre emanzipatorischen Chancen hin befragt, was in der Veränderungsstrategie zu realitätsbezogenen Kompromissen führen kann, auf jeden Fall aber zu einem konsequenten Zu-Ende-Denken der eigenen Position führt. – Politisches Lernen sollte es »habituell« werden lassen.

Emanzipatorische »New Social Studies«?

Die kognitive Lernpsychologie ist bei ihrem Versuch, »die Struktur« oder »Strukturen« der wissenschaftlichen Disziplinen zu bestimmen (S. 34 f.), auch auf das »erkenntnisleitende Interesse« gestoßen, nämlich mit der Einsicht, daß »Struktur« abhängt von sehr persönlichen Nützlichkeitserwägungen der Forscher, die in ein erkenntnistheoretisches System aus Hypothesen, Begriffen, Methoden gefaßt werden können: »Die konsequente Überzeugung, der Klassenkampf erkläre die Geschichte, zwang *Karl Marx* dazu, bestimmte Fakten auszuwählen und sie in spezifischer Weise als evident für seine Argumentation zu benutzen.« [112] Es geht für die Sozialwissenschaften und für die Social Studies in den USA darum, private Beliebigkeit oder naive gesellschaftliche Vermittlung des Privaten durch den Versuch rational evidenter Begründung von Emanzipation als »erkenntnisleitendes Interesse« zu ersetzen oder Emanzipation als politischen Realisierungsanspruch für Wissenschaft zu setzen. Sobald an die Stelle addierter und dem privaten ökonomisch bestimmten Interesse ausgelieferter »american values« eine auf Emanzipation bezogene sozialethische Dialektik tritt, sind Sozialwissenschaften und Social Studies gesellschaftskritische Disziplinen mit innovativem Anspruch. Der Schüler wird nicht mehr hilflos in die Rationalisierung seiner privaten Interessen und in die bloße Personalisierung von Verhaltensdispositionen gedrängt, sondern auf die im Umgang mit Gesellschaft konsequente dialektische Reflexion eines emanzipatorischen Anspruchs unter dem Aspekt realistischer Realisierungschancen verwiesen. Die kognitive Lernpsychologie legt nahe, an der kognitiven Struktur der Schüler anzusetzen, d. h. auch bei ihren Interessen und Lebensbereichen, die es im Zuge emanzipatorischer Qualifizierung aus der wahrscheinlichen subjektiven Deformation in die emanzipatorische »Objektivität« mit ihren differenzierten Möglichkeiten zu heben gilt. Viele Probleme der »New Social Studies« können auf diese Weise neu durchdacht werden, mit nachstehenden Chancen:

▶ Die Sozialwissenschaften und die Social Studies gewinnen im emanzipatorischen Erkenntnis- und Handlungsinteresse eine integrierende Basis, die bloße Addition in bezug auf den gemeinsamen Sachverhalt »Gesellschaft« überwindet. Vor allem die experimentell-behavioristische Psychologie mit methodologischem Übergewicht wird in die wissenschaftstheoretische Diskussion der Soziologie hineingezwungen und über den Aufweis gesellschaftlicher Funktionalität in ihren privatisierenden wertfreien Verhaltensanalysen in Frage gestellt [113]. »Soziologische Denkweise« und »soziologische Phantasie« können entwickelt werden, als von C. *Wright Mills* beschriebene Fähigkeit, »von einer Sicht zur anderen ... von der politischen zur psychologischen, von der Untersuchung einer einzelnen Familie zur Einschätzung staatlicher Haushaltspläne überzugehen und strukturelle Zusammenhänge zwischen individueller Lebensgeschichte, unmittelbaren Interessen, Wünschen, Hoffnungen und geschichtlichen Ereignissen zu erkennen«, um »handlungsmotivierende Strukturen in die chaotische Fülle der Informationen und des Lehrstoffes zu bringen.« [114] »Soziale Ignoranz« (*Gunnar Myrdal*) hat eine größere Chance, abgebaut zu werden.
▶ Lernzieldifferenzierung und Stoffauswahl gewinnen mit dem Richtziel »Emanzipation« und einem kritischen integrativen Wissenschaftsverständnis der Sozialwisenschaften einen dialektisch hierarchisierenden und strukturierenden Bezugspunkt im lernpsychologischen Bezugsrahmen und im

Gegenstandsbereich derzeitiger (gesellschafts-)politischer »Gefahren und Chancen«.[115] Interessenbezogene Addition von »american values« ist dann nicht mehr redlich zu legitimieren, wertfreier Formalismus bei Kriterienkatalogen nicht mehr ausreichend[116]. »Inquiry« ist nicht mehr nur Methodologie.

▶ Emanzipatorisches Handlungsinteresse impliziert einen engen Zusammenhang zwischen kognitiven, affektiven und psychomotorischen Lernzielen[117], um politisches Lernen nicht auf Institutionenkunde, emotionale Besetzung und formal-rationale Fertigkeiten reduziert zu halten. Gezieltes und bewußtes Engagement in der Identifikation mit den um Emanzipation Bemühten und den davon Ausgeschlossenen, selbst von der spontanen Identifikation mit ihnen ausgehend, sind die Konsequenz »kritischer« Social Studies. Das meint nicht voreiligen und kompetenzschwachen politischen Aktionismus von Lehrern und Schülern, der leicht abzuwehren ist und ins Leere gelenkt werden kann, sondern Identifikationsfindung um der Emanzipation willen aus der je gegebenen schichten- bzw. klassenspezifischen Situation heraus; Nachholbedarf für die Benachteiligten, z. B. Schwarze und Arbeiter, Neubestimmung für die herrschenden und die ihnen angepaßten Klassen[118].

▶ Emanzipatorisches Erkenntnis- und Handlungsinteresse führt zu einer kritischen Auswertung der Ergebnisse der Sozialisationsforschung, so daß nicht nur Selbsttätigkeit, sondern auch Selbstbestimmung und Mitbestimmung im Rahmen emanzipationsfördernder Lehr- und Lernbedingungen Gegenstand und Ziel des notwendig zu verändernden Unterrichts bis hin zur Schülerschule und zur »entschulten Schule« (*Hartmut von Hentig*) werden[119]. Damit muß die systemtheoretische Organisationssoziologie, die Bestehendes funktional perfektioniert, kritisch auf Schule und Unterricht angewendet werden[120]. Ziel derartiger praxisrelevanter Theorie ist die Verfügbarkeit der Lehrenden und Lernenden über ihre Lernbedingungen, Schule offen hin zur Gemeinde mit gesellschaftspolitischer Aktivität und offen in ihren organisierten Lernmöglichkeiten. Hier liegen die zentralen Lernziele der Schule, d. h. in ihrer eigenen Entschulung, die sie zum größten Teil durch Lernen selbst zu leisten hat[121]. Das bedeutet zugleich eine Provokation für die derzeitige Lehrerbildung, die auch in den USA eines konsequenten Theorie-Praxis-Bezuges auf dem Wege einer (gesellschafts-)kritischen sozialwissenschaftlichen Grundlegung bedarf[122], und dann erst in der Lage ist, z. B. über das »micro-teaching« eingeübte Verhaltensweisen[123] oder die »sozialisierende« Wirkung organisatorischer »äußerer« Differenzierung und von Verhaltenserwartungen den Schülern gegenüber[124] in ihrer politischen Relevanz zu begreifen und zu nutzen[125].

▶ Emanzipatorisches Erkenntnis- und Handlungsinteresse qualifiziert die gesellschaftliche Funktion der Schule im Rahmen des amerikanischen Wirtschafts- und Gesellschaftssystems[126]: es stellt ihre politisch stabilisierende Funktion in Frage, d. h. ihre Bestätigung der pluralistischen vor- und außerschulischen Sozialisation und ihre Abhängigkeit von den Produktions- und Qualifikationsbedürfnissen der Wirtschaft, nicht zuletzt über die einflußreichen heimischen »school-board's« [127]. Schule wird dann auch in ihrer gesellschaftskritischen Funktion zur Vorbereitung gesellschaftlicher Veränderungen gesehen [128]. Lern- und Organisationsbedingungen, die ein solches Lernen ermöglichen, werden dadurch sozialwissenschaftlich und politisch evident.

▶ Emanzipatorisches Erkenntnis- und Handlungsinteresse verschafft den Curricula der Social Studies einen zentralen Stellenwert im Gesamtcurriculum der Schule, und innerhalb der Fächerintegration der Social Studies vor allem der Soziologie, Psychologie und Sozialpsychologie. Sie machen Ursachen und Folgen des je eigenen und auch kollektiven Verhaltens vor allem auch in der Schule bewußt, nicht nur als privatisierende und personalisierende Bestandsaufnahme, die appellativ den Schülern die (selbstbestätigenden) Konsequenzen überläßt, sondern vor allem auch als kritische Analyse mit »emanzipatorischer Fragehaltung«: die gesellschaftlichen Ursachen geraten in den Blick, deren Kritik kann sich auf generelle sozialethische Kriterien beziehen, und die Veränderung gesellschaftlicher Verhältnisse wird in Theorie-Praxis-Bezug zugleich mitreflektiert: Strategien der Veränderung werden entwickelt und in geeigneten Teilbereichen zu realisieren versucht. Neben die Priorität kritisch-sozialwissenschaftlicher Lernziele und Inhalte vom ersten Schuljahr an tritt zwingend die Offenheit der materialisierten Curriculum-Einheiten, ein sehr kritischer Umgang also mit den differenziert und methodisch einengend strukturierten Curricula der »New Social-Studies« bzw. die Entwicklung neuer Curricula in den siebziger Jahren, die ein kreatives Hinausdenken über das Vorgegebene provozieren und die neutralisierende Verwissenschaftlichung politisch durchbrechen. Schüler und Lehrer stehen im curricularen Entwicklungsprozeß.

▶ Emanzipatorische Erkenntnis- und Handlungsinteresse erzwingt über die wissenschafts- und erkenntnistheoretische Reflexion eine linksliberale oder demokratisch-sozialistische Theorie der Gesellschaft mit entsprechenden politischen Handlungsstrategien, d. h. eine am sozialethischen Bestand der Menschen- und Grundrechte orientierte sozialstaatliche Demokratie [129]. Ideologiekritik liefert dann nicht mehr nur ein wertfreies analytisches Instrumentarium, sondern für die Sozialwissenschaften, die Social Studies und gesellschaftspolitisches Handeln ein Mittel, Sozialstaatlichkeit nicht nur zu individualisieren, sondern auch zum staatlichen gesellschaftspolitischen Programm zu erheben und die Pluralismuskritik zu rezipieren [130]. Die USA haben einen nahezu vollständigen Nachholbedarf an demokratischem Sozialismus und an einem ethisch bestimmten Linksliberalismus. Beide Positionen kritisieren das gegebene pluralistische System von einem emanzipatorischen Anspruch her; denn es nimmt »die herrschende soziale Ausgangslage unbefragt hin und (hat) nach Schattschneiders bekannten Worten zur Folge, daß im ›pluralistischen Himmel‹ mit einem starken ›Oberklassenakzent‹ gesungen« wird. »Die Bürokratie (macht) tatsächlich in hohem Maße die ›tägliche Herrschaft‹ *(Max Weber)* aus und (übernimmt) die Entscheidungen, die freilich gewöhnlich gemäß den Interessen der herrschenden Gruppen« ausfallen [131]. *Donald W. Oliver* und andere Autoren der »New Social Studies« müßten sich fragen (lassen), ob es denn gut sei, davon auszugehen, »prinzipiell hätten wir mit dem angelsächsischen Muster der Privilegien-Demokratie schon das Ziel unserer Geschichte erreicht.« [132]

Die pädagogische Summe dieser Empfehlungen an die »New Social Studies«: Ein solcher politischer Unterricht könnte die amerikanische Schule und die an ihr Beteiligten verändern und Grundlagen für gesellschaftliche Veränderungen schaffen, bis hin zu »systemgefährdenden Konflikten« durch »eine konsequent betriebene Bildungspolitik« [133]. Was bisher nur wenigen Privilegierten bestehender gesellschaftlicher Verhältnisse wegen zukam, muß für alle proklamiert und zu realisieren versucht werden:

▶ »daß sich die menschlichen Sinne, die unter den Bedingungen des Kapitalismus auf nur einen Trieb zusammengeschrumpft waren – auf die Habsucht – nun in ihrem ganzen potentiellen Reichtum neu entfalten sollen; oder einfach:
▶ daß ab einem gewissen Niveau die materiellen Bedürfnisse aufhören, primäre Bedürfnisse zu sein, daß die entscheidende Bedeutung dem Schöpfertum, der Liebe, dem Wissen, der Solidarität, der Freude am Spiel zukommt« [134], kurz:
▶ daß mit der konkreten Ausdifferenzierung von Emanzipation in der unterrichtlichen und curricularen Praxis begonnen wird, damit *Jerome S. Bruners* »letzte Frage« zu beantworten ist: »Wie kann man den Menschen menschlicher machen?« [135]

Chancen eines Mißverhältnisses

Den »New Social Studies« in den USA fehlt eine kritische politische Theorie und ein (politischer) Streit um den Positivismus; dem politischen Unterricht in der BRD fehlt eine empirisch orientierte Unterrichtsforschung im Kontext der Curriculumentwicklung und die Innovationsbereitschaft und -fähigkeit der »New Social Studies«, damit politisch-didaktische Theoriebildung nicht esoterisch erstarrt und eine un- bzw. antiemanzipatorische Unterrichtspraxis kaschiert. Was hier den Social Studies anempfohlen wird, ist zumindest auch für die Praxis des politischen Unterrichts in der BRD ein notwendiger Anspruch. Positiva der »New Social Studies« müssen hinzukommen:

- der Versuch, ein integrierendes sozialwissenschaftliches Selbstverständnis zu erarbeiten, so daß Soziologie, Psychologie und Sozialpsychologie vom ersten Schuljahr an dominieren und wissenschaftliche Erkenntnisfähigkeit ermöglichen;
- die Rezeption der lernpsychologischen Forschung mit den bisher vorliegenden Ergebnissen zur Entstehung kognitiver Strukturen durch den Lernprozeß;
- das entschiedene Bevorzugen entdeckenden Lernens als wissenschaftlich-propädeutische Erkenntnistheorie und Methodologie (mehr Qualifikationen als Inhalte);
- die Hinwendung zu einem Spiralen-Curriculum, daß die Arbeit an Problemen und Sachverhalten im Laufe des schulischen Lernens mehr und mehr differenziert und nicht Qualifikationen und Inhalte addiert;
- das Lernen in bezug auf unmittelbare Erfahrungsbereiche der Kinder vor allem in der Grundschule – und in bezug auf öffentliche »nationale« und weltpolitische Kontroversen in den Sekundarstufen;
- die wegen all dieser Akzentuierungen notwendige Abkehr vom traditionellen Lehrbuch als dominierendem Leitfaden für schulisches Lernen;
- d. h. die Entwicklung multimedialer, möglichst offener Curricula als materialisierte Planungseinheiten von Unterricht;
- die Integration der Curriculum-Entwicklung in die Lehrerausbildung und Lehrerweiterbildung zur Koppelung der Theorie mit der Praxis und zur Sicherung von Innovationschancen durch die Qualifizierung von Lehrern für Curriculum-Rezeption und eigene curriculare Arbeit im Unterricht als den Schülern bewußte Curriculum-Entwicklung;
- die organisatorische und finanzielle Förderung einer derartigen kurz- und langfristigen Curriculum-Reform.

Die »Chancen eines Mißverhältnisses« legen die Kooperation nahe; nicht nur Studienreisen, eifriges Zitieren oder Bücher wie das vorliegende oder auch die Bearbeitung amerikanischer bzw. deutscher Curricula, sondern personelle, organisatorische und materielle Kooperation, ermöglicht durch eine kritische politisch-sozialwissenschaftliche Didaktik, die nicht nationale, sondern international-emanzipatorische Prioritäten setzt, als Reaktion auf die gar nicht mehr national gebundene Behinderung von Emanzipation. Verstärkte Kommunikation, verstärkte Angleichung gesellschaftlicher Systeme, gesellschaftspolitischer Zielvorstellungen und sozialwissenschaftlicher Erkenntnistheorie und Forschungsmethodologie erleichtern die politisch geforderte Kooperation in der Curriculumentwicklung. Sie wird um so eher praxisrelevant und in der Praxis wirksam, wenn sie bei der Konstruktion von Unterrichtsmodellen ansetzt, d. h., wenn es gelingt, die Interdependenz der Ziele untereinander, die Wechselwirkung von Zielen und Handlungsformen, von Zielgefügen und Lehrgegenständen und den »Zusammenhang zwischen unterrichtlichen Zielen, Handlungsformen und schulischen Organisationsformen« sichtbar zu machen. Das ist eine Chance für den Lehrer, »die Effizienz von Unterricht unmittelbar« zu erhöhen und komplexe Curricula aus einzelnen Modellen zusammenzufügen, das ist eine Chance für »die Verbindung zwischen Unterrichtsforschung und Schulpraxis« durch Hineinnahme der curricularen Entwicklung in die Praxis, und es ist vor allem eine Chance für die Lehrerbildung, die »schulpraktische Ausbildung in die erziehungswissenschaftlichen Studien« zu integrieren. »Lehrer, die während ihres Studiums an der Erprobung und Entwicklung von Verfahren zur Konstruktion solcher Unterrichtsmodelle teilgenommen haben, sind in der Lage, ... kooperativ selbst solche Modelle zu konstruieren und zu revidieren, so daß in Zusammenarbeit zwischen praxisorientierter Unterrichtsforschung und reflektierender Schulpraxis diese Unterrichtsmodelle zu einem Instrument fortwährender curricularer Reform werden können.« [136]

Die »New Social Studies« sind seit 1968/69, seit dem Erscheinen der ersten Curriculum-Einheiten auf dem Lehrmittelmarkt, kein fragloser Fortschritt mehr. »Es wird immer noch im voraus festgelegt, was der Schüler zu entdecken hat« [137], bemerkt ein amerikanischer Lehrer und Mitarbeiter an curricularen und schulorganisatorischen Reformen.

An einem emanzipatorischen Anspruch, aber auch an den eigenen »discovery principles« gemessen, hat er damit den politisch gefährlichen Sozialisationseffekt der unterrichtlichen Planungssysteme angesprochen. Kreativität und Spontaneität werden eingeschränkt, Rationalität auf positive Wissenschaftlichkeit reduziert. Die Schüler lernen »Selbstbestimmung« und »Mitbestimmung« im selbstverständlich vorgegebenen Rahmen, d. h. relativ fraglose Anerkennung des Gegebenen und selbstgenügsame Sicherheit des Erkennens und Verhaltens. Der Betroffenheit provozierende Realitätsbezug ist in den meisten Curricula ausgeschaltet, so daß auch andere emanzipatorische Qualifikationen nur verkümmert gelernt werden: Sensibilität und Solidarität, Identifikations- und Innovationsfähigkeit und die damit notwendig zu verbindende Frustrationstoleranz. Zum Beispiel in den trotzdem noch vorbildlichen sozialpsychologischen »Social Science Laboratory Units« von *Lippitt/Fox/Schaible* (vgl. S. 13 und S. 223). Hier beobachten die Schüler demokratischen, autoritären und laissez-faire Führungsstil und seine Auswirkungen in einem Bastel-Club anhand von Schallplattenszenen. *Ronald Lippitts* eigene Untersuchungen [138] werden nachvollzogen. Er selbst spricht den »demokratischen« Lehrer, die Schüler füllen einen vorgegebenen Beobachtungsbogen mit Verhaltensmerkmalen aus, dreimal in der gleichen Anordnung. Die Definitionen sind vorgegeben, das Auswertungsverfahren ist vorgegeben, also nur wenig entdeckendes Lernen und keine Problematisierung der abgehakten Kennzeichnungen. Und dann werden die Folgen eingegrenzter Selbsttätigkeit politisch: Streit zwischen Brüdern, Feueralarm in der Schule, familiäre Urlaubsvorbereitung und eine plötzliche Lebensgefahr für eine Gruppe Soldaten im Gefecht dienen zur Anwendung der typisierten Verhaltensmuster [139]. Mit dem Ergebnis, daß die erwünschte wertfreie Formalisierung von der positiven Qualifizierung des demokratischen Führungsstils in den Gruppenszenen überspielt wird. Jetzt erscheint den Schülern »autoritäres Verhalten« in Situationen mit unmittelbarem Entscheidungs- und Handlungszwang positiv legitimiert. Lehrerin und Offizier geben die Befehle, an selbständiges, eingeübtes Verhalten bei Erkennen bzw. bei Kennzeichnung der Gefahr ist nicht gedacht, »demokratisches« Verhalten also ausgeschlossen. Zwei wichtige Problematisierungen entfallen: die Frage nach dem zwingenden wertenden Verständnis sozialwissenschaftlicher Nomenklatur, sobald es sich um politische Begriffe handelt, hier auf dem Hintergrund fraglos demokratischen Selbstverständnisses, und die Frage, ob denn Reaktion auf Führungsstile nicht doch je nach dem Kontext verhaltensbestimmender politischer Herrschaft differieren kann.

Die »New Social Studies« bieten Chancen genug, die Einengungen zu perfektionieren und sublim zu bewerkstelligen, wenn Versuche mit einer »Individually Prescribed Instruction« und einem weiterreichenden zentralisierten computerunterstützten Unterricht zu durchsetzbaren Programmen gediehen (vgl. S. 20 f.), im Bunde mit der behavioristischen Lernpsychologie und einer positivistischen Systemtheorie, die beide aufeinander angewiesen sind. Curriculum-Einheiten der sechziger Jahre enthalten ausbaufähige Ansätze: Spezifische Lernzielformulierung, detaillierte materialisierte Planung und lernzielbezogene Überprüfung des Lernfortschritts, um »input« und »output« so rationell wie möglich zu koppeln. Didaktische Selbstverständlichkeiten geraten zur politischen Bedrohung, wenn nach dem Muster der eng begrenzten Programmierten Instruktion nun in die zentralisierte Organisation des gesamten Lernprozesses die Entscheidungen von Schülern und Lehrern systembezogen eingebettet werden. Wenn schon die Programmierte Instruktion die handfeste Möglichkeit bietet, »den Schüler sich völlig selbst kontrollieren zu lassen und ihn doch gleichzeitig fest in der Hand zu haben«, so könnte der Ausbau derzeitiger Curriculum-Einheiten zu Curriculum-Systemen noch mehr leisten: »die rationelle Durchorganisation des gesamten Erziehungsprozesses als eines Syste-

mes..., das Freizeit, Beruf und politische Aktivität einschließt, und das auf der Analyse des Lern- und Lehrprozesses bis in die kleinsten Lern-Lehr-Einheiten und auf ihrer Reorganisation mit dem Ziel der Maximierung des Lerneffekts bei minimalem Aufwand und minimaler Investition beruht«[140], ein mit Hilfe der »behavioral technology« arrangiertes soziales System gesteuerter Bedürfnisbefriedigung mit dem Verzicht auf individuelle Freiheit und Würde, für *Burrhus Frederic Skinner* die einzige Chance des Überlebens[141]. Das soll nicht unangenehm sein, wird eine Menge begrenzter Fertigkeiten, Mobilität, Kreativität, Selbsttätigkeit und Verantwortung einschließen, funktionalisierte Lernziele im Interesse des derzeitigen politisch-ökonomischen Systems. Wer da über »input« und »output« verfügt, kann relativ unbesorgt seine Gesellschaftspolitik eingeben und Alternativen blockieren, wie es die Curricula der »New Social Studies« auch jetzt schon zulassen. Die Stabilisierung des Bestehenden durch »Skinner und seine Koterie von Anhängern«[142] liegt im systemtheoretischen Behaviorismus, der, wie bisher, Schule und Erziehung den politisch-ökonomisch dominierenden Kräften im politisch-ökonomischen Herrschaftssystem des Pluralismus zuarbeitet und Veränderungen zur Emanzipation hin erschwert: »Die Systemtheorie ist grundsätzlich konservativ; sie legt mehr Gewicht auf die Systemerhaltung als auf den Systemwandel... Wenn das politische System auf der Basis einer feedback-Schleife mit aufeinanderfolgenden Runden von inputs und outputs funktionierend gesehen wird, dann ist einer drastischen Veränderung auf regulären systemimmanenten Wegen natürlich nur eine geringe Möglichkeit gegeben.«[143]
Auf den Zusammenbruch des politischen Systems und des adäquaten Lernsystems zu hoffen ist bei den vorhandenen und gewiß noch entwicklungsfähigen subtilen Bewußtseins- und Verhaltenssteuerungen trügerisch – und gefährlich, weil Demokratisierung als Verwirklichung von Emanzipation in der Menschheitsgeschichte noch keine generelle Chance hatte und damit einen noch uneingelösten rationalen Anspruch darstellt. *Byron G. Massialas* verweist auf »Anthropologie, Psychologie und Soziologie« und auf eine »Theorie kindlicher Entwicklung« als neue Erkenntnis- und Planungsstrukturen[144]. Das sind sie gewiß, aber erst im kritisch-emanzipatorischen Verständnis. Erst dann entsteht zwingendes Interesse an der Annahme, daß, bezogen auf Schule und Gesellschaft, »das Gesamtsystem nicht so bruchlos strukturiert und nicht so lückenlos integriert ist, als daß nicht ein gewisser Spielraum zur relativ selbständigen Änderung eines Teilsystems, zu einer Demokratisierung der jeweiligen Organisation offenbliebe«, mit der entspre-

chenden Strategie »ständiger gradueller und strukturdurchbrechender Reformen« [145].
Die »New Social Studies« bieten dazu genügend Ansätze, die genutzt werden müßten: die Fallstudien von *Donald W. Oliver* und *James P. Shaver* und die Integrationspläne von Erziehung und Gemeindeleben von *Oliver/Newmann*, aber auch die sozialpsychologische Akzentuierung von *Ronald Lippitt* und die Rollenspiel-Didaktik des Ehepaars *Shaftel*. Die behavioristischen Motivations- und Lernarrangements werden dann nicht mehr im derzeitigen Sinne politisch instrumentalisiert, sondern emanzipatorisch funktionalisiert und gleichzeitig sozialistischer Dogmatisierung entzogen.
Die Kritik am dominierenden Trend der »New Social Studies« wächst, weil gerade den »Social Studies« die Aufgabe zugesprochen wird, die fachorientierte, lebensfremde und bewußtseins- und verhaltenssteuernde Curriculum-Reform zu humanisieren und zu politisieren [146]. In der Kritik an systemtheoretischen Lerntheorien und Organisationsmodellen wird Schule zu denken gewagt als offenes System mit selbstregulierenden Eingriffsmöglichkeiten der Beteiligten, vor allem der Lernenden und Lehrenden in die Lernprozesse, als offene Schule hin zu den Lernmöglichkeiten der Gemeinde, als offener verfügbarer Raum in seiner architektonischen und materialen Struktur (open space schools). »Öffnung der Räumlichkeiten und Offenheit zur Gemeinde«, indem die Beteiligten Schule von ihren emanzipatorischen Bedürfnissen her definieren und organisieren. »Sie müssen ein curriculares Konzept und Veränderungsstrategien entwickeln, die ihnen helfen, ihrer selbst und ihrer Umwelt gewahr zu werden, sensibel zu sein in bezug auf Veränderungen ihrer selbst und ihrer Umwelt, ihre Entscheidungen zu begreifen und zu ihrer Verantwortung für diese Entscheidungen zu stehen, und sie müssen gewillt sein, ihr Verhalten danach auszurichten.« [147] Das geht nicht ab ohne »ein zeitraubendes und mühsames Nacherleben der Vorgeschichte von Fremdbestimmung und eigenen Reaktionsbildungen« – nicht ohne gruppendynamische Lernprozesse [148].
Das ist bisher nur ein Plädoyer für ein kritisch-emanzipatorisches, zentrales sozialwissenschaftliches Curriculum in der Schule zur Veränderung der Schule, der Lernbedingungen, Lerninhalte und Lernziele: »Es bedeutet, daß die natürliche und soziale Umwelt als unbegrenzter Lernbereich genutzt wird« [149], »die Welt in der Schule und die Schule in der Welt«, der Ruf nach relevantem schulischem Lernen [150]. Die Reform hat begonnen, in Gang gebracht durch Studenten- und Schülerrebellion, durch den Vietnamkrieg und »Summerhill« [151], d. h. durch den nun bewußt gewordenen Widerspruch zwischen dem humanitären

Anspruch der »american values« und dem konkreten »american way of life«.

Eine emanzipatorische Transformation der »New Social Studies« zeichnet sich erst ab. *Lawrence Senesh* überarbeitet sein volkswirtschaftliches Curriculum zu politisch-ökonomischen Materialien (S. 211), und *Harold Berlak* konzentriert sich nun bei seinem Grundschulprojekt auf die organisatorischen Lernbedingungen, darauf gebracht durch die deprimierende Bilanz der Sozialisationsforschung [152]. Die zahlreichen »Free Schools« nach dem Vorbild »Summerhill« gehen den unpolitischen Weg aus der Gesellschaft heraus. Dagegen stehen Versuche, die Schule in die Gesellschaft hineinzugeben, sie zur offenen kritischen »community school« zu machen [153]. Die Diskussion um »Alternativen zur Schule« und zur »Entschulung der Schule« ist vorerst hypothetisch – kreativ und spekulativ bis zum missionarischen Eifer [154]. Sie gehört in die engagierte Nüchternheit kritisch-rationaler, an Emanzipation interessierter Entwicklungsarbeit an sozialwissenschaftlichen Curricula für die Schule – und über Schule. Sie muß die politische Didaktik in den USA und in der BRD daran hindern, daß sie «kritische Rationalität und emanzipatorisches Interesse . . . zum ideologischen Versatzstück einer technologischen Rationalisierungswelle (denaturiert)»[155].

Der »american dream« wird dann zum wachen Traum, die Erhaltung von Wirtschaft und Gesellschaft der USA ein kritisches Geschäft der Social Studies der siebziger Jahre – die »National Defense Education Act« ein Gebot zur konsequenten Einlösung der »american values« von bürgerlichen Privilegien in sozialstaatliche Ansprüche eines jeden Menschen.

Dies zu leisten, ist eine weltweite Notwendigkeit, darum vor allem auch für die USA als eine der weltpolitischen Führungsmächte. Sie ist dort wie in der BRD und anderswo nicht vorstellbar ohne »systemüberwindende Reformen«. Die Professoren Forrester und Meadows vom Massachusetts Institute of Technology (MIT) sehen für die nächsten 150 Jahre nur noch eine Chance mittlerer »Lebensqualität«, gemessen am Lebensstandard der Industrieländer, wenn nicht weltweit

- die Familien ein bzw. zwei Kinder haben,
- Nahrungsmittel mit absolutem Vorrang für alle Menschen produziert werden, auch wenn das »unwirtschaftlich« sein sollte,
- der landwirtschaftlich nutzbare Boden produktiver wird,
- Industrieprodukte dauerhafter werden,

Social Studies und politischer Unterricht 59

▶ für Umweltschutz und Wiedergewinnung von Rohstoffen mehr Kapital eingesetzt werden, auch wenn dies einen Rückgang der Gesamtproduktivität mit sich bringen würde,
▶ Erziehungswesen und Gesundheitsdienst Vorrang erhalten vor der Herstellung materieller Güter [156].

Angesichts eines solchen Kataloges stehen emanzipatorisches soziales und politisches Lernen erst am Anfang.

Anmerkungen

1 *Dorothy McClure Fraser* (Hrsg.), Social Studies Curriculum Development, Prospects and Problems. Washington D.C.: National Council for the Social Studies 1969. – Die Anschrift: National Council for the Social Studies, 1201 Sixteenth St., N.W., Washington D.C. 20036. Auch Nicht-Amerikaner können für etwa 10 Dollar Mitglied werden. Sie erhalten dafür das Jahrbuch, den Katalog des jährlichen Kongresses und eine Subskription auf die monatlich erscheinende Zeitschrift »Social-Education«, die sehr umfassend über den Stand der Diskussion um die Social Studies berichtet.
2 *Doris Elbers,* Curriculum-Entwicklung in den USA, in: betrifft: erziehung 4 (1971) 1, S. 25.
3 *Klaus Huhse,* Theorie und Praxis der Curriculum-Entwicklung. Ein Bericht über Wege der Curriculum-Reform in den USA mit Ausblicken auf Schweden und England (Studien und Berichte, Bd. 13), Berlin: Institut für Bildungsforschung in der Max-Planck-Gesellschaft 1968.
4 *Lippitt/Fox/Schaible,* Social Science Laboratory Units. Grades, 4, 5 und 6. Chicago: Science Research Associates (SRA) 1969, Teachers Guide, S. 11.
5 Auf drei Lehrbücher sei als Beleg verwiesen. Wer die Verlagsproduktionen auf den jährlichen Ausstellungen durchgeht, wird die modernisierten Bestseller zahlreich vorfinden. – *Wilder/Ludlum/Brown,* This is America's Story. Boston: Houghton Mifflin Company 1968 (3. Aufl.); *Broz/Moon/Cline,* The Challenge of America. New York: Holt, Rinehart and Winston 1968 (1. Aufl.); *Wallbank/Schrier,* Living World History, Glenview/Ill.: Scott Foresman and Company 1964 (2. Aufl.).
6 Der folgende Überblick stützt sich vor allem, soweit nicht anders vermerkt, auf das gleichlautende Buch von *Edwin Fenton,* The New Social Studies. New York: Holt, Rinehart and Winston 1967, und *ders.,* Social Studies Curriculum Reform. An Appraisal, in: *Gross/McPhie/Fraenkel* (Hrsg.), Teaching the Social Studies. What, Why and How. Scranton/Penn.: International Textbook Company 1969, S. 541–564. – Vgl. auch *John S. Gibson,* New Frontiers in the Social Studies, 2 Bde., New York: Citation Press 1967. – Einen letzten Überblick über den Stand der Diskussion gibt das in Anm. 1 genannte 39. Jahrbuch. Eine deutsche Zusammenfassung dieses Bandes liegt vor: *Siegfried George,* Curriculum-Forschung in den Social-Studies, in: Gesellschaft–Staat–Erziehung 15 (1970) 4, S. 209–229. – Vgl. auch *Wolfgang*

Hilligen, Forschung im Bereich Social Studies, in: Ingenkamp/Marsolek (Hrsg.), Handbuch der Unterrichtsforschung, Teil III, Weinheim 1971, Sp. 2532–2670 (Deutsche Bearbeitung des Kapitels 17 – »Research on Teaching the Social Studies«, von Lawrence E. Metcalf, University of Illinois – des »Handbook of Research on Teaching«, hrsg. von N. L. Gage).

7 *Wilburg J. Cohen*, National Defense Education Act: An Idea that grew, in: American Education 4 (1968) 8, S. 2 f.

8 Einen anschaulichen Bericht über einen solchen Ferienkurs am »NDEA Institute at Carnegie-Mellon University in Pittsburgh«, das *Edwin Fenton* leitet (vgl. S. 227), gibt *Patricia Pine*, The New Social Studies, in: American Education 4 (1968) 8, S. 14 f.

9 *Gerhard Plass*, Zur Realisierung von Bildungsplänen. Unveröffentliches Manuskript des Studienbüro für Politische Bildung, Frankfurt 1969 (Bericht über die 15. US-Studienreise).

10 Vgl. *Joachim Engel*, Das Verhältnis von Social Studies und Erdkunde in den Schulen der USA. Fachprinzipielle Überlegungen im Zusammenhang mit dem Unterrichtsforschungsvorhaben »High School Geography Project«, in: Die Deutsche Schule 61 (1969) 5, S. 294–306; *Steinlein/Kreibich*, Wie erneuern wir die Schulgeographie? Ein Modell: Das High School Geography Project in den USA, in: Geographische Rundschau 21 (1969) 6, S. 221–226; *N. J. Graves*, Das »High School Geography Project« der »Association of American Geographers«, in: Arnold Schultze (Hrsg.), Dreißig Texte zur Didaktik der Geographie, Braunschweig 1971, S. 132–139.

11 Der folgende Text stammt aus *Lippitt/Fox/Schaible*, Social Science Laboratory Units, Teacher's Guide, S. 2 f. Der Preis des Materialsatzes: 35 Dollar.

12 *Edwin Fenton*, Social Science Curriculum Reform. An Appraisal, a.a.O., S. 548 f.

13 *Dorothy McClure Fraser* (Hrsg.), a.a.O., S. 2.

14 *Jerome S. Bruner*, Der Prozeß der Erziehung, Düsseldorf 1970.
Vgl. *Jerome S. Bruner* u. a., Studien zur kognitiven Entwicklung, Stuttgart 1971.

15 *William T. Lowe*, Structure and the Social Studies. Ithaca/London: Cornell University Press 1969, S. 33.

16 Vgl. *Arthur W. Foshay*, How Fare the Disciplines?, in: Phi Delta Kappan 51 (1970) 7, S. 349.

17 *Edwin Fenton*, The New Social Studies, S. 16.

18 Ders., a.a.O., S. 16 f.

19 *Lippitt/Fox/Schaible*, a.a.O. The Teacher's Role in Social Science Investigation S. 9. In beiden Fällen handelt es sich natürlich um sehr variable idealtypische Modelle.

20 Zum Planspiel vgl. noch ergänzend *Boocock/Schild* (Hrsg.), Simulation Games in Learning. Beverly Hills/Calif.: Sage Publications, Inc. 1968.

21 *Christine Möller*, Technik der Lernplanung. Methoden und Probleme der Lernzielerstellung, Weinheim 1969, S. 49; vgl. auch *Siegfried George*, Was

bedeutet Operationalisierung von Lernzielen für die Politische Bildung? in: Die deutsche Berufs- und Fachschule 66 (1970) 10, S. 763–775. Weit verbreitet ist in den USA und in der BRD *Robert F. Mager,* Lernziele und programmierter Unterricht, Weinheim 1968 (3. Aufl.).

22 Vgl. *Robert Multhoff,* Testmethoden und Lernmaschinen für den Unterricht in Geschichte und den Social Studies an amerikanischen Schulen, in: Geschichte in Wissenschaft und Unterricht 20 (1969) 7, S. 398–409; *Ludwig J. Issing* (Hrsg.), Der Programmierte Unterricht in den USA heute, Weinheim 1967. Vgl. auch die »Test Item Bulletins« No. 6, 9, 15, 40 des National Council for the Social Studies (Anm. 1). Dazu *Paul C. Hanna,* Improving Classroom Testing: Suggestions from the 1965 NCSS Yearbook, in: Grass/McPhie/Fraenkel (Hrsg.), a.a.O., S. 499–504.

23 Vgl. den umfassenden Bericht zur Situation in den USA von *Christoph Wulf,* Curriculumevaluation, in: Zeitschrift für Pädagogik 17 (1971) 2, S. 175–201; *ders.,* Evaluation in der Schule, München 1972.

24 *Oliver/Shaver,* Teaching Public Issues in the High School. Boston: Houghton Mifflin Company 1966, S. 245 ff. (»An Experimental Curriculum Project Carried Out Within the Jurisprudential Framework«).

25 *Lindvall/Bolvin,* Programed Instruction in the Schools: An Application of Programing Principles in »Individually Prescribed Instruction«, in: 66 Yearbook of the National Society for the Study of Education, Part II: Programed Instruction 1967, Chicago: The University of Chicago Press 1967, S. 233 (auch als Reprint 16 des Learning Research and Development Center der Universität Pittsburgh). – Zur Arbeit des Instituts vgl. *Yeager/Glaser,* The Learning Research and Development Center at the University of Pittsburgh. Reprint 33 (1968), und *Klotz/Immisch,* Das Lernforschungszentrum der Universität Pittsburgh, in: Zeitschrift für erziehungswissenschaftliche Forschung 1 (1967) 2, S. 52–61. – Die Anschrift: Learning Research and Development Center at the University of Pittsburgh, 160 North Craig Street, Pittsburgh/Pennsylvania 15213.

26 *Lindvall/Bolvin,* a.a.O., S. 234.

27 *Dies.,* a.a.O., S. 236–250.

28 *Glaser/Yow,* The Learning Research and Development Center at the University of Pittsburgh, in: American Psychologist 19 (1964) 11, S. 856.

29 *Lindvall/Bolvin,* a.a.O., S. 251 f.

30 *John O. Bolvin,* Implications of the Individualisation of Instruction for Curriculum and Instructional Design, in: Audi-visual Instruction 13 (1968) 3, S. 242 (auch als Reprint 31 des Learning Research and Development Center der Universität Pittsburgh).

31 *Harry F. Silbermann,* Trends in der Erziehungstechnologie, in: Ludwig J. Issing (Hrsg.), a.a.O., S. 92 f., 97.

32 *Patrick Suppes,* Computer Technology and the Future of Education, in: Phi Delta Kappan 49 (1968) 8, S. 420; vgl. *ders.,* The Teacher and Computer-Assisted Instruction, in: NEA Journal (Februar) 1967, S. 15–17; *ders.,* The Computer and Exellence, in: Saturday Review vom 14. Februar 1967, S. 46–50.

33 *John C. Flanagan,* Functional Education for the Seventies, in: Phi Delta Kappan 49 (1967) 1, S. 28.
34 *Ders.,* a.a.O., S. 28 f.
35 *Ders.,* a.a.O., S. 32. Zum Einfluß der »Education Industry« vgl. *Peter Schrag,* Kids, Computers, And Corporations, in: Saturday Review vom 20. Mai 1967, S. 78–80, 93–96; vgl. auch die entsprechenden Beiträge, in: Harvard Educational Review 38 (1968) 3, und den Überblick von *Ingeborg Assmann,* Computer im amerikanischen Erziehungswesen, in: Sonnenberg, Briefe zur Völkerverständigung (1971) 59, S. XIX–XXII, mit ihrem Hinweis auf Lernleistungskontakte in bezug auf multi-media Lehrprogramma »mit einer kommerziellen Firma, die die Erfüllung von Lernleistungen garantiert«, vorerst in Rechnen und Lesen, finanziell unterstützt vom Office of Education (Dorsett Educational Systems im Kontrakt mit dem Schulbezirk Texarcana des Staates Texas, 1969).
36 Vgl. dagegen *Wolfgang Hilligen,* a.a.O., Sp. 2644 ff., der keinem Zusammenhang zwischen Jerome S. Bruner's Vorschlägen und den conceptorientierten Curriculum-Projekten sieht. Der Grund für die Fehlanalyse dürfte die Bearbeitung des Beitrages von Lawrence E. Metcalf sein, der durch die Betonung seiner Konzeption und den Zeitpunkt der Abfassung des Beitrages (1963/1965) die Entwicklung nach 1960 mit ihrem Schwergewicht nach 1965 nicht hinreichend berücksichtigt hat. Das gilt auch für Wolfgang Hilligen, der im Oktober 1967 sein Manuskript ablieferte; erst 1971 ist es erschienen.
37 *Patricia Pine,* a.a.O., S. 15.
38 *Vgl. grundlegend Günter R. Schmidt,* Die Wert- und Zielproblematik in der amerikanischen Curriculum-Theorie seit 1950, in: Zeitschrift für Pädagogik 17 (1971) 1, S. 31–54, bes. S. 44 ff.
39 *Franz Stark* (Hrsg.), Revolution oder Reform? Herbert Marcuse und Karl Popper. Eine Konfrontation, München 1971, S. 22 f.
40 *Donald W. Oliver,* Educating Citizens for Responsible Individualism 1960–1980, in: Shaver/Berlak (Hrsg.), Democracy, Pluralism and the Social Studies. Boston: Houghton Mifflin Company 1968, S. 109 ff. – *Oliver/Shaver,* a.a.O., S. 31 ff. – Vgl. auch *Jack R. Fraenkel,* Value Education in the Social Studies, in: Phi Delta Kappan 50 (1968) 8, S. 457–461; *Dale L. Brubaker,* Normative Value Judgments and Analysis, in: Social Education 32 (1968) 5, S. 489–492; *Lippitt/Fox/Schaible,* The Teacher's Role in Social Science Investigation, a.a.O., S. 21–37 (»Conducting Value Inquiry in Class«).
41 *Donald W. Oliver,* Educating Citizens for Responsible Individualism 1960–1980, a.a.O., S. 106 ff.
42 *Ders.,* a.a.O., S. 109 ff.
43 *Vgl. die Lernzielvorschläge von Lippitt/Fox/Schaible,* a.a.O., S. 144 ff.
44 Zu den Ergebnissen der amerikanischen politischen Sozialisationsforschung vgl. *Annegret Harnischfeger,* Politische Sozialisation, in: Geschichte in Wissenschaft und Unterricht 21 (1970) 2, S. 80–90 (mit umfangreicher Bibliographie); *Friedhelm Nyssen,* Kinder und Politik, in: betrifft: erziehung 3 (1970) 1, S. 20–26; *Günther C. Behrmann,* Politische Sozialisation in den

USA und politische Bildung in der BRD, in: Gesellschaft–Staat–Erziehung 14 (1969) 3, S. 145–160. *Ders.,* Soziale Systeme und Politische Sozialisation. Eine Kritik der Politischen Pädagogik, Stuttgart 1972. Zur Sozialisationsforschung überhaupt vgl. *Gottschalch/Neumann-Schönwetter/Soukup,* Sozialisationsforschung. Materialien, Probleme, Kritik, Frankfurt 1971; *Helmut Fend,* Konformität und Selbstbestimmung. Mündigkeit und Leistungsmotivation in sozialisationstheoretischer Sicht, Weinheim 1971; *ders.,* Sozialisierung und Erziehung, Weinheim 1969. – Vgl. auch den Überblick von *Walter Jaide,* Jugend in den Veränderungen unserer Welt, in: aus politik und zeitgeschichte. Beilage zur Wochenzeitung Das Parlament, B. 44/71 vom 30. Oktober 1971, S. 3–10; *ders.,* Jugend und Demokratie, München 1970; auch *Gisela Zimpel,* Der beschäftigte Mensch. Beiträge zur sozialen und politischen Partizipation, München 1970. Eine Zusammenfassung aus den USA: *Byron G. Massialas,* Education and the Political System, Reading/Mass.: Addison Wesley Publishing Company 1969, S. 18–41. Vgl. zur grundlegenden Verhaltensforschung jetzt in deutscher Übersetzung *Benjamin S. Bloom,* Stabilität und Veränderung menschlicher Merkmale, Weinheim 1971. – Das Standardwerk in den USA: *Easton/Dennis,* Children in the Political System. Origins of Political Legitimacy. New York: McGraw-Hill Book Company 1969; vgl. auch *Langton/Jennings,* Political Socialization and the High School Civics Curriculum in the United States, in: American Political Science Review 62 (1968), S. 852–867.
45 *Gunnar Myrdal,* American Values and American Behavior: A Dilemma, in: Shaver/Berlak a.a.O., S. 86 ff.
46 *Ders.,* a.a.O., S. 91.
47 Aus der Fülle der neueren Literatur seien einige wichtige Titel herausgestellt: *Weinstein/Gatell* (Hrsg.), American Negro Slavery. New York: Oxford University Press 1968; *Franklin/Starr* (Hrsg.), The Negro in the 20th Century Amerika. New York: Vintage Books 1967; *Ross/Hill* (Hrsg.), Employment, Race, and Poverty. A critical study of the disadvantaged status of Negro workers from 1865 to 1965. New York: Harcourt, Brace and World, Inc. 1967; *Glazer/Moynihan,* Beyond the Melting Pot. The Negroes, Puerto Ricans, Jews, Italians, and Irish of New York City. Cambridge/Mass.: The M.I.T. Press 1963; *Rainwater/Yancey,* The Moynihan Report and the Polities of Controversy. *Cambridge/Mass.: The MIT Press 1967; Jones/Neal* (Hrsg.), Black Fire. An Anthology of Afro American Writing. New York: William Morrow and Company, Inc. 1968.
48 Vgl. z. B. die jetzt wieder verfügbare Arbeit von *Wilhelm Bitter,* Die wirtschaftliche Eroberung Mittelamerikas durch den Bananen-Trust. Organisation und imperialistische Bedeutung der United Fruit Company (Hamburger Forschungen, 9), Darmstadt 1971 (zuerst 1921).
49 *Miel/Kiester,* The Short – Changed Children of Suburbia, in: Wayne L. Herman (Hrsg.), Current Research in Elementary School Social Studies. London: The Macmillan Company 1969, S. 25.
50 *Lippitt/Fox/Schaible,* Social Science Laboratory Units. Teacher's Guide, S. 5.

51 *Günter R. Schmidt*, a.a.O., S. 40 f.
52 *Edwin Fenton*, Crispus Attuckes Is Not Enough: The Social Studies and Black Americans, in: Social Education 33 (1969) 4, S. 396–399.
53 Zumindest seit 1965 gibt es keinen renommierten Lehrmittel-Verlag mehr, der nicht seinen kritischen Reader zum Thema »The Negro in American Life« für den Schulgebrauch auf den Markt gebracht hat, dazu Dia-Serien, Bild-Bände, Filme. Einige wichtige Bände: *Fishel/Quarles*, The Negro American. A Documentary History. Glenview/Ill.: Scott, Foresman and Company 1967; *Murray Eisenstadt*, The Negro in American Life. New York: Oxford Book Company 1968; *Bradford Chambers*, Chronicles of Negro Protest. A Background Book for Young People Documenting The History of Black Power. New York: Parent's Magazine Press 1968; *Gerald Leinwand*, The Negro in the City. New York: Washington Square Press, Inc. 1968. Bbliographien für die Hand des Lehrers: *William Loren Katz*, Teacher's Guide to American Negro History. Chicago: Quadrangle Book 1968; *Minnie W. Koblitz*, The Negro in Schoolroom Literature. Resource Materials for the Teacher of Kindergarten through the Sixth Grade. New York: Center for Urban Education (105 Madison Avenue, New York, N.Y. 10016) 1967; vgl. auch *Peter J. Rose*, The Subject is Race. Traditional Ideologies and the Teaching of Race Relations. New York: Oxford University Press 1968; *Dentler/Mackler/Warshauer*, The Urban R's: Race Relations as the Problem im Urban Education, New York: Praeger 1967. Deutsche Materialien für den politischen Unterricht zu diesem Thema: *Gerhard Schlott*, Das Negerproblem in den USA. Trennung oder Verschmelzung der Rassen? Modellanalyse, Opladen 1967; *P. Böhmer* u. a., Der Rassenkonflikt in den USA. Sozialisation und Probleme der Emanzipation am Beispiel der Afro-Amerikaner (Modell 14), Teil I, II, Frankfurt 1972.
54 Vgl. *Jonathan Kozol*, Death at an Early Age. The Destruction of the Hearts and Minds of Negro Children in the Boston Public Schools. Boston: Hougthon Mifflin Company 1967; vgl. auch *John Howard Griffin*, Black Like Me. Boston: Hougthon Mifflin Company 1961; *Arthur Schlesinger*, Violence: America in the Sixties. New York: The American Library, Inc. 1968.
53 *Julius Lester*, Look out, Whitey! Black Power's Gon' Get Your Mama!. New York: The Dial Press, Inc. 1968, S. XII.
56 *Robert Coles*, White Pietis and Black Reality, in: Saturday Review vom 16. Dezember 1967.
57 Vgl. *Henry Steele Commager*, Why History, in: American Education (1965) und als Sonderdruck.
58 Vgl. den kritischen Bericht von *Noah/Prince/Riggs*, History in High School Textbooks (1962), in: Shaver/Berlak (Hrsg.), a.a.O., S. 238–251, bes. S. 248. Zu den Themen »Amerikanische Revolutionskriege«, »Bürgerkrieg« und »Kalter Krieg« nach 1945 stellen sie fest: Selbst in den angesehenen und weit verbreiteten Lehrbüchern »werden Forschungsergebnisse der Geschichtswissenschaft vernachlässigt, und einsträngige Interpretationen sind eine Selbstverständlichkeit. Dieser Mangel tritt vor allem dann zutage, wenn – vielleicht

unbewußt – die Bücher gänzlich unproblematische Stereotypen aufbauen, d. h. patriotisch selbstlose Pilgrim Fathers oder das eines gottgleichen Superstaatsmannes Abraham Lincoln. Aussagen über den Kalten Krieg legen nahe, daß hier gute und schlechte Burschen miteinander streiten. Der High School-Schüler liest oft nicht die Ergebnisse sorgfältiger historischer Forschung, sondern Propaganda. Da gibt es beschämend wenige Versuche, die Argumentation der anderen Seite, der Kommunisten und der Neutralen, zu präsentieren, oder den Schüler selbst urteilen zu lassen, nachdem er eine faire Auswahl von Dokumenten und Erklärungen der beteiligten Parteien gelesen hat. Gerade weil wir in der Westlichen Welt unabhängiges, kritisches Denken um der Wahrheit willen so hoch einschätzen, müssen wir dafür sorgen, daß unsere Lehrbücher diese freie Tradition widerspiegeln und nicht verzerrte Geschichte und historische Unwahrheiten. Man muß den scharfen Vorwurf erheben, daß mit diesen Lehrbüchern offenes Denken eher verhindert wird. Die Gehirnwäsche ist ebenso vollständig wie gefährlich ... Es ist nicht Aufgabe des Lehrers, Mythenbildung zu unterstützen, was die Massenmedien ohnedies schon hinreichend betreiben, sondern die Schüler mit den Realitäten zu konfrontieren. Dabei sind die untersuchten Lehrbücher eher hinderlich als hilfreich.«
59 *Ray Allen Billington,* The Case for American History. in: *Shaver/Berlak* (Hrsg.), a.a.O., S. 172. – In der BRD hat sich die Geschichtsdidaktik in den sechziger Jahren in Theorie und Praxis nur wenig verändert, leicht nachzuprüfen an den verschiedenen Auflagen des Standard-Handbuches für die Gymnasiallehrer *(Krieger)* oder auch z. B. an den Lehrplänen für die Hauptschule des Landes Nordrhein-Westfalen aus dem Jahre 1968, vor allem aber an den gängigen didaktischen Handbüchern für Haupt- und Realschullehrer *(Schlegel, Schmidt, Münter, Dohn, Fiege).* Hier stehen Geschichtserzählung und Bericht, Persönlichkeit und Chronologie, Quellen als Illustrationen und der vage kritische Umgang mit historischen Zeugnissen, zumeist aber mit einzelnen historischen Fakten und Problemen im Vordergrund, mit der Konsequenz, daß den meisten Schülern die je eigene Wahrnehmungsfähigkeit bestätigt wird; eine »Hermeneutik«, unberührt von Erkenntnis- und Wissenschaftstheorie, strenger Methodologie und verhaltenswissenschaftlichen Forschungsergebnissen und -verfahren und der lernpsychologischen Forderung nach überwiegender Selbsttätigkeit der Lernenden. Eine Änderung kündigt sich mit der Forderung an, »daß die Strukturgeschichte im Sinne einer umfassenden Sozialgeschichte oder ›universalen Sozialwissenschaft‹, wie *Fritz Wagner* es unlängst genannt hat, für den Geschichtsunterricht bestimmend wird« *(Schmid).* Wenn die Modernität nicht auf sozial- und wirtschaftsgeschichtliche Lerninhalte beschränkt bleiben soll, muß der oben benannte Fehlbestand konstitutiv für die Geschichtsdidaktik werden. Erst dann, wenn nämlich die Frage nach der Stellung der Geschichte innerhalb der Sozialwissenschaften diskutiert werden kann, läßt sich der Anteil von »Soziologie«, »Politik« etc. und »Geschichte« am politischen Lernen in der Schule überzeugend begründbar bestimmen. »Res gestae« (Geschichte) und »res gerendae« (Politik) sind dann keine Unterscheidungsmerkmale mehr. Um diese didaktische Entscheidung wird dann nicht mehr vordergründig rivalisierend argumentiert, sondern erkenntnis-

theoretisch, gesellschaftspolitisch und lernpsychologisch, bezogen auf allgemeine Lernziele, um die jeweilige Akzentuierung (soziologisch, psychologisch, ökonomisch, geographisch, historisch etc.) bei der Arbeit im sozialwissenschaftlichen Fachbereich zu bestimmen. Solange man nicht auf diese Weise sozialwissenschaftlich und didaktisch kooperiert, bleibt es bei Polemik und Streit um Stundenanteile, in sozialdemokratisch regierten Ländern zugunsten der Soziologie und Politik, in christlich-demokratischen zugunsten der Geschichte, hier mit der üblichen nachhinkenden Modernität. Politik, Ökonomie, Soziologie und Sozialpsychologie haben dabei einen gravierenden Vorteil: mehr Forschungsaufwand, die derzeit dominierende erkenntnis- und wissenschaftstheoretische Diskussion, ohne die Geschichtswissenschaft und Geschichtsdidaktik auch nicht mehr auskommen, vor allem aber größere methodologische Identität mit Sozialisationsforschung und Lernpsychologie, deren stärkere Berücksichtigung die Stärke politisch-soziologischer didaktischer Argumentation ausmacht, vor allem aber ein stärkeres Interesse an Demokratisierung und Emanzipation, woran gemessen Geschichtsunterricht bisher relativ ineffektiv war. Das gibt zwar »kein Argument für oder gegen Bemühungen um historische Bildung der Jugend« *(Hömig)* ab, wohl aber Argumente gegen den bisher dominierenden Geschichtsunterricht. Ein Plädoyer für historisches Lernen mit gesellschaftspolitischer Zielsetzung muß heute sozialwissenschaftlich abgesichert sein, und nur in diesem Begründungszusammenhang erschiene es als für politisches Lernen notwendig, nicht aber aufgrund von Vermutungen, Hoffnungen und Meinungen über die politische Funktion historischen Bewußtseins. Die Titel: *Wolfgang Schlegel*, Geschichtsunterricht in der Volksschule, München 1964 (2. Aufl.); *ders.*, Der Beitrag des Geschichtsunterrichts zur Politischen Bildung, in: aus politik und zeitgeschichte. Beilage zur Wochenzeitung Das Parlament, B 11/70 vom 14. März 1970, S. 11–21; *E. Schmidt*, Grundriß des Geschichtsunterrichts, Bochum 1965 (5. Aufl.); *W. Münter,* Zeitgemäßer Geschichtsunterricht in Volks- und Realschulen, Hannover 1967; *H. Fiege*, Geschichte, Düsseldorf 1969; *H. Roth*, Kind und Geschichte. Psychologische Voraussetzungen des Geschichtsunterrichts in der Volksschule, München 1965 (4. Aufl.); *Kleinknecht/Krieger/Lohan* (Hrsg.), Handbuch des Geschichtsunterrichts, Bd. I, Frankfurt 1969 (5. Aufl.); *Reinhard Mielitz* (Hrsg.), Das Lehren der Geschichte. Methoden des Geschichtsunterrichts in Schule und Universität, Göttingen 1969; *Heinz Dieter Schmid*, Überlegungen zu einer Didaktik und Methodik des Geschichtsunterrichts der Mittelstufe, in: Das Studienseminar 13 (1968) 1, S. 22–33; *ders.*, Entwurf einer Geschichtsdidaktik der Mittelstufe, in: Geschichte in Wissenschaft und Unterricht 21 (1970) 6, S. 340–363; *Joachim Rohlfes*, Umrisse einer Didaktik der Geschichte, Göttingen 1971; *Rolf Schörken*, Lerntheoretische Fragen an die Didaktik des Geschichtsunterrichts, in: Geschichte in Wissenschaft und Unterricht 21 (1970) 8, S. 406–420; *ders.*, Geschichtsdidaktik und Geschichtsbewußtsein, ebenda 23 (1972) 2, S. 81–89; *Hans Georg Kirchhoff*, Weiterführender Geschichtsunterricht. Beiträge zu einer neuen Geschichtsdidaktik, Ratingen 1971; *Herbert Hömig*, Historisches Lernen – Zur Aufgabe geschichtlicher Bildung in der Schule von morgen, in: Josef Tymister (Hrsg.), Beiträge zur Didaktik und

Erziehungswissenschaft. Theodor Rutt zum 60. Geburtstag, Paderborn 1971, S. 119–131; vgl. auch *Werner Bautsch*, Über die Notwendigkeit des Geschichtsunterrichts, in: Blickpunkt Schulbuch (1970) 10, S. 13–16; *Ernst Weymar*, Geschichte und Politische Bildung, Hannover 1967. – Wer die letzten Jahrgänge der »Historischen Zeitschrift« und von »Geschichte in Wissenschaft und Unterricht« mit der »Geographischen Rundschau« vergleicht, kann leicht feststellen, wie wenig dort und wie sehr hier didaktische und wissenschaftstheoretische Veränderungen sich vollziehen, bis hin zur Entwicklung konkreter Curricula. Die Geographie war eben auf der Oberstufe der Gymnasien durch die Saarbrücker Rahmenvereinbarung (1960) bedroht. Der Erste Vorsitzende des Verbandes Deutscher Schulgeographen sagte 1969, »nur im großen Rahmen der Sozialwissenschaften sehe er für die Geographie als Oberstufenfach eine Chance«: *Hans Knübel*, Ausbildungsfragen auf dem 37. Deutschen Geographentag in Kiel, in: Geographische Rundschau 21 (1969) 11, S. 428–432. Vgl. dagegen die »Denkschrift des Verbandes der Historiker und Geschichtslehrer«, in: Geschichte in Wissenschaft und Unterricht 23 (1972) 1, S. 1–13. Zur Diskussion in den USA vgl. die relevanten Beiträge in diesem Buch.

60 *Arthur W. Foshay*, How Fare the Disciplines, a.a.O., S. 351.

61 *Earl S. Johnson*, The Social Studies Versus the Social Sciences, in: Shaver/Berlak (Hrsg.), a.a.O., S. 315 f.

62 *Oliver/Shaver*, Teaching Public Issues in the High School, S. 3–18 (»The Selection of Content in the Social Studies«); deutsche Übersetzung in: Politische Bildung 4 (1971) 3, S. 17–24.

63 *Arthur W. Foshay*, a.a.O., S. 351.

64 Vgl. *Philip M. Hauser*, Social Science Research and the Curriculum, in: Shaver/Berlak (Hrsg.), a.a.O., S. 265–277.

65 *Earl S. Johnson*, a.a.O., S. 314.

66 *Newmann/Oliver*, Education and Community, in: Harvard Educational Review 37 (1967) 1, S. 61–106, bes. S. 95 ff.

67 Ein sehr interessantes Beispiel kommt aus Kanada: »Ten Years in a Box«. »Keine Beschriftung der Schallplatten, keine Titel auf den Diastreifen, keine Bildtexte, keine Lernvorschriften für den Schüler. Eben nur eine Kassette mit Rohmaterial: Postkarten, Briefmarken, Zeitungen, Briefe usw. alles bunt durcheinander. Irgendwas von individuellem Interesse für jedes der Kinder in einer Schulklasse.« Es geht um die Dreißiger Jahre in Kanada. Die Schüler konstruieren in Gruppen ihre Version, erstellen Hypothesen, überprüfen sie, vergleichen die Ergebnisse, erkennen subjektive Momente der Erkenntnisgewinnung. Andere entwickeln aus Einzelinformationen Projekte. – Die Anschrift: Ontario Institute for Studies in Education, 102 Bloor Street West, Toronto 5, Ontario/Kanada.

68 Vgl. die entsprechenden Beiträge in diesem Band, vor allem die Texte von *Jerome S. Bruner*.

69 Z. B. in *Jerome S. Bruner*, On Knowing: Essays for the Left Hand. Cambridge: Harvard University Press 1962; *ders.*, Toward a Theory of Instruction. Cambridge: Cambridge University Press 1966.

70 Vgl. *Edwin Fenton*, Social Studies Curriculum Reform: An Appraisal, a.a.O., S. 541. *William T. Lowe*, Structure and the Social Studies, S. 34 f., 39.
71 *Jerome S. Bruner*, Der Prozeß der Erziehung, Düsseldorf 1971, S. 36.
72 *Edwin Fenton*, a.a.O., S. 541; *ders.*, The New Social Studies, S. 12 f.
-3272 Generalisierungen hat von 1953 bis 1960 eine Froschungsgruppe an der Stanford University zusammengestellt: *Hanna/Lee*, Content in the Social Studies, in: John U. Michaelis (Hrsg.), Social Studies in Elementary Schools. Washington, D. C.: National Council for the Social Studies 1962, S. 62–89; noch zu Beginn der sechziger Jahre gelangten solche Verzeichnisse in offizielle staatliche Unterlagen: vgl. Report of the State Central Committee on Social Studies to the California State Curriculum Commission. Sacramento 1961; A Conceptuel Framework for the Social Studies in Wiscounsin. Madison 1964.
73 *Joseph J. Schwab*, Structure of the Disciplines: Meanings and Significances (1962), in: Shaver/Berlak, a.a.O., S. 289–305.
74 *Shaver/Berlak* (Hrsg.), a.a.O., S. 260.
75 *Edwin Fenton*, The New Social Studies, S. 12. – Vgl. *Helmut Skowronek*, Lernen und Lernfähigkeit, München 1969, S. 135: »... die Struktur des Wissens ... sind die fundamentalen Leitlinien der Erkenntnis, die grundlegenden Begriffsbildungen, welche die Forscher in ihren Versuchen, Ordnung in einen bestimmten Ausschnitt von raumzeitlichen Ereignissen zu tragen, erfinden und verwenden«.
76 *Edwin Fenton*, a.a.O., S. 14.
77 *Shaver/Berlak* (Hrsg.), a.a.O., S. 261 f.
78 *Dies.*, a.a.O., S. 261. *Edwin Fenton*, a.a.O., S. 14; vgl. zu dem Gesamtproblem *William T. Lowe*, a.a.O., S. 32–40.
79 Vgl. den guten Überblick über die amerikanische Forschung von *Helmut Skowronek*, a.a.O., S. 124–164.
80 *Edwin Fenton*, Social Studies Curriculum Reform: An Appraisal, a.a.O., S. 543.
81 *William T. Lowe*, a.a.O., S. 40.
82 *Peter B. Dow*, Man: A Course of Study. Ein sozialwissenschaftlicher Lehrgang für die Grundstufe, in: Politische Bildung 4 (1971) 3, S. 79.
83 Vgl. *Helmut Skowronek*, a.a.O., S. 140–148.
84 *W. W. Chartens*, Knowledge and Intelligent Behavior: A Framework for the Educative Process (1966), in: Shaver/Berlak (Hrsg.), a.a.O., S. 309.
85 *Ders.*, a.a.O., S. 312.
86 *Helmut Skowronek*, a.a.O., S. 135.
87 *Oliver/Shaver*, Die Auswahl von Unterrichtsinhalten in der politischen Bildung, in: Politische Bildung 4 (1971) 3, S. 17.
88 Vgl. für den vorstehenden Argumentationszusammenhang und die Zitate *dies.*, a.a.O., S. 19–24.
89 *Dies.*, a.a.O., S. 20.
90 *Dies.*, a.a.O., S. 21–24.
91 *Donald W. Oliver*, Educating Citizens for Responsible Individualism, a.a.O., S. 100.
92 *Ders.*, a.a.O., S. 99–101.

93 *Ders.*, a.a.O., S. 103.
94 *Oliver/Shaver*, a.a.O., S. 24.
95 Vgl. *Theodor W. Adorno* u. a., The Authoritarian Personality. New York: Harper and Brothers 1950; vgl. auch *Michaela von Freyhold*, Autoritarismus und politische Apathie. Analyse einer Skala zur Ermittlung autoritätsgebundener Verhaltensweisen, Frankfurt 1971.
96 *Donald W. Oliver*, a.a.O., S. 101.
97 *Oliver/Shaver*, a.a.O., S. 22.
98 *Reinhard Lettau*, Täglicher Faschismus. Amerikanische Evidenz aus 6 Monaten, München 1971; vgl. *Philipp Berrigan*, Christen gegen die Gesellschaft. US-Priester im Gefängnis, Reinbek 1971; *Richard Schmidt*, Verbrechen in Amerika, in: Die Zeit Nr. 22 vom 28. Mai 1971, S. 56; *L. L. Matthias*, Die Kehrseite der USA, Reinbek 1971; *David Mermelstein* (Hrsg.), The Great Society Reader. The Failure of American Liberalism. New York: Vintage Books 1967.
99 *Wolfgang Hochheimer*, Die permanente Reproduktion der autoritären Persönlichkeit. Zur Problematik der Erziehungsmechanismen und sozialen Kontrollen in der organisierten Gesellschaft, in: Günter Hartfiel (Hrsg.), Die autoritäre Gesellschaft, Köln/Opladen 1970, S. 78.
100 *Gunnar Myrdal*, a.a.O., S. 95 f.
101 *Günter R. Schmidt*, a.a.O., S. 51.
102 *Theodor W. Adorno* u. a., Der Positivismusstreit in der deutschen Soziologie, Neuwied 1969; *Adorno/Albert* u. a., Soziologie zwischen Theorie und Empirie, München 1970. Aus der Fülle der Literatur, vor allem in der Auseinandersetzung mit der Kritischen Theorie der Frankfurter Schule, vgl. noch *Jürgen Habermas*, Zur Logik der Sozialwissenschaften, Frankfurt 1970; *ders.*, Theorie und Praxis. Sozialphilosophische Studien, Frankfurt 1971 (vierte erweiterte und neu eingeleitete Auflage). – *Hans Albert*, Plädoyer für kritischen Rationalismus, München 1971; Franz Stark hat die Positionen der Kontrahenten *Herbert Marcuse* und *Karl R. Popper* dokumentiert (vgl. Anm. 39). Vgl. dazu *Herbert Marcuse*, Der eindimensionale Mensch, Neuwied 1970; *Karl R. Popper*, Die offene Gesellschaft und ihre Feinde, 2 Bde., Bern 1957/1958. – Ansätze zu einer vermittelnden Position: *Hans Lenk*, Philosophie im technologischen Zeitalter, Stuttgart 1971. Einen allgemeinen ersten Überblick verschafft *Helmut Seiffert*, Einführung in die Wissenschaftstheorie, 2 Bde., München 1970; *ders.*, Marxismus und bürgerliche Wissenschaft, München 1971.
103 Vgl. den Überblick von *Antonius Holtmann*, Die Anforderungen der politischen Didaktik an die Entwicklung von Lehr- und Lernmittel. Zugleich eine Bestandsaufnahme, in: Lehr- und Lernmittel zum politischen Unterricht (Schriftenreihe der Bundeszentrale für politische Bildung, Heft 89), Bonn 1970, S. 10–39. Seitdem sind erschienen *Wallraven/Dietrich*, Politische Pädagogik. Aus dem Vokabular der Anpassung, München 1970; *Kurt Gerhard Fischer*, Einführung in die politische Bildung, Stuttgart 1971; *Rolf Schmiederer*, Zur Kritik der Politischen Bildung. Ein Beitrag zur Soziologie und Didaktik des Politischen Unterrichts, Frankfurt 1971; *Wilfried Gottschalch*, Sozio-

logie der politischen Bildung, Frankfurt 1970. – Vgl. darüber hinaus *Klaus Mollenhauer*, Erziehung und Emanzipation, München 1968; *Herwig Blankertz*, Theorien und Modelle der Didaktik, München 1969; ders., Curriculum-Forschung – Strategien, Strukturierung, Konstruktion, Essen 1971; *Hermann Giesecke*, Einführung in die Pädagogik, München 1969; *Wolfgang Lempert*, Leistungsprinzip und Emanzipation, Frankfurt 1971; *Schäfer/Schaller*, Kritische Erziehungswissenschaft und kommunikative Didaktik, Heidelberg 1971.
– Eine fundierte kritische Stimme: *Hermann Lange*, Über den Zusammenhang von Politik und Pädagogik. Bemerkungen über die Schlüssigkeit emanzipatorischer Bildungstheorien, in: Bildung und Erziehung 22 (1970) 3, S. 161–182. Vgl. zuletzt *Ernst-August Roloff*, Politische Bildung zwischen Ideologie und Wissenschaft, in: aus politik und zeitgeschichte. Beilage zur Wochenzeitung Das Parlament, B 41/71 vom 9. Oktober 1971, S. 3–20, mit der anschließenden Kontroverse in: a.a.O., B 10/72 vom 4. März 1972 (*Andreae, Sutor, Roloff*); *Ernst-August Roloff*, Erziehung zur Politik. Einführung in die politische Didaktik, Bd. I, Göttingen 1972. *Siegfried George*, Einführung in die Curriculum-Planung. Schwerpunkt: Der politische Unterricht, Ratingen 1972.
104 Zur Kritik konservativer gesellschaftspolitischer Positionen in Deutschland vgl. *Martin Greiffenhagen*, Das Dilemma des Konservatismus in Deutschland, München 1971; *Helga Grebing*, Konservative gegen die Demokratie, Frankfurt 1971; *Grebing/Greiffenhagen/Krockow/Müller*, Konservativismus.
– Eine deutsche Bilanz, München 1971.
105 Vgl. Anm. 39.
106 Vgl. grundlegend *Hans-Hermann Hartwich*, Sozialstaatspostulat und gesellschaftlicher Status quo, Köln/Opladen 1970; *Abendroth/Lenk* (Hrsg.), Einführung in die politische Wissenschaft, Bern/München 1968, S. 86–118; *Narr/Naschold*, Theorie der Demokratie, Stuttgart 1971.
107 *Jürgen Habermas*, Protestbewegung und Hochschulreform, Frankfurt 1969, S. 49.
108 *Gerold Becker*, Soziales Lernen als Problem der Schule, in: *Schäfer/Edelstein/Becker*, Probleme der Schule im gesellschaftlichen Wandel. Das Beispiel Odenwaldschule, Frankfurt 1971, S. 123 ff.
109 Vgl. *Klaus Hornung*, Demokratisierung und Emanzipation als Probleme der politischen Bildung, in: *Theodor Pfizer* (Hrsg.), Bürger im Staat. Politische Bildung im Wandel, Stuttgart 1971, S. 60–77.
110 Vgl. Anm. 39.
111 *Hessisches Institut für Lehrerfortbildung* (Hrsg.), Protokoll des Lehrgangs »Der Stand der Diskussion um die Politische Bildung« (1478/69), August 1969 (Eigenverlag), S. 149 f.
112 *Edwin Fenton*, Social Studies Curriculum Reform: An Appraisal, a.a.O., S. 542; ders., The New Social Studies, S. 14.
113 Vgl. *Klaus Holzkamp*, Wissenschaftstheoretische Voraussetzungen kritisch-emanzipatorischer Psychologie, in: Zeitschrift für Sozialpsychologie 1 (1970) 1, S. 5–21, und 1 (1970) 2, S. 109–141; dazu kritisch *Hans Albert*, Konstruktivismus oder Realismus? Bemerkungen zu Holzkamps dialektischer

Überwindung der modernen Wissenschaftslehre, ebenda 2 (1971) 1, S. 5–23; die Antwort: *Klaus Holzkamp*, Kritischer Rationalismus als blinder Kritizismus, ebenda 2 (1971) 3, S. 248–270; auch *ders.*, Kritische Psychologie. Vorbereitende Arbeiten, Frankfurt 1972. Vgl. auch *Theodor W. Adorno*, Notiz über sozialwissenschaftliche Objektivität, in: Kölner Zeitschrift für Soziologie und Sozialpsychologie 18 (1966) 2, S. 416–421.

114 *Oskar Negt*, Soziologische Phantasie und exemplarisches Lernen. Zur Theorie und Praxis der Arbeiterbildung, Frankfurt 1971 (6. Aufl.), S. 27 f.; der Autor verweist auf *C. W. Mills,* Kritik der soziologischen Denkweise, Neuwied 1963.

115 Vgl. *Wolfgang Hilligen*, Kriterien für die Beurteilung von Lehr- und Lernmitteln von Unterrichtswerken für den politischen Unterricht in der Sekundarstufe (7.–10. Schuljahr) nach Anforderungen neuer didaktischer Konzeptionen, in: Lehr- und Lernmittel im politischen Unterricht, a.a.O., S. 81–96.

116 *Edwin Fenton*, The New Social Studies. An Appraisal, a.a.O., S. 552; *Jack R. Fraenkel*, A Curriculum Model for the Social Studies, in: Social Education 33 (1969) 1, S. 41–47.

117 Zur hier angesprochenen Taxonomie von *Bloom/Krathwohl/Masia* vgl. in deutscher Sprache *Christine Möller*, Technik der Lernplanung, Weinheim 1969, S. 125 ff. und *Herwig Blankertz*, Theorien und Modelle der Didaktik, München 1969, S. 143–158.

118 Vgl. *Nathan Wright*, Black Power and Urban Unrest. New York: Hawthorne Books 1967, S. 44: »Black Power meint die Entwicklung schwarzer Selbstsicherheit zugunsten der Schwarzen und zugunsten der ganzen Nation. Wir wünschen, wie es die anderen auch wünschen müssen, die helfende Hand, die uns jetzt hält, durch die eigene Hand zu ersetzen, damit wir uns selbst erhalten können und nicht die Bürde der anderen sind.« – Zum Problem der Arbeiterbildung in der BRD vgl. Anm. 114; dazu *Zimmer/Rademacker*, Modellschule Solingen, in: Kursbuch 24 (1971), S. 154–179; *Initiativgruppe Solingen (Hrsg.)*, Schule ohne Klassenschranken. Entwurf einer Schulkooperative, Reinbek 1972; *Ulf Lüers* u. a., Selbsterfahrung und Klassenlage. Voraussetzungen und Methoden politischer Bildung, München 1971; *Hedwig Ortmann*, Arbeiterfamilie und sozialer Aufstieg, München 1971; *Arbeitskollektiv*, Bericht über das proletarische Kindertheater X, in: betrifft: erziehung 5 (1972) 2, S. 19–31; *Autorenkollektiv am Psychologischen Institut der FU Berlin*, Sozialistische Projektarbeit im Berliner Schülerladen Rote Freiheit, Frankfurt 1971.

119 Im Herbst 1968 haben während des Lehrerstreiks in New York sozialistische, schwarze und puertoricanische Schüler mit Lehrern und Eltern selbständig Schule gemacht und Selbstbestimmung konkret erfahren: *Wassermann/Reimann*, Student Rebels vs. School Defenders. A Partisan Account, in: The Urban Review 4 (1969) 2, S. 9–17; ausführlicher: *Miriam Wassermann*, The School-Fix: NYC. New York: Outerbridge and Dienstfrey 1970. Schülermitverantwortung und amerikanische Schülermitverwaltung nebst schulinternen Schüleraktivitäten sind keine Lösung. Zu deren Ende in der BRD vgl. jetzt

Auernheimer/Doehlemann, Mitbestimmung in der Schule, München 1971; *Holtmann/Reinhardt*, Schülermitverantwortung. Geschichte und Ende einer Ideologie, Weinheim 1971.

120 In der BRD liegt eine entsprechende »Befragung« vor allem der amerikanischen Literatur vor: *Frieder Naschold*, Organisation und Demokratie. Untersuchung zum Demokratisierungspotential in komplexen Organisationen, Stuttgart 1969.

121 Vgl. *Hermann Giesecke* u. a., Politische Aktion und politisches Lernen, München 1970; vor allem aber zur Diskussion in den USA *Hartmut von Hentig*, Cuernavaca oder: Alternativen zur Schule?, Stuttgart/München 1971; vgl. auch *Antonius Holtmann*, Demokratische Prozesse in der Gesamtschule, in: *Stadt Bochum* (Hrsg.), Gesamtschule – Schule der Demokratie. Landeskongreß Gesamtschule 1971, Bochum 1971, S. 35–42.

122 Vgl. *Christian Graf von Krockow*, Sozialwissenschaften, Lehrerbildung und Schule. Plädoyer für eine neue Bildungskonzeption, Opladen 1969; *Hartmut Lüdtke*, Zur Rolle der Soziologie in der Lehrerbildung, in: neue sammlung 10 (1970) 3, S. 263 ff.; *Hans Jochen Gamm*, Die Lehrerrolle zwischen Sozialwissenschaft und Anthropologie, in: Bildung und Erziehung 22 (1970) 2, S. 131–139. Grundlegend: *Reichwein/Frech*, Lehrerbildung: Verführung zur Anpassung oder Befähigung zur Innovation, in: betrifft: erziehung 4 (1971) 12, S. 19–32, und die Dokumentation zum Reformkonzept für die Lehrerbildung an der Universität Bremen, in: betrifft: erziehung 4 (1971) 9, S. 19 bis 41; auch *Hans Paul Bahrdt*, Die Bedeutung der Soziologie für die Lehrerausbildung, in: neue sammlung 12 (1972) 1, S. 14–27.

123 Dieser Versuch, komplexe Unterrichtssituationen in Teilmomente aufzulösen und einzuüben, gewinnt in den USA in der Lehrerbildung immer größere Bedeutung: vgl. *Allen/Ryan*, Microteaching. Reading/Mass.: Addison Wesley Publishing Company, Inc. 1969; *Walther Zifreund*, Konzept für ein Training des Lehrverhaltens mit Fernsehaufzeichnungen in Kleingruppen-Seminaren (Beiheft 1 der Zeitschrift »Programmierter Unterricht«), Berlin 1966; ders., Micro-Teaching: Berufsbezogenes Verhaltenstraining in der Lehrerausbildung, in: Ulshöfer/Rebel (Hrsg.), Gymnasium und Sozialwissenschaften. Wege zur Demokratisierung der Schule, Heidelberg 1968, S. 209–229.

124 Vgl. eine gründliche amerikanische Untersuchung zur Auswirkung von Leistungserwartungen von Lehrern auf das Lernverhalten von Schülern: *Rosenthal/Jacobson*, Pygmalion im Unterricht, Weinheim 1971. Zur deutschsprachigen Forschung vgl. den Literaturbericht von *Berthold Gerner*, Der Lehrer – Verhalten und Wirkung, Darmstadt 1972, und *Klaus Hurrelmann*, Unterrichtsorganisation und schulische Sozialisation, Weinheim 1971.

125 Der Stand der sechziger Jahre in der amerikanischen Unterrichtsforschung, ergänzt durch deutschsprachige Arbeiten, liegt jetzt in der Bearbeitung des »Handbook of Research on Teaching« von Gage vor: *Ingenkamp/Parey* (Hrsg.), Handbuch der Unterrichtsforschung, Bde. 1–3, Weinheim 1970/71; vgl. auch *Heinrich Roth* (Hrsg.), Begabung und Lernen. Ergebnisse und Folgerungen neuer Forschungen, Stuttgart 1969.

126 Vgl. aus der deutschen Literatur jetzt grundlegend *Martin Rudolf*

Vogel, Erziehung im Gesellschaftssystem, München 1970; *Martin Baethge,* Ausbildung und Herrschaft. Unternehmerinteressen in der Bildungspolitik, Frankfurt 1970; *Friedhelm Nyssen,* Schule im Kapitalismus, Köln 1969.

127 Zur selbstbestätigenden Funktionalisierung der Schule in einer »lilienweißen« mittelständischen »suburbia« vgl. *Miel/Kiester,* The Short-Changed Children of Suburbia, a.a.O., S. 254–261. Vgl. auch *Christoph Wulf,* Aufsicht und Verwaltung im amerikanischen Schulwesen, in: Die Gesamtschule 4 (1972) 1, S. 31–36.

128 Vgl. *Günter R. Schmidt,* a.a.O., S. 47 f., wonach eine pluralistische Einschränkung der Schule als »gesellschaftskritischer Institution« in der anerkannten Diskussion nicht in Frage gestellt wird: »Abstinenz ist der Schule in einer pluralistischen Gesellschaft ... hinsichtlich der sinnanthropologischen Fundierung von Werten geboten ... Die Schule darf und soll zwar für den demokratischen Wertkonsens selbst bei der nachwachsenden Generation werben, nicht aber für eine der denkbaren theoretical justifications unter Benachteiligung der anderen ...«

129 Den Zusammenhang zwischen Erkenntnistheorie und politischer Position zeigt beispielhaft bei Herbert Marcuse und Karl R. Popper: *Franz Stark* (Hrsg.), Revolution oder Reform? *Herbert Marcuse* und *Karl Popper,* München 1971; vgl. auch *Claus Grossner,* Verfall der Philosophie. Politik deutscher Philosophen, Reinbek 1971.

130 Die politologische Diskussion um den Pluralismus dokumentieren *Nuscheler/Steffani* (Hrsg.), Pluralismus. Konzeption und Kontroversen, München 1972. Vgl. auch grundlegend *Rainer Eisfeld,* Pluralismus zwischen Liberalismus und Sozialismus, Phil. Diss., Frankfurt/Main 1971; vgl. auch *Wolf-Dieter Narr,* Pluralistische Gesellschaft (Schriftenreihe der Niedersächsischen Landeszentrale für Politische Bildung), Hannover 1969; *Herbert Kohl,* Pluralismuskritik in der Bundesrepublik, in: politik und zeitgeschichte. Beilage zur Wochenzeitung Das Parlament, B 12/70 vom 21. März 1970, S. 3–40. – Zur sozialstaatlichen Demokratie vgl. Anm. 106. – Die Pluralismuskritik aus den USA, die in der BRD auch auf Didaktiker stark gewirkt hat, fand bei den Vertretern der »New Social Studies« in den sechziger Jahren keine nennenswerte Resonanz; vgl. *Wolff/Moore/Marcuse,* Kritik der reinen Toleranz, Frankfurt 1966 (USA 1965); *Robert Paul Wolff,* Das Elend des Liberalismus, Frankfurt 1969 (USA 1968), S. 214 f.: »Die pluralistische Demokratie mit ihrem Vorzug, der Toleranz, bildet die höchste Stufe der politischen Entwicklung des Industriekapitalismus. Sie überschreitet die handfesten »Grenzen« des frühen individualistischen Liberalismus und ebnet ebenso den kommunitären Tendenzen des gesellschaftlichen Lebens den Weg wie der Politik von Interessengruppen, die als abgemilderte Version des Klassenkampfes aufkam. Der Pluralismus ist menschlich wohlwollend, freundlich und zeigt weit mehr Verständnis für die Übel der gesellschaftlichen Ungerechtigkeit als der egoistische Liberalismus oder der traditionalistische Konservativismus, aus dem er hervorging. Aber der Pluralismus ist verhängnisvoll blind gegenüber den Übeln, die das gesamte Gemeinwesen heimsuchen, und als Gesellschafts-

theorie vereitelt er die Erwägungen jener Arten durchgreifender gesellschaftlicher Überprüfung, deren es vielleicht bedarf, um jene Übel zu beheben. Wie alle großen Sozialtheorien entsprach der Pluralismus einem wirklichen gesellschaftlichen Bedürfnis während einer wichtigen geschichtlichen Periode. Heute jedoch steht Amerika vor neuen Problemen, vor Problemen nicht der ausgleichenden Gerechtigkeit, sondern des Gemeinwohls. Wir müssen das Bild von der Gesellschaft als eines Schlachtfeldes konkurrierender Gruppen aufgeben und ein Ideal der Gesellschaft formulieren, das höher steht als das bloße Gelten-Lassen entgegengesetzter Interessen und vielfältiger Sitten. Es bedarf einer neuen Philosophie des Gemeinwesens jenseits von Pluralismus und jenseits von Toleranz.«

131 *Narr/Naschold,* Theorie der Demokratie, Stuttgart 1971, S. 156.
132 *Martin Walser,* zitiert in Hendrik Bussiek (Hrsg.), Wege zur veränderten Gesellschaft. Politische Strategien, Frankfurt 1971, S. 7.
133 *Jürgen Habermas,* Protestbewegung und Hochschulreform, Frankfurt 1969, S. 48.
134 *Hendrik Bussiek,* in ders. (Hrsg.), a.a.O., S. 21.
135 *Peter B. Dow,* a.a.O., S. 81.
136 *Giel/Hiller,* Verfahren zur Konstruktion von Unterrichtsmodellen als Teilaspekt einer konkreten Curriculum-Reform, in: Zeitschrift für Pädagogik 16 (1970) 6, S. 743, 748, 754. – Zur derzeitigen Situation in der BRD vgl. *Doris Knab,* Ansätze zur Curriculum-Reform in der BRD, in: betrifft: erziehung 4 (1971) 2, S. 15–28; vgl. auch die Beiträge in: Bildung und Erziehung 25 (1972) 1 zum Thema »Curriculum und Lehrerausbildung«; vgl. *Ludwig Huber,* Curriculumentwicklung und Lehrerfortbildung in der BRD, in: neue sammlung 11 (1971) 2, S. 109 ff.; dazu: *Christoph Wulf,* Internationale Kooperation bei der Curriculum-Entwicklung, in: Zeitschrift für Pädagogik 17 (1971) 5, S. 631–647. – Zum politischen Unterricht vgl. die Materialsammlung zur offiziellen Reform der staatlichen Rahmenpläne von *Wolfgang M. Mickel,* Lehrpläne und politische Bildung. Ein Beitrag zur Curriculum-Forschung und Didaktik, Neuwied/Berlin 1971. – Curriculum-Projekte für den politischen Unterricht werden seit 1971 auch von der Bundeszentrale für politische Bildung finanziert: vgl. deren »Hausmitteilungen« (1972) 1.
137 *Herbert R. Kohl,* Antiautoritärer Unterricht in der Schule von heute. Erfahrungsbericht und praktische Anleitung, Reinbek 1971, S. 69 f.
138 *Lippitt/White,* An Experimental Study of Leadership and Group Life, in: Swanson/Newcomb/Hartley, Reading in Social Psychology, New York 1952.
139 *Lippitt/Fox/Schaible,* a.a.O., Project Book 5: Individuals and Groups, S. 14–22; Social Science Resource-Book, S. 189–193; Teacher's Guide, S. 128–134.
140 *Klaus Jürgen Bruder,* Taylorisierung des Unterrichts. Zur Kritik der Instruktionspsychologie, in: Kursbuch 24 (1971), S. 122, 126; auch in: betrifft: erziehung 4 (1971) 6, S. 23–32. Vgl. auch *Johannes Flügge,* Autoritäre Tendenzen in modernen Unterrichtskonzepten, in: ders. (Hrsg.), Zur Pathologie des Unterrichts, Bad Heilbrunn 1971, S. 151–168.

141 *Burrhus Frederic Skinner,* Beyond Freedom and Dignity. New York: Alfred A. Knopf, Inc. 1971. – Vgl. die Kritik von *Noam Chomsky,* Beruht Programmierter Unterricht auf einer Unwissenschaft?, in: betrifft: erziehung 5 (1972) 3, S. 19–31.
142 *Theodore Brameld,* Illusions and Disillusions in American Education, in: Phi Delta Kappan 49 (1968) 4, S. 204.
143 *Byron G. Massialas,* Education and the Political System. Reading/Mass.: Addison Wesley Publishing Company 1969, S. 210 f.
144 *Ders.,* a.a.O., S. 210/212.
145 *Frieder Naschold,* Organisation und Demokratie, S. 83 f. – Vgl. zur Diskussion um Systemtheorie und Kritische Theorie *Habermas/Luhmann,* Theorie der Gesellschaft oder Sozialtechnologie – Was leistet die Systemforschung?, Frankfurt 1971, und *Narr/Naschold,* Einführung in die moderne politische Theorie, 3 Bde., Stuttgart 1969/71.
146 *Arthur W. Foshay,* How Fare the Disziplines?, S. 352.
147 *John F. Cogswell,* Humanistic Approaches to the Design of Schools, in: Arthur M. Kroll (Hrsg.), Issues in American Education. Commentary on the Current Scene. New York: Oxford University Press 1970, S. 98–117, bes. S. 106, 109, 116 f. Zu den pädagogisch-architektonischen Problemen der »open-space-schools« vgl. *Educational Facilities Laboratories, Inc.* (Hrsg.), Schools without Walls. Profiles of Significant Schools, New York: Educational Facilities Laboratories, Inc. 1968 (Anschrift: 477 Madison Avenue, New York 22, New York); SPL Reports (Mai) 1968 (Open Space Elementary Schools). Informationsmaterial: School' Planning Laboratory (SPL), School of Education, Stanford University, Stanford/California 94305.
148 *Wolfgang Hochheimer,* a.a.O., S. 65; *John F. Cogswell,* a.a.O., S. 109 ff. Vgl. zur Selbsthilfe der Beteiligten: *Keller/Neumann,* Kritische Erziehung. Ein Arbeitsprogramm zur Analyse von Einstellungen und Verhaltensweisen im Selbst- und Fremdumgang, 2 Bde., Opladen 1971; vgl. auch *Heinrich Dietz,* Soziologische Forschung und pädagogischer Auftrag, in: Recht der Jugend und des Bildungswesens 20 (1972) 1/2, S. 28–24; *Horst E. Richter,* Die Gruppe. Hoffnung auf einen neuen Weg, sich selbst und andere zu befreien, Reinbek 1972; *Lutz/Ronellenfitsch,* Gruppendynamisches Training in der Lehrerausbildung, Ulm 1971; *Harm Prior,* Gruppendynamik in der Seminararbeit, Hamburg: Arbeitskreis für Hochschuldidaktik 1970.
149 *Theodore Brameld,* a.a.O., S. 206.
150 *Arthur W. Foshay,* a.a.O., S. 352. – Studenten und Schüler, zumeist organisierte Gruppen unterprivilegierter ethnischer Minderheiten bzw. der Neuen Linken, haben die Forderungen in der zweiten Hälfte der sechziger Jahre immer wieder erhoben: vgl. *Doris Elbers,* a.a.O., S. 27, und *Wassermann/Reimann,* a.a.O., S. 11 ff.
151 Zu sehr kontroversen Diskussion in den USA um Summerhill vgl. Summerhill: Pro und Contra, 15 Ansichten zu A.S. Neills Theorie und Praxis, Reinbek 1971.
152 Information in einem Gespräch mit dem Verfasser im Juli 1971.
153 Vgl. *Eckert/Stählin,* Außenseiterschulen für Außenseiterschüler. Ame-

rikanische Versuche, den »traditionellen« Systemzwang von Schule zu durchbrechen, in: Publik, Nr. 45 vom 5. November 1971, S. 11. Zur Integration schulischen Lernens in die Gemeinde vgl. auch *Bayard Hooper*, The task is to learn what learning is for, in: Life Atlantic 46 (1969) 10, S. 34–40. Derartige Schulmodelle arbeiten in Philadelphia und Cambridge/Mass. Vgl. auch *George Derrison*, Lernen und Freiheit. Aus der Praxis der First Street School, Darmstadt 1971. – Vorbildliche Arbeit leistet in der konkreten schulischen Gemeindearbeit der benachteiligten Bevölkerungsgruppen und Wohnbezirke das »Center for Urban Education«, 105 Madison Avenue, New York 10016. Über seine Arbeit berichtet es in den Zeitschriften »The Center Forum« und »The Urban Review«.

154 Vgl. als notwendige Lektüre im Anschluß an dieses Buch, weil es die radikalen Alternativtheorien und -modelle enthält, die hier im knappen Überblick vorzustellen geplant war: *Hartmut von Hentig*, Cuernavaca oder: Alternativen zur Schule?, Stuttgart 1971. Amerikanische Titel, die schon in deutscher Sprache vorliegen: *Edgar Z. Friedenberg*, Die manipulierte Adoleszenz, Stuttgart 1971; *George B. Leonard*, Erziehung durch Faszination. Lehren und Lernen für die Welt von morgen, München 1971; *Paul Goodman*, Aufwachsen im Widerspruch. Über die Entfremdung der Jugend in der verwalteten Welt, Darmstadt 1971; *Paulo Freire*, Pädagogik der Unterdrückten, Berlin 1971; *Ivan Illich*, Ein Plädoyer für die Abschaffung der Schule, in Kursbuch 24 (1971), S. 1–16; *ders.*, auch in: betrifft: erziehung 4 (1971) 3/4; *ders.*, Entschulung der Gesellschaft, München 1972. – Zur Diskussion um das amerikanische Schulwesen vgl. auch *Erwin Helms*, Zwischen Resignation und Hoffnung. US-Schulen auf dem Weg in das 21. Jahrhundert, in: Die Deutsche Schule 64 (1972) 3, S. 160–169.

155 *Egon Becker*, Hochschuldidaktik als Rationalisierungsstrategie und als Projektwissenschaft mit emanzipatorischem Interesse, in: studentische politik 4 (1971) 5, S. 12. Wie dies mit der kompensatorischen Erziehung geschehen ist, zeigt *Manuela du Bois-Reymond*, Strategien kompensatorischer Erziehung. Das Beispiel der USA, Frankfurt 1971; *dies.*, Zur Strategie kompensatorischer Erziehung am Beispiel der USA, in: Kursbuch 24 (1971), S. 17–32. Vgl. auch *Gerd Iben*, Kompensatorische Erziehung – Analysen amerikanischer Programme, München 1972. – Die Gefahren auch für den politischen Fachbereich drohen in der BRD durch die geplante Form der Institutionalisierung der Curriculum-Reform: vgl. *Karsten Plog*, Am Gängelband der Bürokratie. Bei der Curriculum-Reform sollen Wissenschaftler nur beraten, in: Die Zeit, Nr. 27 vom 2. Juli 1971, S. 46; Zur Aufgabe der Lehrerbildung vgl. Anm. 122.

156 Vgl. *Meadows/Meadows/Zahn/Milling*, Die Grenzen des Wachstums, Stuttgart 1972.

Jerome S. Bruner

Die Bedeutung der Struktur im Lernprozeß[1]

> »Jedes Kind kann auf jeder Entwicklungsstufe jeder Lehrgegenstand in einer intellektuell ehrlichen Form erfolgreich gelehrt werden. Es ist eine kühne Hypothese; und sie ist von entscheidender Bedeutung, wenn man über das Wesen eines Curriculum nachdenkt. Es gibt kein Zeugnis, das dieser Hypothese widerspräche, jedoch bereits viele, die sie stützen ... Ist die Hypothese ... zutreffend, ... dann sollte wohl daraus folgen, daß man ein Curriculum auf die wichtigen Anliegen, Prinzipien und Werte abstellen muß, welche eine Gesellschaft der dauernden Beachtung seitens ihrer Mitglieder für wert erachtet.«
>
> »Der Anfangsunterricht in den Naturwissenschaften, in Mathematik, den Social Studies und in Literatur sollte so angelegt sein, daß diese Fächer mit unbedingter intellektueller Redlichkeit gelehrt werden, aber mit dem Nachdruck auf dem intuitiven Erfassen und Gebrauchen dieser grundlegenden Ideen. Das Curriculum sollte bei seinem Verlauf wiederholt auf diese Grundbegriffe zurückkommen und auf ihnen aufbauen, bis der Schüler den ganzen formalen Apparat, der mit ihnen einhergeht, begriffen hat. Kinder der vierten Klasse können durch Spiele gefesselt werden, deren Regeln sich von den Prinzipien der Topologie und der Reihentheorie herleiten, und dabei selbst neue »Ableitungen« oder Lehrsätze entdecken. Sie können das Wesen der Tragödie und die im Mythos dargestellten grundlegenden menschlichen Konflikte begreifen. Aber sie vermögen diese Ideen nicht in eine formale Sprache zu übersetzen oder mit ihnen umzugehen, wie es Erwachsene tun. Man muß noch viel über die »Curriculum-Spirale« lernen, die auf höheren Ebenen immer wieder zu sich selbst zurückkommt.«

Das erste Ziel bei jedem Lernakt – über die Freude hinaus, die er bereiten mag – ist, daß er uns in der Zukunft dient. Lernen soll uns nicht nur irgendwohin bringen, es sollte uns ermöglichen, einmal mit weniger Mühe weiter zu gelangen.

Lernen ist auf zweierlei Weise für die Zukunft dienlich. Einmal läßt es sich spezifisch auf Tätigkeiten anwenden, die solchen sehr ähneln, die wir ursprünglich auszuüben gelernt haben. Psychologen bezeichnen dies als spezifischen Übergangstransfer; man sollte den Vorgang vielleicht Erweiterung von Gewohnheiten (habits) oder Assoziationen nennen. Sein praktischer Wert scheint sich hauptsächlich auf das zu begrenzen, was wir gewöhnlich Fertigkeiten nennen. Haben wir erst einmal gelernt, Nägel einzuschlagen, können wir später leichter lernen, kleine Stifte einzuhämmern oder Holz abzuspanen. Schulisches Lernen führt ganz sicher zu Fertigkeiten einer Art, die sich auf Tätigkeiten überträgt, welche man später – entweder in der Schule oder nach der Schulzeit – auszuüben hat.

Früheres Lernen führt noch auf eine zweite Weise zu höheren Leistungen: durch den der Einfachheit halber so genannten nichtspezifischen Transfer oder genauer: den Transfer von Prinzipien und Einstellungen (attitudes). Er besteht im wesentlichen darin, daß man anfangs nicht eine Fertigkeit (skill) erlernt, sondern einen allgemeinen Begriff (general idea). Dieser kann dann als Basis dafür benutzt werden, spätere Probleme als Sonderfälle des ursprünglich erlernten Begriffs zu erkennen. Dieser Typ des Transfers steht im Zentrum des ganzen Erziehungsprozesses: das fortwährende Erweitern und Vertiefen des Wissens in Form von grundlegenden, allgemeinen Begriffen.

Die Kontinuität des Lernens, die sich aus dem zweiten Transfertyp, dem Transfer von Prinzipien, ergibt, hängt davon ab, daß man die *Struktur* des Lerngegenstands beherrscht.

An dieser Stelle muß näher erläutert werden, was gemeint ist, wenn wir von der »Struktur« eines Gegenstandes sprechen. ... Drei einfache Beispiele – aus der Biologie, der Mathematik und dem Spracherwerb – werden den Begriff klären helfen. Nehmen wir zuerst eine Reihe von Beobachtungen an einer Raupe, die ein auf ein Brett aufgezogenes Blatt Millimeterpapier überquert. Das Brett befindet sich in horizontaler Lage, und das Tier bewegt sich in einer geraden Linie vorwärts. Wenn wir das Brett schräg halten, so daß eine schiefe Ebene bzw. ein aufsteigender Winkel von 30° entsteht, wandert das Tier nicht geradewegs nach oben, sondern in einem von der maximalen Steigung um 45° abweichenden Winkel. Nun geben wir dem Brett eine Neigung von 60°. In welchem Winkel zur stärkeren Steigung wird das Tier jetzt aufwärtskriechen? Sein Pfad steht nun dazu in einem Winkel von 67,5°, d. h. es bewegt sich auf einer Linie um 75° weg von der Senkrechten. Daraus können wir schließen, daß Raupen »am liebsten« in einem Winkel von 15° aufwärts kriechen wenn sie nach oben müssen. Wir haben einen sogenannten Tropismus entdeckt, in unserem Falle einen Geotropismus. Das ist keine isolierte Tatsache. Wir können weitergehen und zeigen, daß bei einfachen Organismen solche Erscheinungen – Steuerung der Fortbewegung nach einem fest eingebauten Verhaltensstandard – die Regel sind. Niedere Organismen orientieren sich nach einem bevorzugten Helligkeitsgrad, einem bevorzugten Grad des Salzgehalts, der Temperatur usw. Wenn der Schüler diese grundlegende Beziehung zwischen äußerem Reiz und lokomotorischer Aktivität einmal begriffen hat, ist er auf dem besten Wege, eine Menge scheinbar neuer, faktisch jedoch eng zusammenhängender Informationen verarbeiten zu können. Das Schwärmen der Heuschrecken, deren Schwärmdichte von der Temperatur bestimmt wird, in der die Heuschrecken fliegen müssen, die Arterhaltung bei Insekten durch das Schwärmen in verschiedener Höhe an einem Berghang, wodurch Kreuzungen vermieden werden, weil jede Art die Tendenz hat, sich in der von ihr bevorzugten Sauerstoffzone zu bewegen, – und noch viele andere Phänomene der Biologie können im Licht der Tropismen verstanden werden. Die Struktur eines Themas begreifen heißt, es so zu verstehen, daß viele andere Dinge dazu in eine sinnvolle Beziehung gesetzt werden können. Kurz: die Struktur lernen, heißt lernen, wie die Dinge aufeinander bezogen sind.

Noch kürzer läßt sich zeigen, daß Algebra – um ein Beispiel aus der Mathematik zu nehmen – eine Methode ist, Bekannte und Unbekannte in einer Gleichung so anzuordnen, daß die Unbekannten erkennbar werden. Die drei Grundoperationen beim Arbeiten mit diesen Gleichungen sind Kommutation, Distribution und Assoziation. Hat ein Schüler einmal die durch diese drei Grundoperationen ausgedrückten Gedankengänge begriffen, so ist er imstande zu erkennen, inwieweit »neu« zu lösende Gleichungen keineswegs neu sind, sondern Varianten eines vertrauten Themas. Für den Transfer ist es weniger wichtig, daß der Schüler die Namen dieser Operationen kennt, als daß er fähig ist, sie durchzuführen.

Das oft nicht bewußtgemachte Wesen von Lernstrukturen wird beim Erlernen der Muttersprache vielleicht am besten deutlich. Hat das Kind erst einmal die Struktur eines Satzes begriffen, so lernt es sehr schnell, viele andere nach diesem Modell gebaute, wenn auch inhaltlich verschiedene Sätze zu bilden. Und wenn es die Regeln für die Umformung von Sätzen ohne Veränderung ihrer Bedeutung beherrscht – »Der Hund hat den Mann gebissen« und »Der Mann ist von dem Hund gebissen worden« – vermag das Kind seine Sätze sehr viel breiter zu variieren. Aber während jüngere Kinder bereits durchaus imstande sind, die strukturellen Regeln ihrer Muttersprache *anzuwenden*, können sie sicherlich nicht sagen, welches diese Regeln sind.

Die Wissenschaftler waren sich bei der Aufstellung von Lehrplänen für Mathematik und Physik des Problems, die Struktur ihrer Fächer zu lehren, durchaus bewußt, und es ist möglich, daß ihre rasch erzielten Erfolge der Betonung dieses Punktes zu verdanken sind. Ihre Betonung der Struktur hat die Lernforscher angeregt.

Das bedeutet: damit jemand imstande ist, die Anwendbarkeit oder Nichtanwendbarkeit eines Grundbegriffs auf eine neue Situation zu erkennen und dadurch sein Verständnis zu erweitern, muß er von der allgemeinen Beschaffenheit des Phänomens, mit dem er es zu tun hat, eine klare Vorstellung haben. Je fundamentaler der Begriff ist, den er gelernt hat, um so weiter ist – fast schon der Definition nach – der Bereich seiner Anwendbarkeit auf neue Probleme. Das ist freilich schon beinahe eine Tautologie, denn »fundamental« in dem gemeinten Sinn bedeutet ja gerade, daß ein Begriff eine ebenso umfassende wie durchgreifende Anwendbarkeit besitzt. Natürlich ist es sehr einfach zu fordern, die Lehrpläne und -methoden der Schulen sollten bei jedwedem Lehrgegenstand die grundlegenden Begriffe herausarbeiten. Sobald man aber eine solche Feststellung trifft, taucht sofort eine Fülle von Problemen auf, von denen viele nur mit Hilfe eines beträchtlichen Forschungsaufwands gelöst werden können. Einigen dieser Probleme wenden wir uns nun zu.

Das nächstliegende, offenkundigste Problem besteht darin, wie solche Curricula anzulegen sind, nach denen durchschnittliche Schüler von durchschnittlichen Lehrern unterrichtet werden können und aus denen zugleich die grundlegenden oder tragenden Prinzipien der verschiedenen Wissenschaftsbereiche deutlich hervorgehen. Dieses Problem hat zwei Aspekte: erstens in welcher Form die grundlegenden Unterrichtsgegenstände überarbeitet und ihre Stoffe durchforstet werden müssen, damit die durchgängigen, maßgebenden Begriffe und entsprechenden Einstellungen ihre zentrale Rolle erhalten; zweitens auf welche Weise die verschiedenen Schwierigkeitsgrade dieser Stoffe der Fassungskraft unterschiedlich begabter Schüler verschiedener Schulstufen angepaßt werden können.

Die in den letzten Jahren gemachten Erfahrungen haben uns mindestens eine wichtige Lehre darüber erteilt, wie ein Curriculum angelegt werden muß, das der seinem Gegenstand zugrunde liegenden Struktur gerecht werden soll. Sie lautet: in jeder Fachrichtung müssen die besten Köpfe zur Verwirklichung dieser Aufgabe herangezogen werden. Was Grundschüler in amerikanischer Geschichte lernen sollen und was in Arithmetik, ist eine Entscheidung, die sich am besten mit der Hilfe von Personen von großer Weitsicht und Kompetenz auf diesen Gebieten treffen läßt. Um behaupten zu können, daß die Elementarbegriffe der Algebra auf den Grundlagen der kommutativen, distributiven und assoziativen Gesetze beruhen, muß man ein Mathematiker sein, der imstande ist, die Grundlagen der Mathematik zu beurteilen und zu verstehen. Ob Schulkinder *Frederick Turners* Theorie von der Rolle der »Frontier« in der Geschichte Amerikas verstehen müssen [2], bevor sie die einzelnen Fakten und Trends der amerikanischen Geschichte aussondern können, kann man wiederum nur nach Konsultation eines

Gelehrten mit profunder Kenntnis der Vergangenheit Amerikas beurteilen. Nur wenn wir bei der Aufstellung von Lehrplänen die besten Köpfe hinzuziehen, werden wir dem Studienanfänger die Früchte von Wissenschaft und Weisheit nahebringen.
Man wird nun fragen: »Wie aber lassen sich unsere fähigsten Hochschullehrer und Wissenschaftler für das Entwerfen von Lehrplänen für Grundschulen und höhere Schulen gewinnen?« Die Antwort wurde, mindestens zum Teil, bereits gegeben. Die Studiengruppe für Schulmathematik, das Mathematikprojekt der Universität von Illinois, das Studienkomitee für Naturwissenschaften und die Studiengruppe für den Biologieunterricht haben ja bereits die Mitwirkung von erstklassigen Fachleuten auf ihren verschiedenen Gebieten erreicht, und zwar in Form von Veranstaltungen in den Sommerferien und zusätzlich wohl auch durch Beurlaubung von bestimmten Schlüsselpersonen für ein Jahr. Bei diesen Projekten hatten sie die Unterstützung von ausgezeichneten Primar- und Sekundarschullehrern und, für besondere Zwecke, von professionellen Schriftstellern, Filmproduzenten, Musterzeichnern und anderen für solche komplexen Unternehmungen benötigten Personen.
Wenigstens ein wichtiger Punkt bleibt selbst bei einer großzügigen Curriculumrevision in der angegebenen Richtung jedoch noch offen. Zur Beherrschung der grundlegenden Kategorien eines Lehrfachs gehört nicht nur das Begreifen allgemeiner Prinzipien, sondern auch das Herausbilden einer Einstellung gegenüber Lernen und Forschen, Vermutungen und Ahnungen, sowie der Möglichkeit, Probleme aus eigener Kraft zu lösen. Ebenso wie ein Physiker bestimmte Vorstellungen von der letztlichen Geordnetheit der Natur hat und eine Überzeugung, daß diese Ordnung erforscht werden kann, so braucht auch ein Lernender eine gewisse Arbeitsversion dieser Einstellungen, wenn er sein Studium so anlegen soll, daß das, was er lernt, in seinem Denken anwendbar und bedeutungsvoll wird. Um solche Einstellungen durch Unterricht zu vermitteln, braucht man ein wenig mehr als die bloße Darbietung grundlegender Ideen. Was aber nun genau dazu notwendig ist, um solchen Unterricht zuwege zu bringen, bedarf noch umfangreicher Forschungen, aber es scheint, daß dabei ein für Entdeckungen zu begeisternder Sinn ein wichtiges Ingredienz ist – für die Entdeckung von Regelhaftigkeiten bislang nicht erkannter Beziehungen und von Ähnlichkeiten zwischen Ideen mit einem sich daraus ergebenden Gefühl des Selbstvertrauens in die eigenen Fähigkeiten. Verschiedene Bearbeiter von Lehrplänen für Naturwissenschaften und Mathematik haben nachdrücklich darauf hingewiesen, daß man die Grundstruktur einer

Disziplin so präsentieren könne, daß man aufregenden Sequenzen, die einen Lernenden zu eigenen Entdeckungen anregen, erhalten bleiben.

Daß entdeckendes Lernen nicht auf so starr formalisierte Fächer wie Mathematik und Physik beschränkt zu bleiben braucht, wird durch einige vom Harvard Cognition Project unternommene Versuche im Bereich der Social Studies nachgewiesen. Eine Klasse des sechsten Schuljahrs erhielt im Anschluß an einen konventionellen Kurs über die Sozial- und Wirtschaftsgeographie der Südost-Staaten der USA eine Einführung in die Region des nördlichen Mittleren Westens. Die Schüler wurden aufgefordert, die wichtigsten Städte dieses Gebietes auf einer Landkarte zu lokalisieren, welche die topographischen Merkmale und die Bodenschätze, nicht aber die Ortsnamen verzeichnete. Die sich daraus ergebende Klassendiskussion erbrachte sehr schnell eine Fülle verschiedener plausibler Theorien über die notwendigen Voraussetzungen einer Stadt: eine Wasserweg-Theorie, die Chicago an die Nahtstelle der drei Seen plazierte, eine Minerallagerstätten-Theorie, die Chicago in der Nähe der Mesabi-Höhen ansiedelte, eine Ernährungsbasis-Theorie, die eine große Stadt auf das fruchtbare Land von Iowa verlegte usw. Der Grad der Interessiertheit wie auch der Offenheit für neue Vorstellungen war viel höher als bei den Kontrollgruppen. Am meisten aber fiel die Einstellung der Kinder auf, für die sich die Lage einer Stadt zum ersten Mal als ein Problem darstellte, und zwar als eins, für welches durch Nachdenken eine Lösung gefunden werden konnte. Es handelt sich hier um eine Frage, deren Verfolgung nicht nur Spaß machte und anregend war, sondern die aufzudecken im Ergebnis auch sinnvoll war, zumindest für Stadtkinder, für die das Phänomen Stadt bislang etwas Selbstverständliches gewesen war.

Wie kann man grundlegendes Wissen auf die Interessen und Begabungen von Kindern zuschneiden? Physikalische oder irgendwelche anderen Phänomene auf eine Art darzustellen, die zugleich anregend, richtig und gewinnbringend verständlich ist, erfordert eine Kombination von eingehendem Sachverstand und beharrlicher Redlichkeit. So fanden wir bei der Durchsicht gewisser Arbeitsmittel für den Physikunterricht viel beharrliche Redlichkeit in der Stoffdarbietung, die aber zu nichts führte, weil die Autoren ein ungenügendes Verständnis für den Gegenstand besaßen.

Ein Musterbeispiel hierfür bildet der übliche Versuch, das Wesen der Gezeiten zu erklären. Die Mehrzahl der Schüler wird auf die Frage nach der Erklärung der Gezeiten von der Schwerkraftwirkung des Mondes auf die Erdoberfläche sprechen und wie diese das Meereswasser auf der dem Mond zugewandten Seite anschwellen läßt. Fragt man sie nun, warum es auch auf der mondabgewandten Seite der Erde zu einem Anschwellen, wenngleich geringerer Höhe, kommt, werden sie fast immer eine zufriedenstellende Antwort schuldig bleiben. Oder fragt man sie, bei welcher Erd-Mond-Konstellation der Fluthöhepunkt eintritt, werden sie gewöhnlich antworten: an dem Punkt der Erdoberfläche, der dem Mond am nächsten liegt. Selbst wenn der Schüler weiß, daß die Flut ihren Höhepunkt mit einer Verzögerung erreicht, kann er jedoch deren Ursache gewöhnlich nicht angeben. In beiden Fällen liegt das Versagen an einer unzutreffenen Vorstellung davon, wie die Schwerkraft auf einen frei beweglichen, elastischen Körper wirkt, und daran, daß man versäumt hat, den Begriff der Massenträgheit mit dem der Gravitation zu verknüpfen. Kurz: die Gezeiten werden ohne ein Fünkchen der Begeisterung erklärt, die von einem Verstehen von *Newtons* großartiger Entdeckung der universellen Gravitation und ihrer Wirkungsweise kommen kann. Richtige und einleuchtende Erklärungen sind nicht schwieriger und oft leichter zu begreifen als solche, die teilweise richtig sind und daher zu kompliziert und zu restriktiv. Die Männer und Frauen, die an Curriculum-Projekten mitgewirkt haben, sind praktisch alle davon überzeugt, daß das Interessantmachen des Unterrichtsstoffes eine sachgemäße, gründliche Darstellung nicht ausschließt, ja, daß eine zutreffende allgemeine Erklärung oft auch am interessantesten ist.

In den vorausgegangenen Erörterungen sind zumeist vier allgemeine Behauptungen enthalten, die sich für das Lehren der Grundstruktur eines Gegenstandes aufstellen lassen, Behauptungen freilich, die noch einer eingehenden Behandlung bedürfen.

1. Ein Lehrgegenstand wird faßlicher, wenn man seine Grundlagen versteht. Dies gilt nicht nur für die Physik und Mathematik, für die wird das prinzipiell klar gemacht haben, sondern ebenso für die Social Studies und die Literaturgeschichte. Wer den grundlegenden Satz einmal verstanden hat, daß eine Nation, um zu leben, Handel treiben muß, wird ein angeblich so besonderes Phänomen wie den Dreieckshandel der amerikanischen Kolonien viel leichter als etwas begreifen, das mehr bedeutet, als die fortwährende Verletzung britischer Handelsbestimmungen durch Geschäfte mit Melasse, Zuckerrohr, Rum und Sklaven. – Der Schüler, der »Moby Dick« liest, kann nur dann zu einem tieferen Verständnis gelangen, wenn er begreifen lernt, daß *Melvilles* Roman unter anderem eine Studie über das Böse und über das Verhängnis derjenigen darstellt, die diesen »Mörderwal« verfolgen. Und wenn der Schüler weiterhin verstehen lernt, daß es nur eine verhältnismäßig begrenzte Zahl menschlicher Verhängnisse gibt, über

die Romane und Erzählungen geschrieben werden, versteht er Literatur um so besser.

2. Der zweite Gesichtspunkt bezieht sich auf das menschliche Gedächtnis. Vielleicht das Grundlegendste, was man nach einem Jahrhundert intensiver Forschung über das menschliche Gedächtnis sagen kann, ist, daß Einzelheiten schnell wieder vergessen werden, wenn sie nicht in eine strukturierte Form gebracht worden sind. Detailliertes Material wird im Gedächtnis unter Anwendung vereinfachender Darstellungsweisen aufbewahrt. Diese vereinfachenden Darstellungen haben sozusagen eine »regenerative« Funktion. Ein gutes Beispiel für diese Regenerationsfähigkeit eines langanhaltenden Gedächtnisses bietet die Wissenschaft. Ein Wissenschaftler versucht nicht, sich an die Entfernungen, die fallende Körper in verschiedenen Gravitationsfeldern während verschiedener Zeiträume zurücklegen, zu erinnern. Was er statt dessen im Gedächtnis behält, ist eine Formel, die ihm mit unterschiedlichen Genauigkeitsgraden gestattet, die Einzelheiten, auf denen die leichter zu erinnernde Formel basiert, wieder ins Bewußtsein zu rufen. So prägt er dem Gedächtnis die Formel $s = 1/2\, gt^2$ ein, und nicht ein dickes Buch mit Entfernungen, Zeiten und Gravitationskonstanten. Entsprechend erinnert man sich nicht genau, was Marlowe, der Kommentator in *Josef Conrads* »Lord Jim«, über das Verhängnis der Hauptperson gesagt hat, sondern eben einfach, daß er der leidenschaftslose Zuschauer war, der Mann, der, ohne ihn zu verurteilen, zu verstehen suchte, was »Lord Jim« in die ausweglose Lage gebracht hatte, in der er sich befand.

Wir erinnern uns an eine Formel, an ein lebendiges Detail, das die Bedeutung eines Ereignisses zum Ausdruck bringt, an einen Durchschnitt, der einen weiten Bereich von Ereignissen repräsentiert, an eine Karikatur oder an ein Bild, das einen wesentlichen Zug bewahrt – alles Techniken der Verdichtung und Abbildung. Das Erlernen allgemeiner oder grundlegender Prinzipien schützt uns davor, daß ein Erinnerungsverlust keinen völligen Verlust bedeutet, daß das, was übrig bleibt, uns nötigenfalls ermöglicht, die Einzelheiten zu rekonstruieren. Eine gute Theorie ist nicht nur das Vehikel, um ein Phänomen jetzt zu verstehen, sondern auch, um es morgen in die Erinnerung zurückzurufen.

3. Das Verstehen grundlegender Prinzipien und Begriffe scheint, wie oben bemerkt, der Hauptweg zu einem adäquaten »Übungstransfer« zu sein. Etwas als spezifisches Beispiel eines allgemeineren Falls zu begreifen – und das ist hier mit dem Verstehen eines grundlegenden Prinzips oder einer Struktur gemeint – bedeutet, daß man nicht nur einen speziellen Sachverhalt erlernt hat, sondern auch ein Modell für

das Verstehen anderer, ähnlicher Sachverhalte, denen man noch begegnen kann. Wenn ein Schüler die Erschöpfung Europas am Ende des Dreißigjährigen Krieges von ihrer menschlichsten Seite erfassen kann und begreift, wie die Bedingungen für den brauchbaren, ideologisch aber nicht widerspruchsfreien Westfälischen Frieden zustande kamen, dürfte er eher in der Lage sein, über den ideologischen Kampf zwischen Ost und West nachzudenken – obgleich die Parallele nicht ganz stimmt. Ein gewissenhaft erarbeitetes Verständnis sollte ihn andererseits auch die Grenzen der Verallgemeinerung erkennen lassen. Die Hypothese von »Prinzipien« und »Konzepten« als Grundlage des Transfers ist nicht eben neu. Sie bedarf dringend noch weitergehender Forschungen, die uns im einzelnen zeigen, wie man beim Lehren verschiedener Gegenstände in verschiedenen Klassen am besten vorgeht.

4. Die vierte Behauptung zugunsten einer Betonung von Struktur und Prinzipien im Unterricht besagt, daß man dadurch, daß man den Unterrichtsstoff der Primar- und Sekundarschulen ständig auf seinen fundamentalen Charakter hin überprüft, den Abgrund zwischen »fortgeschrittenem« und »elementarem« Wissen verringern kann. Die Schwierigkeiten, denen man beim Übergang von der Grundschule zur höheren Schule und von dort zur Hochschule begegnet, beruhen zum Teil darauf, daß das früher Erlernte entweder bereits veraltet oder irreführend ist, weil es hinter den Entwicklungen auf diesem Fachgebiet zu weit zurückgeblieben ist. Dieser Rückstand läßt sich durch die erörterte Betonung der Strukturprinzipien verringern.

Nun ein paar spezifische Probleme, die in Woods Hole eingehend diskutiert worden sind. Eines hat mit dem dornigen Thema einer »allgemeinen Wissenschaft« (general science) zu tun. Es gibt gewisse Begriffe, die in fast allen naturwissenschaftlichen Fächern wiederkehren. Hat man sie anhand eines Gegenstandsbereiches gründlich und zugleich generell erfaßt, sollte diese Leistung die Aufgabe erleichtern, sie in anderer Gestalt an einem anderen Ort der Wissenschaft zu begreifen. – Einige Lehrer und Wissenschaftler haben nun die Frage aufgeworfen, ob diese Grundbegriffe nicht sozusagen »isoliert« und ausdrücklich in einer Weise gelehrt werden sollten, die sie aus den spezifischen Fachgebieten der Wissenschaft herauslöst. Um welche Art von Grundbegriffen es sich dabei handelt, läßt sich leicht zeigen:
– Kategorien und ihre Anwendung,
– Maßeinheiten und ihre Entwicklung,
– die Indirektheit naturwissenschaftlicher Information,
– operationale Begriffsdefinitionen usw.

Hinsichtlich des Letztgenannten wäre zum Beispiel zu sagen: Druck oder eine chemische Verbindung können wir nicht direkt sehen, sondern nur aus einer Reihe von Messungen indirekt erschließen; das gleiche gilt für die Körpertemperatur, aber auch für Trauer bei einem anderen Menschen.

Kann man solche und ähnliche Begriffe dem Kind in den unteren Schulklassen vermittels verschiedener konkreter Veranschaulichungen erfolgreich nahebringen, um ihm eine bessere Verständnisgrundlage für die Form zu vermitteln, in der diese Begriffe später in den verschiedenen Spezialwissenschaften erscheinen? Ist es angebracht, eine solche »allgemeine Wissenschaft« in den oberen Klassen als Einführungskurs für Fachwissenschaften anzubieten? Wie sollte dieser Unterricht erteilt werden und was läßt sich vernünftigerweise im Hinblick auf eine spätere Erleichterung des Lernens erwarten? Dieses vielversprechende Thema bedarf ebenfalls noch weiterer Untersuchungen – nicht nur darüber, ob dieser Weg praktikabel ist, sondern auch darüber, welche allgemeinen wissenschaftlichen Grundbegriffe vermittelt werden könnten.

Freilich mag es durchaus noch bestimmte allgemeine Einstellungen oder Zugangswege zur Wissenschaft oder Literatur geben, die in den unteren Klassen gelehrt werden könnten und für das spätere Lernen von großer Bedeutung wären. Die Einstellung, daß die Dinge miteinander verbunden und nicht isoliert sind, gehört z. B. in diesen Zusammenhang. So kann man sich tatsächlich Kindergartenspiele vorstellen, die dazu bestimmt sind, die Kinder aktiver dessen bewußt zu machen, wie eine Sache die andere berührt oder mit ihr verbunden ist – also eine Art Einführung in die Vorstellung einer vielfältigen Determiniertheit von Ereignissen in der natürlichen und sozialen Welt.

Jeder praktizierende Wissenschaftler kann im allgemeinen etwas über die Denkweise oder Einstellungen sagen, die zu seinem Beruf gehören. Historiker haben im Hinblick auf ihr Fach ziemlich ausgiebig darüber geschrieben. Literaturwissenschaftler haben sogar ein eigenes Genre entwickelt, über die Formen künstlerischer Sensibilität zu schreiben, die den literarischen Geschmack und die Ausdruckskraft fördern. In der Mathematik gibt es dafür sogar den technischen Terminus »heuristisch«, um den Ansatz zu beschreiben, den man zur Lösung von Problemen wählt. Man kann – wie es in Woods Hole Fachleute ganz verschiedener Richtung getan haben – durchaus behaupten, daß es angebracht wäre, einmal zu klären, welche Einstellungen oder heuristischen Verfahren denn am durchgängigsten und brauchbarsten sind, und daß man sich darum bemühen solle, sie den Kindern in einer einfachen Form beizubringen, die während ihres Fortschritts in der Schule verfeinert werden könnte.

Wiederum wird der Leser spüren, daß die Empfehlung eines solchen Vorgehens auf der Annahme aufbaut, daß ein Zusammenhang zwischen dem besteht, was ein Gelehrter an der Front seines Fachgebiets tut und was ein Kind tut, das mit diesem Gebiet zum ersten Mal in Berührung kommt. Damit soll nicht gesagt sein, daß es sich hier um eine einfache Sache handelt, sondern nur, daß sie der sorgfältigsten Beachtung und Erforschung wert ist.

Die vielleicht wichtigsten Einwände, die gegen den Gedanken vorgebracht werden, daß man sich um die Vermittlung allgemeiner Prinzipien und Einstellungen bemühen solle, sind erstens, daß es besser sei, zum Allgemeinen auf dem Weg über das Besondere zu gelangen, und zweitens, daß die Einstellungen zur Arbeit besser implizit bleiben als ausdrücklich herausgestellt werden sollten. So besteht z. B. einer der wichtigsten Zuordnungsbegriffe der Biologie in der beständigen Frage: »Welcher Funktion dient diese Sache?« – eine Frage, die sich auf die Annahme gründet, daß alles, was man an einem Organismus findet, irgendeiner Funktion dient, oder er wäre wahrscheinlich nicht am Leben geblieben. Mit dieser Frage stehen weitere Grundbegriffe in Beziehung. In dem Maße, wie der Schüler in der Biologie vorwärtskommt, lernt er diese Fragestellung immer mehr zu verfeinern und immer mehr Sachverhalte darauf zu beziehen. Sein nächster Schritt wird dann die Frage sein, welche Funktion eine einzelne Struktur oder Leistung im Gesamtzusammenhang des Organismus hat. Messung und Klassifizierung werden nun im Dienst der allgemeinen Funktionsidee vorgenommen. Darüber hinaus wird er sein Wissen später vielleicht in Form einer noch umfassenderen Funktionstheorie zusammenfassen und sich dabei etwa der Zellenstruktur oder dem phylogenetischen Vergleich zuwenden. So kann der Denkstil einer bestimmten Disziplin durchaus als Hintergrund notwendig sein, um die praxisbezogene Bedeutung allgemeiner Begriffe zu erlernen: eine allgemeine Einführung in die Bedeutung des Wortes »Funktion« dürfte weniger wirkungsvoll sein, als sie im Rahmen der Biologie zu lehren.

Sollte man Unterricht über »Einstellungen« erteilen, oder gar über heuristische Methoden in der Mathematik? Es wird argumentiert, der Lernende könne durch zu gute Beobachtung seiner eigenen Einstellungen und Lösungsversuche bei seiner Arbeit zu einem Routinier werden, der nur noch formale Tricks anwendet. Hierüber gibt es aber noch keine Erfahrungen, und es bedarf noch mancher Untersuchungen, ehe man darangehen kann, solchen Unterricht zu erteilen. In Illinois

versucht man, Kinder darin zu üben, geschicktere Fragen über physikalische Phänomene zu stellen, aber auch hier fehlt es noch an der notwendigen Information, um die Frage zu klären.
Oft hört man von der Unterscheidung zwischen »Tun« und »Verstehen«. Man spricht von diesem Unterschied z. B., wenn ein Schüler einen mathematischen Begriff vermeintlich verstanden hat, aber nicht weiß, wie er ihn bei Rechenaufgaben anwenden soll. Wahrscheinlich ist die Unterscheidung falsch, denn wie anders könnte man wissen, was ein Schüler verstanden hat, als wenn man sieht, was er tut. Aber diese Frage weist auf einen interessanten Unterschied des Schwergewichts beim Lehren und Lernen hin. So wird in manchen klassischen Büchern über die Psychologie des Problemlösens (z. B. in *Max Wertheimers* »Produktives Denken«) eine scharfe Trennungslinie zwischen »routinemäßigem Drill« und »Verstehen« gezogen. Nun, Drill braucht nicht rein mechanisch zu sein, und wenn man den Nachdruck auf das Verstehen legt, kann der Schüler so – leider – zu einer gewissen Zungenfertigkeit gebracht werden.
Nach den Erfahrungen von Mitgliedern der »Studiengruppe für Schulmathematik« ist eine Praxis im Rechnen notwendig als Vorstufe zum Verständnis von mathematischen Grundbegriffen. In ähnlicher Weise kann man einem Oberschüler dadurch einen Sinn für literarische Stile vermitteln, daß man ihn sehr verschiedene Autoren lesen läßt, jedoch dürfte ein bleibendes Verständnis für Stil erst dann zustande kommen, wenn der Schüler selbst versucht, in verschiedenen Stilen zu schreiben. So liegt ja auch den praktischen Übungen in den Schullaboratorien die Annahme zugrunde, daß *etwas tun* einem hilft, es zu verstehen. Es steckt viel Wahres in dem, was ein Psychologe in Woods Hole überspitzt so gesagt hat: »Wie kann ich wissen, was ich denke, ehe ich fühle, was ich tue?«
Jedenfalls hilft uns die genannte Unterscheidung nicht vom Fleck. Weiter führt schon die Frage, welche Übungsmethoden dem Schüler in einem gegebenen Gebiet am ehesten ein Gefühl der geistigen Beherrschung des Stoffes verleihen. Welche Rechenübungen sind für die verschiedenen Bereiche der Mathematik am fruchtbarsten? Erhält man dadurch, daß man sich bemüht, wie *Henry James* zu schreiben, einen besonders guten Einblick in den Stil dieses Dichters? – Um derlei Zusammenhänge besser verstehen zu können, sollte man vielleicht die Methoden erfolgreicher Lehrer studieren. Es wäre erstaunlich, wenn die dabei gesammelten Informationen nicht eine Menge Anregungen für lohnende experimentelle Untersuchungen von Unterrichtstechniken oder von Verfahren zur Vermittlung komplexer Information ergäben.

Schließlich noch ein Wort über Leistungskontrollen. Offensichtlich ist eine Prüfung schlecht, die auf den trivialen Aspekten eines Gegenstandes herumreitet. Solche Prüfungen können zusammenhangloses Unterrichten und rein mechanisches Lernen nur noch fördern. Oft wird jedoch übersehen, daß Prüfungen auch Verbündete im Kampf um die Verbesserung der Lehrpläne und des Unterrichts sein können. Ganz gleich, ob eine Prüfung nun zu dem »objektiven« Typ gehört und den gestellten Fragen Antworten zur Wahl vorgibt (multiple choices), oder ob sie einen essayistischen Charakter hat, sie kann so aufgebaut sein, daß das Schwergewicht auf das Verständnis der durchgängigen Prinzipien eines Gegenstandes gelegt wird. Ja, selbst wenn man die Schüler auf Detailkenntnisse hin prüft, läßt sich das so machen, daß man von ihnen ein Verständnis des Zusammenhangs der speziellen Fakten verlangt.
Es gibt zur Zeit ein konzertiertes Bestreben bei amerikanischen Prüfungsorganisationen, wie dem Educational Testing Service, Meßinstrumente zu entwickeln, die das Hauptgewicht auf das Verstehen grundlegender Prinzipien legen. Derlei Bestrebungen können eine große Hilfe bedeuten. Den lokalen Schulverwaltungen kann man außerdem dadurch helfen, daß man ihnen Handbücher zur Verfügung stellt, in denen die verschiedenen Methoden, Prüfungen aufzubauen, beschrieben werden. Die eingehende Prüfung ist nicht leicht anzulegen; ein durchdachtes Anleitungsbuch hierfür wäre sehr willkommen.
Zusammenfassend das Hauptthema dieses Kapitels: Das Curriculum für ein Fach soll von dem fundamentalen Verständnis des Faches her aufgebaut werden, das sich aus den tragenden, seine Struktur ausmachenden Prinzipien gewinnen läßt.
Spezifische Sachverhalte oder Fertigkeiten zu lehren, ohne ihre Stellung im Kontext der umfassenden, fundamentalen Struktur des entsprechenden Wissensgebietes klar zu machen, ist in mehrfacher Hinsicht unwirtschaftlich.
Erstens macht ein solcher Unterricht es dem Schüler sehr schwer, vom Gelernten auf das später Erfahrene hin zu verallgemeinern.
Zweitens bietet ein Lernen, das nicht zur Erfassung allgemeiner Prinzipien geführt hat, wenig geistige Anregung. Interesse an einem Gegenstand läßt sich am besten dadurch erzeugen, daß man ihn zu kennen wert macht, was soviel heißt, wie das Wissen, das jemand erworben hat, innerhalb seines Denkens über die Situation hinaus, in der er sich das Wissen angeeignet hat, praktisch verwendbar zu machen.
Drittens, Kenntnisse, die man erworben hat, ohne daß eine Struktur sie genügend verbindet, sind Wissen, das man wahrscheinlich bald wieder vergißt. Ein Stapel von unverbundenen Fakten nach Prinzipien

und Ideen zu organisieren, von denen sie logisch abgeleitet werden können, ist die einzig bekannte Methode, dies schnelle Verblassen der Erinnerung aufzuhalten.

Die Aufstellung der Lehrpläne im Hinblick auf die grundlegende Struktur eines Wissensgebiets erfordert ein sehr gründliches Verstehen dieses Gebiets. Es handelt sich um eine Aufgabe, die ohne die aktive Mitwirkung der fähigsten Geistes- und Naturwissenschaftler nicht bewältigt werden kann. Neuerliche Erfahrungen aus mehreren Jahren haben erwiesen, daß solche Wissenschaftler Lehrpläne, wie wir sie hier betrachtet haben, in Zusammenarbeit mit erfahrenen Lehrkräften und Fachleuten für die Entwicklungspsychologie des Kindes vorbereiten können. Jedoch es bedarf noch weitaus größerer Bemühungen bei der eigentlichen Bearbeitung der Lehrplanstoffe, in der Lehrerbildung und bei der Unterstützung von Forschungsprojekten, wenn die Verbesserungen in unseren Erziehungspraktiken das Ausmaß erreichen sollen, das den Herausforderungen der Revolution in Wissenschaft und Gesellschaft, die wir miterleben, gerecht wird.

Anmerkungen

1 *Jerome S. Bruner*, Der Prozeß der Erziehung, Berlin/Düsseldorf 1970, S. 21 f., 26 f., 30–43, 44, 61 (The Process of Education. Cambridge/Mass.: Harvard University Press 1960).
2 Der Historiker *F. J. Turner* (1861–1932) erklärte den amerikanischen Individualismus und Demokratismus mit dem Pionierleben an der Westgrenze der USA und deren jahrhundertelanger Verschiebbarkeit (Anm. d. Übers.).

Jerome S. Bruner

Entdeckendes Lernen[1]

Maimonides (jüdischer Aristoteliker, 1135–1204) spricht in seinem »Führer der Verirrten« von vier Formen der Vollkommenheit, nach denen Menschen streben können. Die erste und niedrigste Form ist Vollkommenheit im Erwerb von weltlichen Gütern. Der große Philosoph verwirft sie jedoch sogleich mit der Begründung, die erworbenen Besitztümer stünden in keiner sinnvollen Beziehung zu ihrem Besitzer. »Ein großer König wacht eines Morgens auf und sieht, daß zwischen ihm und dem Niedrigsten in seinem Reich kein Unterschied besteht.« Eine zweite Form von Vollkommenheit liegt für ihn in der des Körpers, seiner Konstruktion und seinen Fähigkeiten. Ihr Mangel besteht indes darin, daß sie sich nicht auf das bezieht, was am Menschen das spezifisch Menschliche ist: »... (keinesfalls) könnte der Mensch so stark wie ein Maulesel sein.« Moralische Vollkommenheit nennt er an dritter Stelle, »jenes Höchstmaß an Vortrefflichkeit und Vornehmheit im Charakter des Menschen«. Darüber äußert sich Maimonides wie folgt: »Man stelle sich jemanden vor, der alleine lebt und keinerlei Kontakt zu anderen Menschen hat; alle seine großen moralischen Prinzipien liegen brach; sie sind nicht gefragt und verleihen ihm keinerlei Vollkommenheit; solche Prinzipien sind notwendig und nützlich nur, wenn Menschen Kontakt miteinander haben.« Die vierte Art von Vollendung ist nach Maimonides »die wahre Vollendung des Menschen; der Besitz höchster intellektueller Fähigkeiten ...«. Zum Beweis seiner Behauptung fordert der außergewöhnliche spanisch-jüdische Philosoph: »Analysiere die ersten drei Arten von Vollendung, und du wirst feststellen, daß sie, falls du sie besitzt, nicht dein Eigentum, sondern das Eigentum der anderen sind ... Die zuletzt genannte Spielart von Vollendung indessen gehört ausschließlich dir selbst; niemand sonst hat einen Anteil daran.«

Ohne die Frage aufwerfen zu wollen, ob es moralische Qualitäten gibt, die ohne Bezug auf andere Menschen sind, ist es eine Mutmaßung, ähnlich der letztgenannten von *Maimonides,* welche mich den Akt des

Entdeckens und seine Rolle im intellektuellen Leben eines Menschen zu untersuchen veranlaßt. Denn wenn die intellektuelle Vortrefflichkeit des Menschen unter seinen Vollkommenheiten am ehesten die ist, die ihm gehört, dann stimmt es auch, daß das Persönlichste alles dessen, was er kennt und weiß, das ist, was er selbst entdeckt, selbst herausgefunden hat. Wie wichtig ist es dann für uns, den jungen Menschen zu ermuntern, durch Entdecken zu lernen? Schafft sie, die Entdeckung, wie *Maimonides* sagen würde, eine einzigartige Beziehung zwischen dem Wissen und seinem Besitzer? Und was kann eine solche Beziehung für den Menschen – oder in unserem Falle – für das Kind leisten?

Unmittelbaren Anlaß zu meiner Beschäftigung mit dem entdeckenden Lernen gaben die verschiedenen neuen Curriculumprojekte, die in den letzten Jahren in Amerika entwickelt wurden. Ob man mit Mathematikern oder Physikern oder mit Historikern redet, man trifft immer wieder auf die Überzeugung von den mächtigen Wirkungen, die dadurch entstehen, daß man dem Schüler gestattet, Dinge selbst zusammenzufügen, selbst »Entdecker« zu sein.

Zunächst muß ich verdeutlichen, welche Folgen der Akt des Entdeckens nach sich zieht. Selten werden an der Grenze des Wissens oder an anderer Stelle neue Fakten im newtonschen Sinne »entdeckt«, als treffe man auf sie wie auf Inseln der Wahrheit in einem auf keiner Karte verzeichneten Meer der Unkenntnis. Und wenn es scheint, als seien sie auf solche Weise entdeckt, dann fast immer dank einer glücklichen Hypothese, die den Navigationskurs angab. Entdeckung, ebenso wie Überraschung, begünstigt den gut vorbereiteten Geist. Beim Bridgespiel zeigt man sich von einem Blatt ohne Trümpfe ebenso überrascht, wie wenn man alle auf die Hand bekommt. Und doch ist im Bridgespiel jedes Blatt gleichermaßen wahrscheinlich: um überrascht zu sein, muß man einiges über die Gesetze der Wahrscheinlichkeit wissen. Dasselbe gilt für die Entdeckung. Die Geschichte der Wissenschaft steckt voller Beispiele von Menschen, die etwas »herausfanden«, dies aber gar nicht wußten oder bemerkten. Ich gehe von der Annahme aus, daß Entdeckung, stamme sie nun von einem Schuljungen en passant und auf eigene Faust oder von einem Wissenschaftler, der das Randgebiet seiner Domäne beackert, ihrem Wesen nach eine Frage des Neuarrangierens und Umformens von Material in einer Weise ist, welche es ermöglicht, über das so zusammengetragene Material hinaus zu neuen Einsichten zu gelangen. Es kann gut sein, daß ein zusätzliches Faktum oder ein winziger Fetzen Beweismaterial diese umfassendere Umbildung möglich machen. Häufig jedoch hängt sie noch nicht einmal von neuer Information ab.

Ganz allgemein und auf die Gefahr übermäßiger Vereinfachung hin ist es sinnvoll, zwei Typen von Unterricht zu unterscheiden: den *erklärenden Modus* und den *hypothetischen Modus*. Beim ersten werden die Entscheidungen über Art und Weise, Tempo und Stil der Darlegung prinzipiell vom Lehrer als dem Vortragenden, dem Erklärenden bestimmt; der Schüler ist Zuhörer. Der Sprecher hat eine ganze Reihe von Entscheidungen zu treffen: eine große Auswahl von Alternativen steht ihm zur Verfügung; er antizipiert den gesamten Inhalt eines Abschnitts, während der Zuhörer sich noch ganz auf die einzelnen Worte konzentriert; er manipuliert den Inhalt des Stoffs durch verschiedene Transformationen, während der Zuhörer diese inneren Freiheiten und Möglichkeiten gar nicht gewahr wird. Beim hypothetischen Modus dagegen befinden sich Lehrer und Schüler in einer eher kooperativen Situation hinsichtlich dessen, was man in der Linguistik »die Entscheidung des Vortragenden« nennen würde. Der Schüler ist kein an seine Bank geketteter Zuhörer, sondern nimmt an der Formulierung teil, ja spielt zuweilen die Hauptrolle dabei. Er sieht die Alternativen, er zeigt vielleicht sogar eine »als-ob-Attitude ihnen gegenüber, und er ist in der Lage, Information in dem Moment einzuschätzen, da sie gegeben wird. Der Prozeß beider Modi läßt sich in seiner äußersten Differenziertheit nicht beschreiben; aber ich bin der Meinung, daß der hypothetische Modus die Unterrichtsform kennzeichnet, die Entdekken stimuliert.

Wir wollen nun den Nutzen betrachten, der sich aus der Erfahrung ziehen läßt, daß man anhand von selbstgetätigten Entdeckungen lernt. Ich diskutiere diese Frage unter vier Gesichtspunkten: (1) Steigerung der intellektuellen Potenz, (2) Verlagerung von äußeren auf innere Gratifikationen, (3) Kennenlernen der Heuristiken des Entdeckens und (4) Stütze des Gedächtnisses.

Intellektuelle Potenz

Ich möchte die Unterschiede zwischen Schülern betrachten in einem streng kontrollierten psychologischen Experiment, das einen Automaten mit zwei Alternativen verwendet. Um Chips zu gewinnen, müssen die Versuchspersonen entweder links oder rechts am Apparat eine Taste drücken. Die Gewinnquote sieht so aus, daß, sagen wir, 70 Prozent der Gewinne von rechts, 30 Prozent von links kommen, aber dieses Detail ist nicht von Belang. Wichtig dagegen ist, daß die Gewinnfolge zufällig ist, ohne System. Nun besteht ein großer Gegensatz im

Verhalten derer, die in der Gewinnsequenz ein System vermuten (irgendwelche Regelmäßigkeiten seien aufzudecken) und dem Verhalten derer, die annehmen, alles hänge vom Zufall ab. Die erste Gruppe greift zu einer Art »Entsprechungs«-Strategie, sie betätigt die Tasten einigermaßen dem Gewinnverhältnis von links und rechts entsprechend: in unserem Falle drücken sie also 70mal rechts und 30mal links. Die Gruppe, die keinerlei System vermutet, greift ziemlich bald zu einer primitiveren Strategie, indem sie nur noch den Knopf betätigt, der häufiger Gewinn bringt. Eine kleine einfache Rechnung zeigt, daß die bequeme Alles-und-nichts-Strategie mehr einbringt, wenn der Zufall tatsächlich waltet: sie gewinnen 70 Prozent ihrer gesamten Spielzeit. Die anderen mit ihrer Entsprechungsstrategie gewinnen 70 Prozent auf der 70-Prozent-Seite (oder 49 Prozent ihrer Spielzeit) und 30 Prozent auf der 30-Prozent-Gewinnseite (weitere 9 Prozent ihrer Spielzeit), sie können also 58 Prozent Entgelt für ihre Mühen, denen Überlegung zugrunde liegt, mit nach Hause nehmen.
Aber die Welt beruht nicht immer, ja nicht einmal häufig auf Zufall, und wenn man sorgfältig analysiert, was die »Entsprechungstaktiker« ja tun, dann stellt man fest, daß sie eine Hypothese nach der anderen testen, deren jede dem Verteilungsmodus und der Verteilungsfrequenz der Gewinne auf beiden Seiten auf der Spur ist. Wenn es sich herausstellen sollte, daß tatsächlich ein System zugrunde liegt, könnte ihre Gewinnmarge auf 100 Prozent ansteigen. Die andere Gruppe würde über ihre mittlere Quote von 70 Prozent nicht hinauskommen.
Was hat dies nun mit unserem Thema zu tun? Will jemand Regelmäßigkeiten und Zusammenhänge in seiner Umgebung aufdecken, muß er entweder mit der Erwartung ausgestattet, ja gerüstet sein, es gebe etwas herauszufinden, oder eben zu solch einer Erwartung angeregt worden sein, damit er Möglichkeiten, zu suchen und zu finden, entwickeln kann. Einer der Hauptfeinde des Suchens ist die Annahme, es gebe in der Umwelt nichts, was man als Regelmäßigkeit oder Zusammenhänge identifizieren könne. Im genannten Experiment nehmen die Versuchspersonen häufig eine von zwei möglichen und üblichen Haltungen ein: entweder die, es gebe nichts herauszufinden, oder die, man könne durch bloßes Hinschauen ein System entdecken. Beide Attitüden haben eine bedeutsame Konsequenz für das Verhalten.
Wir haben eine Reihe experimenteller Untersuchungen mit einer Gruppe von etwa 70 Schulkindern über einen Zeitraum von vier Jahren durchgeführt. Die Studien haben uns eine interessante Dimension kognitiver Aktivität herausschälen helfen, die beschrieben werden kann als *episodischer Empirismus* im einen und als *kumulativer Kon-*

struktionismus im anderen Extremfall. Die beiden Attituden in den vorhergenannten Experimenten über Auswahl illustrieren die Extreme dieser Dimension. Eins unserer Experimente benutzte das Spiel der »Zwanzig Fragen«. Ein Kind, in diesem Falle elf bis zwölf Jahre alt, hört, ein Auto sei vom Weg abgekommen und gegen einen Baum gefahren. Es soll Fragen stellen, die mit »Ja« oder »Nein« beantwortet werden können, um die Unfallursache herauszubekommen. Hat es das Problem gelöst, bekommt es dieselbe Aufgabe noch einmal, wobei ihm gesagt wird, daß diesmal eine andere Unfallursache vorliege. Dieser Vorgang wird im ganzen viermal wiederholt. Den Kindern bereitet das Spiel Vergnügen. In ihrem Ansatz oder in ihrer Strategie der Aufgabe gegenüber unterscheiden sie sich jeweils erheblich voneinander. Zunächst lassen sich deutlich zwei Typen von Fragen unterscheiden: der eine zielt darauf ab, die Aufgabe einzugrenzen, Bedingungen festzulegen, aus denen heraus sich eventuell eine Hypothese abzeichnet; der andere ist die Hypothese als Frage. Der Unterschied sieht so aus: »War mit dem Fahrer etwas nicht in Ordnung?«, und: »War der Fahrer eilig auf dem Weg in die Sprechstunde seines Arztes und geriet ihm dabei der Wagen außer Kontrolle?« Es gibt Kinder, die ihren Hypothesen die Bemühung vorausgehen lassen, Bedingungen zu erkunden, und solche, die ständig im »Direktschuß« arbeiten, die zusammenhanglos eine Hypothese an die andere reihen. Ein zweites Strategiemoment liegt in der Kohärenz der Informationssammlung: das Maß, in dem gefragte Fragen bisher erlangte Information nützen, negieren oder ihr direkt zuwiderlaufen. Die Fragen von Kindern sind meist zyklisch organisiert, wobei die einzelnen Kreise jeweils der Verfolgung einer bestimmten besonderen Vorstellung gewidmet sind. Sowohl innerhalb der Kreise als auch zwischen ihnen lassen sich deutliche Unterschiede in der Kohärenz der Leistungen der Kinder feststellen. Wir brauchen nicht zu sagen, daß Kinder, die der Technik folgen, Bedingungen auszumachen, ehe sie Hypothesen bilden, bei der Sammlung von Informationen viel organisierter vorgehen. Ausdauer ist eine weitere Strategiekomponente, ein Charakteristikum, das aus zwei Faktoren gebildet zu sein scheint: reine Zähigkeit und eine Beharrlichkeit, die in der logisch durchdachten Organisation begründet liegt, die ein Kind seiner Aufgabe angedeihen läßt. Zähigkeit ist wahrscheinlich nur eben animalisch oder beruht auf dem Bedürfnis, etwas zu Ende zu führen. Organisierte Beharrlichkeit ist ein Manöver, den fragilen, kognitiven Apparat vor Überfrachtung zu bewahren. Das Kind, das sich mit unorganisierter Information aus zusammenhanglosen Hypothesen überschwemmt hat, wird schneller entmutigt und verwirrt sein als jenes Kind, das in seiner Strategie, zu Informationen zu kommen, eine gewisse Schläue bewies, das spürt, daß der Wert von Information nicht nur darin besteht, sie zu bekommen, sondern darin, sie aufzunehmen und sie bei sich tragend zu verwenden. Die Ausdauer des »organisierten« Kindes rührt aus seinem Wissen her, wie Fragen in Zyklen zu organisieren seien und wie es Dinge für sich selbstzusammenzufassen habe.

Beispiel für episodischen Empirismus ist das Sammeln von Informationen, das an keine vorgegebenen oder gesetzten Bedingungen gebunden ist, das der organisationellen Beharrlichkeit ermangelt. Das andere Extrem, wir haben es als kumulativen Konstruktionismus bezeichnet, zeichnet sich aus durch Sensitivität den kontrollierenden Bedingungen gegenüber, durch zusammenhängende Operationen, und durch organisierte Beharrlichkeit. Schiere und rohe Ausdauer scheint eine jener Gottesgaben zu sein, welche Menschen etwas übertrieben zu dem machen, was sie sind.

Ehe wir zum Thema des Entdeckens und seiner Rolle in der Entwicklung des Denkens zurückkehren, ist noch ein Wort über die Möglichkeiten zu sagen, wie der Problemlösende Informationen, mit denen er aktiv umgeht, umformen kann. Dieser Gesichtspunkt ergibt sich aus der pragmatischen Frage: Was ist nötig, um Information in die Form zu bringen, die sich am besten für zukünftigen Gebrauch eignet? Ein Experiment von *R. B. Zajonc* aus dem Jahre 1957 legt eine Antwort nahe. Er gab Schülergruppen kontrollierte Information. Einigen Gruppen sagte er, daß sie die Information später weiterzuvermitteln, anderen, daß sie sie nur im Gedächtnis zu behalten hätten. Im allgemeinen ergaben sich mehr Veränderungen in der Information, die zur Weitergabe gedacht war als in der passiv aufgenommenen. Eine aktive Haltung führt zu einer Umbildung der Information im Zusammenhang mit der zu erfüllenden Aufgabe. Sicherlich liegt ein Risiko in der möglichen Überspezialisierung von Informationsverarbeitung. Es kann zu einem so hohen Grad an spezifischer Organisation kommen, daß Information dem allgemeinen Gebrauch verlorengeht; man kann jedoch Vorkehrungen dagegen treffen.

Wir wollen das bisher Vorgetragene zu einer Hypothese umformulieren. Nachdrückliche Betonung entdeckenden Lernens hat auf den Lernenden eben den Effekt, aus ihm einen Konstruktionisten zu machen, der organisiert, was ihm begegnet, und zwar so, daß er nicht nur Regelmäßigkeiten und Zusammenhänge entdeckt, sondern auch jene Tendenz des Informiertseins meidet, die einfach nicht mehr sieht, was mit der Information alles hätte angestellt werden können. Die Betonung des Entdeckens hilft dem Schüler tatsächlich, die verschiedenen Spielarten von Problemlösung, d. h. von Umbildung von Information zu der ihr angemessenen Anwendung zu lernen. Er begreift, wie er an die Aufgabe, etwas zu lernen, herangehen kann. Damit haben wir die Hypothese. Bleibt allerdings die Notwendigkeit, sie zu überprüfen. Sie ist jedoch eine Hypothese mit solch wichtigen menschlichen Implikationen, daß wir es uns nicht leisten können, sie nicht zu testen – und testen muß und kann man sie in den Schulen.

Intrinsische und extrinsische Motivation

Ein wesentliches Moment bei der problematischen Aufgabe, ein Kind zu effektiver kreativer und kognitiver Aktivität anzuleiten, besteht darin, es aus der unmittelbaren Kontrolle von Lohn und Strafe durch die Umwelt herauszulösen. Lernen, das als Reaktion auf die Gratifikationen elterlicher Gewalt oder auf die Billigung durch den Lehrer erfolgt oder dem die Absicht zugrunde liegt, Frustrationen aus dem Wege zu gehen, hat leicht die Entwicklung eines Musters zur Folge, welches das Kind nach Fingerzeigen suchen und darauf lauern läßt, sich an gestellte Erwartungen anzupassen. Aus Untersuchungen über Kinder, die in der Schule bald zu den Übertüchtigen gehören, wissen wir, daß solche Schüler sich häufig darauf konzentrieren, nach der »richtigen Weise, in der man etwas tut«, zu suchen, und daß ihre Fähigkeit, Lernen in gangbare Gedankenstrukturen umzuformen, meist geringer ist als die von Kindern, deren Leistungen durchaus im Rahmen der Ergebnisse ihrer Intelligenztests liegen. Unsere Versuche erbrachten, daß solche Kinder geringere analytische Fähigkeiten haben als jene, die es nicht auf übermäßige Sollerfüllung abgesehen haben; diese entwickeln mechanische Fähigkeiten und sind eher darauf angewiesen »zurückzugeben«, was erwartet wird, als daß sie aus dem Erlernten etwas machen könnten, das mit ihrem sonstigen kognitiven Leben in Zusammenhang stünde. Maimonides würde sagen, ihr Lernen gehöre ihnen nicht, sie lernten nicht für sich.

Ich möchte an dieser Stelle die Hypothese aufstellen, daß das Maß, in dem jemand fähig ist, Lernen anzugehen als eine Aufgabe, etwas zu entdecken, und nicht »etwas darüber zu lernen«, korreliert mit der Neigung des Kindes, mit der Autonomie der Eigengratifikation oder genauer gesagt, dessen, der durch die Entdeckung selbst belohnt wird, zu arbeiten (intrinsische im Gegensatz zur extrinsischen Motivation). Lesern, die mit dem Streit innerhalb der Motivationsforschung in den letzten 50 Jahren vertraut sind, wird diese Hypothese als widersprüchlich erscheinen; kam doch bis in die jüngste Zeit hinein die traditionelle Auffassung von Lernmotivation in den Begriffen einer Trieb- und Reinforcement-Theorie daher: gelernt wird, weil die Reaktion auf einen Stimulus von der primären Triebverminderung gefolgt ist. Diese Doktrin erfährt eine in die Breite, nicht aber in die Tiefe gehende Ausweitung in der Vorstellung der sekundären Verstärkung: Alles was mit solch einer Trieb- oder Bedürfnisverminderung »einhergeht«, kann auch den Zusammenhang zwischen dem Stimulus und der hervorgerufenen Reaktion verstärken. Ein Steak auf dem Tisch genügt, um den Akt der Nahrungssuche mit einem bestimmten Stimulus in Zusammenhang zu bringen, aber der Anblick eines hübschen Restaurants tut es auch.

1959 erschien eine äußerst gründliche und wesentliche Kritik dieser antiquierten hedonistischen Position; *Robert White* hat sie geschrieben. Er verarbeitete dabei die Ergebnisse aus Untersuchungen im Bereich der Tierforschung, dem der Psychoanalyse und dem der Erforschung der Entwicklung kognitiver Prozesse bei Kindern. Professor White kommt zu dem Schluß, zu Recht, wie ich meine, daß das Triebverminderungsmodell beim Lernen viel zu vielen wichtigen Lern- und Entwicklungsphänomenen zuwiderläuft, um als generell anwendbar oder auch nur als in seinem allgemeinen Ansatz korrekt angesehen werden zu können. Einige seiner Folgerungen seien hier zitiert und ihre Anwendbarkeit auf die oben aufgeworfene Hypothese untersucht:

»Ich schlage nun vor, all die verschiedenen eben erwähnten Verhaltensweisen zusammenzustellen, welche mit effektiver Interaktion mit der Umwelt unter der allgemeinen Kategorie von Kompetenz zu tun haben. Nach Webster bedeutet Kompetenz »eine gute Form« der geistigen Kräfte. Als Synonyme führt er an: Tüchtigkeit, Kapazität, Wirksamkeit, Können und Geschicklichkeit. Kompetenz ist demnach der angemessene Terminus bei der Beschreibung solcher Dinge wie Anfassen und Erforschen, Krabbeln und Gehen, Aufmerksamkeit und Wahrnehmung, Sprache und Denken, Manipulation und Veränderung der Umwelt – all dies fördert eine effektive – eine kompetente – Interaktion mit der Umwelt. Es stimmt natürlich, daß in all diesen Entwicklungen die Reifung eine Rolle spielt, jedoch ist diese Rolle stark überschattet durch das Erlernen all jener komplexerer Leistungen wie Sprache oder gekonntes Umgehen mit der Umwelt. Ich möchte behaupten, daß es notwendig ist, Kompetenz zu einem Begriff der Motivation zu machen: es gibt *Kompetenzmotivation*, ebenso wie es Kompetenz in dem uns vertrauteren Sinne von erwiesener Fähigkeit gibt. Jenes Verhalten, das zu erfolgreichem Anfassen, Umgehen mit und Loslassen von Objekten führt, – um ein Beispiel zu nehmen – ist kein Zufallsverhalten, das aus einem Überfluß an Energie herrührte. Es ist gelenkt, überlegt gewählt und beständig, und es hält nicht vor, weil es primären Trieben diente, denen es in der Tat nicht dienen kann, ehe es nicht fast schon vollendet ist, sondern weil es ein inneres Bedürfnis, mit der Umwelt umzugehen, befriedigt.« ²

Ich meine, daß es Formen von Aktivität gibt, die das Kompetenzmotiv begünstigen und entwickeln helfen, die es zur treibenden Kraft von Verhalten machen. Whites allgemeiner Prämisse möchte ich hinzufügen, daß das Praktischwerden von Kompetenzmotiven den Effekt hat, das Maß zu verstärken, in dem sie Kontrolle über das Verhalten gewinnen und dadurch die Wirkungen äußerer positiver Sanktionen oder Triebgratifikationen reduzieren.
1934 schrieb der brillante russische Psychologe *Vygotsky,* die Ausweitung von Denkprozessen nehme ihren Anfang im Dialog von Sprache und Gestik zwischen Kind und Eltern. Autonomes Denken, sagte er, beginne auf der Stufe, da das Kind zum ersten Mal in der Lage sei, solche Gespräche zu internalisieren und sie selbst »zu rekapitulieren«. Dieser Schritt ist typisch für die Entwicklung von Kompetenz; nicht minder typisch ist er für das Lehren. Die Erzählung im Unterricht nimmt den Rang von Vygotskys Gespräch ein. Der nächste Schritt in der Entwicklung von Kompetenz ist die Internalisierung des Erzählten und seiner »Entstehungsregeln«, so daß das Kind die Erzählung jetzt selbst bringen kann. Der hypothetische Modus beim Lehren, die Ermunterung des Kindes zur Teilnahme an den »Entscheidungen des Sprechenden«, beschleunigt diesen Prozeß in hohem Maße. Ist Internalisierung erst gelungen, befindet sich das Kind in der erheblich günstigeren Lage, und zwar unter verschiedenen Gesichtspunkten betrachtet – vor allem weil es fähig ist, über die erhaltene Information hinaus sich zusätzliche Gedanken zu machen, die entweder sogleich an Hand von Erfahrung sich überprüfen lassen oder die zumindest als Basis für die Formulierung vernünftiger Hypothesen dienen können. Darüber hinaus aber ist das Kind jetzt in einer Position, Erfolg und Mißerfolg nicht als Lohn und Strafe, sondern als Information zu erfahren. Denn wenn die Lösung der Aufgabe, des Problems seine eigene Entscheidung ist und nicht vorgeschriebene Anpassung an Umweltanforderungen, wird es in gewisser Weise sein eigener Zahlmeister. Im Versuch, seine Umwelt unter Kontrolle zu bekommen, kann der Schüler Erfolg und Mißerfolg jetzt als Anzeichen dafür nehmen, daß er sich auf der richtigen oder auf der falschen Spur befindet.
Letztlich hat diese Entwicklung den Effekt, das Lernen von unmittelbarer Stimuluskontrolle unabhängig zu machen. Wenn Lernen nur kurzfristig zu diesen oder jenen Zielchen führt und nicht zur Beherr-

schung der Dinge auf Dauer, dann kann Verhalten leicht durch äußere Belohnungen »geprägt« werden. Wenn jedoch Verhalten weiter reichen soll und auf Kompetenz abzielt, begibt es sich unter die Kontrolle komplexerer kognitiver Strukturen und agiert mehr von innen her, aus sich heraus.

Pavlovs Auffassung ist interessant. Seine erste Abhandlung über den Lernprozeß beruhte gänzlich auf einer Vorstellung von Stimuluskontrolle im Verhalten durch den konditionierenden Mechanismus, wo, qua Nähe, ein neuer konditionierter Stimulus an die Stelle eines alten nichtkonditionierten trat. Aber er erkannte selbst, daß eine solche Darstellung höhere Formen des Lernens nicht hinreichend behandelte. Zur Ergänzung führte er Vorstellung und Begriff des »zweiten Signalsystems« bei der Vermittlung und Prägung des geistigen Lebens ein; wobei die zentrale Bedeutung symbolischen Systemen, wie der Sprache, beigemessen wurde. Oder wie *Luria* 1959 formulierte, das erste Signalsystem »betrifft direkt wahrgenommene Stimuli, das zweite Systeme verbaler Darlegung und Verarbeitung«. Luria kommentiert die Bedeutung des Übergangs vom ersten zum zweiten Signalsystem. Er schreibt:

»Es wäre falsch anzunehmen, daß verbaler Kontakt mit Erwachsenen nun die Inhalte der bewußten Aktivität des Kindes veränderte, ohne auch deren Form zu verändern ... Das Wort hat eine grundlegende Funktion nicht nur, weil es ein entsprechendes Objekt in der äußeren Welt bezeichnet, sondern auch, weil es abstrahiert, das notwendige Signal isoliert, wahrgenommene Signale verallgemeinert und sie mit bestimmten Kategorien verknüpft; diese Systematisierung direkter Erfahrung macht die Rolle des Worts für Entstehung und Verlauf geistiger Prozesse so außergewöhnlich wichtig« [3].

Es ist zudem interessant, daß die endgültige Widerlegung der Allgemeingültigkeit der Reinforcement-Theorie für die unmittelbare Konditionierung von einigen Pavlov-Schülern selber stammt. *Ivanov Smolensky* und *Krasnogorsky* veröffentlichten Aufsätze, die darstellen, wie symbolisierte sprachliche Informationen an die Stelle des nichtkonditionierten Stimulus und der nichtkonditionierten Reaktion (Gratifikation von Hunger) bei Kindern treten konnten. In allen Fällen sprechen sie von ihnen als »dem Ersetzen, an die Stelle treten« von niedrigeren, dem ersten System zugehörigen geistigen und nervlichen Vorgängen durch höhere Kontrollen aus dem zweiten System. Eine kuriose Ironie ist es demnach, daß die russische Psychologie, die uns die Vorstellung von der konditionierten Reaktion und die These, Aktivitäten von höherem Rang seien zusammengesetzt aus der

logischen Verknüpfung solcher einfacher Einheiten, vermittelte, diese Vorstellung verwirft, während ein großer Teil der amerikanischen Lernpsychologen bis in die jüngste Zeit hinein auf dem frühen Pavlovschen Standpunkt beharrte – wie zum Beispiel ein Artikel von *Spence* in der *Harvard Educational Review* aus dem Jahre 1959 beweist, der den Primat von Konditionierung und den Charakter des Derivats beim komplexen Lernen bekräftigt. Noch bemerkenswerter ist, daß die russische Pädagogik von diesem neuen Trend stark beeinflußt wurde und heute nachdrücklich darauf hinweist, wie wichtig es sei, einen aktiveren symbolischen Ansatz für Problemlösungsverhalten bei Kindern zu schaffen.
Meine Schlußfolgerung in dieser Frage der Kontrolle des Lernens ist folgende: In dem Maße, in dem der Wunsch nach Kompetenz zum Kontrollverhalten hinzukommt, nimmt die Bedeutung der Rolle des Reinforcement oder der »äußeren Gratifikationen« in der Verhaltensbildung ab. Das Kind kann seine Umwelt aktiver manipulieren und holt sich seine Gratifikationen aus einer erfolgreichen Auseinandersetzung mit Problemen. Mit dem Herausfinden und Auffinden symbolischer Modi, die Umwelt darzustellen und zu transformieren, geht einher ein Rückgang der Bedeutung von Stimulus-Reaktion-Gratifikation-Sequenzen. Um die Metapher zu benutzen, die *David Riesman* in einem ganz anderen Kontext entwickelte: Das geistige Leben geht von einem Zustand des Außen-Geleitet-Seins, in dem die Zufälligkeit von Stimuli und die Verstärkung entscheidend sind, über in einen des Innen-Geleitet-Seins, in dem Zunahme und Erhaltung von Können zentral und beherrschend werden.

Die Heuristiken des Entdeckens

Lincoln Steffens schreibt in seiner *Autobiographie* über seine Studienzeit in Berkeley, daß in seiner Ausbildung viel zuviel Gewicht darauf gelegt worden sei zu lernen, was bereits bekannt war, und viel zuwenig darauf, herauszufinden, was nicht bekannt war. Aber wie schult man einen Studenten oder Schüler in den Techniken des Entdeckens?
Wieder bieten sich einige Hypothesen an. Viele Wege führen zu der Fähigkeit, Forschung zu betreiben. Einer besteht in der sorgfältigen Untersuchung ihrer Formalisierung in Logik, Statistik, Mathematik und ähnlichem. Wenn man Forschung als Lebensweise betreiben will, besonders in den Naturwissenschaften, dann ist eine solche Art von Studium ganz bestimmt wesentlich. Und dennoch weiß jeder, der im

Kindergarten und in der Grundschule unterrichtet oder mit Doktoranden über deren Doktorarbeiten gesessen hat – ich wähle diese beiden Extreme, denn beide stehen für Perioden intensiven Forschens –, daß ein Verständnis des formalen Aspekts von Forschung keineswegs ausreichend ist. Eher scheinen einige Aktivitäten und Attituden, zum Teil in direktem Zusammenhang mit einem spezifischen Thema, zum Teil recht allgemein, mit Forschung und Untersuchung Hand in Hand zu gehen. Sie hängen zusammen mit dem *Prozeß* des Versuchs, etwas herauszufinden, und obwohl ihr Vorhandensein keine Garantie dafür abgibt, daß das *Produkt* auch eine große Entdeckung sein wird, so hat doch ihr Fehlen leicht Ungeschicklichkeit, Unfruchtbarkeit oder Verwirrung zur Folge. Es ist eminent schwierig, diese Probleme – die Heuristiken von Forschung – zu beschreiben. So betrifft eine Spezies von Attituden oder Methoden das Gespür für die Relevanz von Variablen; sie sollen das Versinken in Randphänomene und Nebenwirkungen verhindern und zu den wesentlichen Quellen in der Vielfalt hinführen. Diese Gabe rührt zum Teil aus der intuitiven Vertrautheit mit einem bestimmten Bereich von Phänomenen her, aus dem reinen »Kennen des Stoffs«. Aber auch eine Art Spürnase für jenes unter vielem, was wichtig ist, für den richtigen Stellenwert der Dinge, ihre Größenordnung und Zugehörigkeit zu einem bestimmten Bereich und ihre Ernsthaftigkeit sind von Belang.

Der englische Philosoph *Weldon* beschreibt Problemlösungsverhalten auf eine interessante und anschauliche Weise. Er unterscheidet zwischen Schwierigkeiten, rätselhaften Fragen und Problemen. Wir lösen ein Problem oder machen eine Entdeckung, wenn wir einer Schwierigkeit eine Frageform überstülpen, um sie in ein Problem zu verwandeln, das sich auf eine Weise lösen läßt, die uns dahin bringt, wo wir sein wollen. Das heißt, wir bringen die Schwierigkeit in eine Form, mit der wir umzugehen, zu arbeiten wissen – und dann arbeiten wir. Viel von dem, was wir Entdeckung nennen, besteht darin, zu wissen, wie man verschiedene Arten von Schwierigkeiten in eine brauchbare, der Bearbeitung zugängliche Form bringt. Ein kleiner, aber entscheidender Teil der Entdeckungen höchsten Ranges besteht in der Erfindung und Entwicklung wirksamer Modelle oder »rätselhafter Fragestellungen«. Auf diesem Gebiet leuchten die wahrhaft mächtigen Geister. Es ist indes erstaunlich, in welchem Maße völlig durchschnittliche Menschen – vorausgesetzt, man unterrichtet sie – äußerst interessante und schwierige Denkvorgänge leisten und Modelle entwickeln können, die vor hundert Jahren als höchst originell angesehen worden sind.

Nun zu der Hypothese. Es ist meine Überzeugung, daß man nur durch die Praxis des Problemlösens und die Anstrengungen des Entdeckens begreift, welches die Heuristiken von Entdeckung sind; je mehr Praxis man hat, desto leichter generalisiert man, was man lernt, in einen Stil von Problemlösung oder Forschung um, der jede gestellte Aufgabe anzugehen imstande ist – oder fast jede Art von Aufgabe. Ich meine, dieser Ansatz ist durchaus klar; unklar ist vielmehr, welche Art von Schulung und Unterricht dafür die wirksamste ist. Wie bringen wir zum Beispiel einem Kind bei, nicht in seinen Frustrationen steckenzubleiben, sondern beharrlich einer Idee nachzugehen; das Risiko der frühen Formulierung einer Auffassung einzugehen, ohne jedoch jene Meinung so früh und so wenig begründet zu äußern, daß es mit ihr festsitzt und auf entsprechende Belege wartet, um sie zu konkretisieren; gute überprüfbare Vermutungen anzustellen, die weder ihrer Sprödigkeit noch ihrer Schlaffheit wegen nicht zu korrigieren sind? usw. usw. Übung und Praxis im Forschen, im Herausfinden von Dingen für einen selbst; das ist, was not tut – aber in welcher Form? Von einem bin ich allerdings überzeugt: ich habe noch nie jemanden gesehen, der in der Kunst und Technik des Forschens anders weitergekommen wäre, als daß er sich auf die Forschung eingelassen hätte.

Der Umgang mit dem Gedächtnis

Über die Gedächtnisleistung habe ich in den Augen mancher Psychologen wohl eine recht brutale Ansicht. Sie gründet sich weitgehend auf die Arbeit meines Kollegen *George Miller*. Ihre erste Prämisse besteht darin, daß das grundlegende Problem des menschlichen Gedächtnisses nicht das Speichern ist, sondern das Abrufen. Trotz biologischer Unwahrscheinlichkeit scheinen wir fähig, eine riesige Menge an Informationen zu speichern – vielleicht kein ganzes Tonband, obwohl es zuweilen so aussieht, als seien wir auch dazu in der Lage, aber einen immensen Reichtum an Eindrücken. Wir dürfen dies aus der Tatsache schließen, daß Wiedererkennen, die Fähigkeit also, sich in höchster Klarheit *mittels »Einhilfe«* zu erinnern, bei Menschen sehr groß ist, und daß spontane Erinnerung ohne »Einhilfen« so schlecht funktioniert. Der Schlüssel zum Abrufen von Erinnerung liegt in der Organisation oder, mit noch einfacheren Worten, im Wissen, wo Informationen, die ins Gedächtnis eingingen, zu finden sind.

Dies sei mit Hilfe eines einfachen Experiments augenfällig gemacht. Wir geben Zwölfjährigen Wortpaare an. Eine Gruppe unter ihnen soll sich nur die Wortpaare merken und sie später auf Anfrage wiederholen. Andere Kinder sollen sich die Paare merken, indem sie ein Wort oder einen Gedanken zu Hilfe nehmen, um damit die beiden Vokabeln in sinnvoller Weise miteinander zu verknüpfen. Die Wortpaare schließen solche Nebeneinanderstellungen ein wie »Stuhl – Wald«, »Gehsteig – Platz« und Ähnliches. Drei Arten von Vermittlung zeichnen sich ab, d. h. die Kinder lassen sich einordnen aufgrund ihrer relativen Präferenz für eine der Vermittlungsarten: (1) Vermittlung durch die Gattung, durch den Oberbegriff; ein Wortpaar wird verknüpft durch einen übergeordneten Gedanken: »Stuhl und Wald bestehen beide aus Holz«; (2) thematische Vermittlung; die beiden Termini werden in ein Thema oder in eine kleine Geschichte eingebettet: »Das verirrte Kind saß auf einem Stuhl inmitten des Waldes«; und (3) Vermittlung auf der Basis von »Teil und Ganzem«; typisch dafür ist die Feststellung: »Stühle sind aus Bäumen aus dem Wald gemacht«. Wesentliches Ergebnis ist nun, daß Kinder, die ihre eigene begriffliche oder gedankliche Hilfe benutzen, am besten abschneiden – und in der Tat, wenn man eine Gruppe von dreißig Wortpaaren durchprobiert, erinnern diese Kinder sich an bis zu 95 Prozent der zweiten Wörter, wenn man ihnen die ersten des jeweiligen Paares nennt, während die andere Gruppe kaum 50 Prozent erreicht. So speichern Kinder also Informationen am leichtesten, wenn deren Elemente auch begrifflich oder gedanklich eng miteinander verknüpft sind.

Myriaden von Forschungsergebnissen zeigen, daß jede Organisation von Informationen, welche die unstrukturierte Komplexität angehäuften Materials reduziert, indem sie es in einen kognitiven Prozeß einbettet, den sich jemand selbst konstruiert hat, den Abruf dieses Materials erleichtert. Wir können sagen, daß der Erinnerungsprozeß, aus der Perspektive des Abrufs, zugleich auch Problemlösung ist: Wie kann Material im Gedächtnis so »untergebracht« werden, daß es bei Bedarf zu aktualisieren ist?

Wir können vom Beispiel der Kinder ausgehen, die ihre eigene Technik entwickelten, um die einzelnen Wortpaare miteinander zu verknüpfen. Die Kinder mit den selbstgefertigten »Vermittlern« schnitten besser ab als die Kinder, denen man welche vorgab. Einer weiteren Gruppe von Kindern gab man als Gedächtnisstützen die vermittelnden Begriffe und Gedanken, die andere Kinder entwickelt hatten – ein System von »vorbereiteten« Gedächtnishilfen. Im allgemeinen ist Material, das aufgrund der eigenen Interessen einer Person und deren kognitiver Strukturen organisiert ist, zugleich jenes, das die besten Chancen hat, abgerufen zu werden. Es wird viel eher entlang von Denkpfaden angeordnet, die mit den eigenen Wegen intellektuellen Reisens verbunden sind. Demnach scheinen gerade die Attituden und Aktivitäten, welche das Herausfinden und Entdecken von Dingen zum eigenen Gebrauch kennzeichnen, auch den Effekt zu haben, sie dem Gedächtnis fest einzuprägen.

Anmerkungen

1 *Jerome S. Bruner*, On Knowing. Cambridge/Mass.: The Belknap Press of Harvard University Press 1963, S. 81–96.
2 *R. W. White*, Motivation Reconsidered: The Concept of Competence, in: Psychological Review 66 (1959) S. 317–318.
3 *A. L. Luria*, The Directive Function of Speech in Development and Dissolution, in: Word 15 (1959), S. 12.

Gerald Leinwand

Kritische Überlegungen zum entdeckenden Lernen in den Social Studies[1]

Die »In-Group« liest *Bruner*, und er hat Social Studies-Lehrern (oder Geschichtslehrern und Lehrern der Sozialwissenschaften, wenn man so will), die sich für Curriculuminnovationen interessieren, eine Menge zu sagen. Seine Idee der spiralförmigen Lehrplangestaltung, des Kennenlernens und Begreifens der Struktur eines Faches, seine Vorstellung vom Lehrplan als Prozeß und nicht als enthüllte Wahrheit, seine Betonung von Forschen und Entdecken, all das ist zugeschnitten auf die sogenannte »Revolution« in den Social Studies. Ganz sicher bieten Bruners Überlegungen wünschenswerte Alternativen zu einigen der Curricula und Strategien, die wir vielleicht zu lange dem Unterricht zugrunde gelegt haben.

Aber in den Gefilden der Curriculum-Entwicklung gibt es heute eine Richtung, die Bruners aufkeimende Ideen übernehmen und einen Kult daraus machen möchte, eine Orthodoxie, und die sie in einer Weise akzeptabel zu machen versucht, die wohl auch Bruner selbst nicht gern sieht. Das hat zu einer hastigen Preisgabe der Unterrichtsmethoden und Curricula der jüngsten Vergangenheit geführt und viel zu schnell die Vorstellung vom Lehrplan als »Entdeckung und Forschung« an deren Stelle gesetzt. Nicht, daß Entdecken und Forschen an sich vom Übel seien; seit Sokrates haben gute Lehrer anhand von Forschung gelehrt, und sie haben ihre Schüler gedrängt, selbst zu forschen und zu entdecken. Aber Prozeß, Entdecken und Forschen den gesamten Unterricht in den Social Studies und alle diesbezügliche Lehrplanentwicklung beanspruchen zu lassen, heißt die Gewichte falsch verteilen, den Stellenwert, den Forschung wirklich haben kann, verschieben und von effektiven Social Studies ablenken.

Im wesentlichen lassen sich drei Aspekte des neuen Ansatzes für die Social Studies ausmachen. Sie beziehen sich auf:

1. das Social Studies-Curriculum im Sinne eines Prozesses und einer Struktur;

2. den Schüler als Sozialwissenschaftler;

3. die Social Studies als Verhaltenswissenschaft.

Social Studies als Struktur und Prozeß

Wenn man sich neue »Spiral Curricula K–12« (Kindergarten–12. Schuljahr) ansieht, fühlt man sich an den Ausspruch der Königin in »Alice im Wunderland« erinnert: »Verstehst du, hier muß man so schnell laufen, wie man nur kann, um auf derselben Stelle zu bleiben. Will man anderswohin gelangen, muß man mindestens doppelt so schnell rennen.« Die meisten Papiere über Curricula rennen, obgleich sie das Vokabular der »New Social Studies« benutzen, doppelt so schnell und treten doch im wesentlichen auf der Stelle. Eine folgerichtige, aufeinander aufbauende Struktur, die sich auf Material aus den Sozialwissenschaften stützen kann, muß erst noch ans Licht kommen; die Folge davon ist, daß vieles aus den Händen jener, die so eifrig sich darum bemühen, auf den Zug der Strukturalisten zu springen, eine bloße Entschuldigung für ein Spiral-Curriculum ist, hastig zusammengekleistert und nichts als Tünche des angeblich Neuen auf der Grundlage des in Wahrheit Alten.

Die derzeitigen Curricula erführen wahrscheinlich mehr Beachtung und auch größere Anerkennung, wenn sie sich vom Alten radikal lösten und solide und mutig auf die Brunerschen Begriffe und einige der Vorschläge gründeten, die das ESI (Educational Services Incorporated) macht. Statt dessen beinhalten die gegenwärtigen Curricula dadurch, daß sie sich vorsichtig winden und absichern, daß sie gleichermaßen unfähig sind, vom Alten loszukommen und das Neue zu übernehmen, größtenteils nicht sehr geschickte Taschenspielertricks in Form von Unterrichtseinheiten, Hauptgesichtspunkten und zu behandelnden Gegenständen; und je mehr sie sich verändern, um so mehr scheinen sie doch zu bleiben, was sie eh schon sind. Bestenfalls erbringt die Curriculumbastelei eine dürftige Ernte, schlechtestenfalls ist sie pädagogisch unproduktiv. Einige wilde Körner von curricularen Innovationen sind gesät worden, und sozialwissenschaftlich Ungebildete werden uns wahrscheinlich eine bittere Ernte einholen.

Erschwerend kommt hinzu, daß Materialien für die Durchführung all dessen, was da in neuen Curricula enthalten ist, erst beschafft werden müssen, und daß man sich nach wie vor auf den sogenannten kreativen Lehrer verläßt, der Quellen aufstöbert, sie bearbeitet und reproduziert und der Anwendung in der Klasse zugänglich macht. Dieser überstrapazierte Trick mit der Zuständigkeit hat häufig zu einer unzulässigen Verschiebung der Last von den Schultern der Curriculum-Autoren, die, ginge es nach der Logik, fähig sein sollten, das richtige Material zur Ausführung ihrer Pläne vorzulegen, auf die Schultern der Lehrer geführt, die, mit viel zu großen Klassen und einem ganzen Joch von Verantwortlichkeiten, gar nicht in der Lage sind, dies zu tun. Außerdem ist es der äußerst hochgestochenen Natur der Begriffe wegen, mit denen die neuen Curricula umzugehen versuchen, zweifelhaft, ob die große Mehrheit der Lehrer, deren Ausbildung unglückseligerweise immer noch recht begrenzt ist, die Gaben hat, die erforderlich sind, um in Zukunft so zu improvisieren, wie sie es in der Vergangenheit getan haben. Es scheint, daß wir bereits zu weit und zu schnell gegangen sind – d. h. im curricularen Entwurf schneller sind als die Lehrmittel es gegenwärtig erlauben –, und daß eine gewisse Beschränkung in der Tat am Platze ist, wenn die Lehrer nicht so weit zurückfallen sollen, daß dieses Rennen zu laufen sich kaum noch lohnt. An den Papieren zu den Curricula braucht man nur zu kratzen, und schon stößt man auf das Traditionelle, auf das, was auch bisher da war. Und da Material nur beschränkt zur Verfügung steht, scheint die Verkündigung der Geburt einer »schönen neuen Welt« der Social Studies verfrüht.

Die Sociel Studies und der Sozialwissenschaftler

Die fortgeschrittenste Auffassung in bezug auf die Social Studies ist heute die, Schüler sei zu lehren, als Historiker, Ökonomen oder Soziologen zu denken. Lehrer sollen ihren Unterricht so organisieren, daß sie ihren Schülern beibringen, rohe Daten zur Rekonstruktion der Vergangenheit zu benutzen, Modelle ökonomischen Geschehens aufzustellen und Gesellschafts- und Verhaltensmuster einzuordnen. Man kann sich nur verwundert fragen, ob die Curriculum-Autoren vom Schüler verlangen, er solle sich darauf vorbereiten, die Prozesse, mit denen der Historiker, der Ökonom und der Soziologe zutun haben, zuzüglich denen des Geographen, des Anthropologen und des Politologen zu erlernen, oder ob sie auch zufrieden wären, wenn der Schüler einen dieser Prozesse begriffe? Und lassen sie die Zuliefererberufe außer acht, von denen der Sozialwissenschaftler abhängig ist: Archäologen, Philologen, Linguisten, Paleographen, Chronologen, Numismatiker und Statistiker?
Die Alternativen, die Bruner und andere vorgeschlagen haben, stellen

in der Tat eine Möglichkeit für Schüler dar, zu einer Einschätzung und Würdigung der Arbeit des Sozialwissenschaftlers zu kommen – aber es ist zweifelhaft, ob wir aus vielen von ihnen Sozialwissenschaftler machen können, und es ist noch fraglicher, ob ein Forschungsmodus, welcher der Geschichte und den Sozial- und Verhaltenswissenschaften gemeinsam ist, sich wirklich feststellen läßt. Zudem ist es höchst artifiziell, den Schüler beständig die Rolle des Sozialwissenschaftlers einnehmen und ihn entdecken zu lassen, was der Historiker oder der Ökonom bereits wissen. Im besten Falle ist es Rollenspiel, und wenn das, was der Schüler herausfindet, dem, was er herausfinden sollte, völlig zuwiderläuft, wird das ganze Verfahren überflüssig, wenn nicht geradewegs albern.

Ehe man selbst entdecken kann, braucht man einen Hintergrund, Wissen, Informationen – wie man auch das Verfahren kennen muß, mit dessen Hilfe dieses Wissen gewonnen wurde. Was bringt es einem Schüler ein, wenn er das Verfahren lernt, aber die kulturelle Perspektive verliert, die die menschliche Gesellschaft gemeinsam hat? Was bringt es einem Schüler ein, wenn er das Verfahren lernt, aber Rang und Standort des Menschen im Strom der Ereignisse, die sein Land zu dem gemacht haben, was es ist, nicht begreifen kann? Was bringt es einem Schüler ein zu entdecken – nur um herauszufinden, daß vieles, was er entdeckt hat, dem, wovon Wissenschaftler überzeugt sind, noch nicht einmal nahekommt? »Allein für das entdeckende Verfahren als Lehrmethode zu werben, wird leicht zur Enttäuschung und zum vergeblichen Unterfangen, weil es unvollkommen ist. Wir sollten auf die Frage, wie die neuen Erkenntnisse und Einsichten des Schülers zu befestigen seien, ebensoviel Aufmerksamkeit verwenden wie auf die Methoden, diese Einsichten zustandezubringen.« [2]

Wenige wagen all dies und die schwerwiegenden Mängel und Unzulänglichkeiten im Lesen, die bei den Schülern im ganzen Land vorliegen, zu erwähnen. Ich spreche hier nicht nur von städtischen und ländlichen benachteiligten Gruppen. Kann man ernsthaft meinen, es sei angebracht, davon zu reden, man müsse Schülern beibringen, wie Sozialwissenschaftler zu denken, wenn allzu viele Schüler im Lesen nicht auf dem oder nahe am Klassenniveau sind? Können wir Dokumente wie die Mayflower Compact, das Tagebuch von John Adams, die Essays von Tocqueville, das Logbuch von Magellan, die Briefe von Cortez, die uns als Stoff oktroyiert werden, mit Leuten erarbeiten, die nicht lesen können? Man kann viel machen mit Bildern, Modellen, Geräten und vereinfachten Lesestoffen, das war immer so, aber unser Erfolg ist keineswegs spektakulär. Was wir auch tun oder tun möchten:

um letztlich Schüler in den Social Studies zu sein, und noch längst kein Sozialwissenschaftler, muß man lesen können.
Und selbst wenn uns diese Hindernisse nicht im Wege stünden, bliebe die Frage bestehen: Sollten wir aus unseren Schülern Sozialwissenschaftler machen? Wenn wir in dem Prozeß, aus dem Sozialwissenschaftler hervorgehen, das gemeinsame Erbe des Menschengeschlechts als einem System von akkumuliertem Wissen und von Weisheit opfern, ein Erbe, das verstanden und gewürdigt werden sollte und könnte, wenn auch zugegebenermaßen nicht fraglos und unkritisch akzeptiert, dann ist die Antwort ein entschiedenes Nein. Wir verfügen über einen Fundus menschlicher Erfahrung, der zwar unvollständig, aber dennoch erforschenswert ist; diesen Fundus mögen einige Schüler tatsächlich in vollem Bewußtsein bereichern, als Erwachsene werden sie ihm alle durch ihre Teilnahme am ökonomischen und politischen Leben der menschlichen Gesellschaft unbewußt einiges zuliefern. Zu diesen Erfahrungen gehört die Geschichte der eigenen Nation – eine Geschichte, die man nicht unkritisch oder chauvinistisch studieren und beurteilen darf, die man aber zu entdecken hat als die sich entwickelnde Geschichte des Kampfes eines Volkes vom Subjekt zum politischen Bürger in einer großen Gesellschaft.
Ich hege übrigens Zweifel, ob dies allein auf dem Wege der Induktion erreicht werden kann, und ich betrachte die Möglichkeiten skeptisch, den Schülern die großen umfassenden Begriffe oder Generalisierungen zu vermitteln, indem man sie in die Wurmperspektive versetzt, den Erfahrungen eines einzelnen Mannes, eines Entdeckers, einer einzelnen Stadt oder beliebigem anderen gegenüber. Es mag für die Biologen angemessen sein, den Lebenszyklus der Amöbe zu erforschen und daraus Einsichten in den Lebenszyklus des Menschen zu gewinnen. Daß aber das gleiche Verfahren für den Sozialwissenschaftler angebracht sei, muß erst noch bewiesen werden. Können wir in einem begrenzten Zeitabschnitt wirklich einen adäquaten Fundus induktiver Erfahrungen aufbauen, so daß Schüler selbst die Staatstheorien entdecken können, auf denen die Unabhängigkeitserklärung, Wesen und Bedeutung von Revolutionen, die Implikationen von Nationalismus und Imperialismus, die Ursachen von Kriegen, die Spielarten von Frieden, die Struktur der Verfassung oder der Wandel im Status, den die Autonomie brachte, nachdem die Revolution gewonnen war, beruhen? Einige Alternativen zu den bisher gängigen Verfahrensweisen, die als einzig denkbares Arsenal für die Strategie des Lehrers galten, sind in der Tat wünschenswert, und induktive Einzelfallstudien sind nützliche Beigaben zu diesem Arsenal und gewiß angebracht. Aber ein ganzes Cur-

riculum vom Kindergarten bis zum 12. Schuljahr so aufzubauen, heißt eher die Lernerfahrung des Schülers im Fragmente aufsplittern als sie zu einem Ganzen zusammenzufügen.

Geschichte und Sozialwissenschaften

In steigendem Maße hat sich das Gewicht von der Geschichte auf die Verhaltenswissenschaften verlagert. Tatsächlich gibt es Leute, die uns glauben machen möchten, Geschichte sei tot, und die Social Studies von K–12 hätten von der Anthropologie auszugehen. Daß anthropologische und besonders soziologische Erkenntnisse und Einsichten viel zu lange vernachlässigt wurden, läßt sich keineswegs leugnen. Aber zu empfehlen, die Anthropologie und nicht die Geschichte habe im Zentrum der Struktur zu stehen, um welche die Social Studies aufzubauen seien (wenn es eine solche gibt), heißt die integrativen Möglichkeiten, die im Geschichtsunterricht liegen, übersehen.
Zweifellos muß Geschichte für den heutigen Schüler ganz anders aussehen, als seine Lehrer sie studiert haben. »Sie sollte nicht nur die Leistung der Vergangenheit in Erinnerung rufen, sondern auch versuchen, Analogien zu finden, die auf die verworrene Gegenwart anwendbar sind.« [3] Und ganz gewiß sollten wir bei ihrem Studium »Mittel (finden), Einsicht und Phantasie zu stimulieren und unsere Überlegungen von der Tyrannei konventioneller Worte, unüberprüfter Klischees und angenehm vertrauter Gedankengänge loszureißen« [4].
Obwohl die Sozialwissenschaften zu ihrem Studium enorm viel beitragen können, bleibt Geschichte die integrierende Disziplin par excellence. Sie versucht, die Erfahrung des Menschen in ein intelligibles Muster zu ordnen, so daß Vergangenheit und Gegenwart angemessener und zusammenhängender interpretiert werden können. »Ein Volk, das nicht auf seine Vorfahren zurückschauen kann, kann nicht auf seine Nachkommen vorausblicken.« Unseren Schülern die historische Perspektive zerstören heißt, ihnen das Verständnis ihres Erbes verweigern. Ein Teil dieses Erbes ist anthropologisch-soziologisch, darüber besteht kein Zweifel – aber den Stamm aus dem Social Studies-Curriculum herauszureißen und dabei zu erwarten, seine Äste möchten blühen, heißt jenen, die wir unterrichten, einen Bärendienst erweisen.
Man darf die herausragende Arbeit von Bruner und einigen, die an Curricula arbeiten und versuchen, seine Vorstellungen den Erfordernissen der Social Studies in den heutigen Schulen anzupassen, nicht unberücksichtigt lassen – aber dem Kultismus, der Neo-Orthodoxie,

die bereits zu sehen sind, muß man entschlossen und tatkräftig entgegentreten. Die Notwendigkeit, die Curricula zu modifizieren, mag gegeben sein; bessere Lehrer sind jedoch nötiger. Die Notwendigkeit, ein einheitliches Curriculum zu haben, mag gegeben sein; die Notwendigkeit, zunächst einmal die Prinzipien zu begreifen, auf deren Grundlage ein solches Curriculum sich organisieren läßt, ist indes erheblich größer. Es mag durchaus für den Schüler wichtig sein, Denk- und Verfahrensweisen des Historikers und des Sozialwissenschaftlers zu beurteilen; den akkumulierten Fundus von Erfahrungen, welche die menschliche Gesellschaft gemacht hat, kritisch zu untersuchen, ist jedoch erheblich wichtiger. Der induktive Ansatz mag notwendig sein; der deduktive darf jedoch keineswegs summarisch aufgegeben werden. Die Veränderungen, welche die beginnende »Revolution« in den Social Studies mit sich bringt, sind willkommen, aber nur in dem Maße, in dem sie die Lehrer ermutigen, in ihrer Aufgabe, dem Menschen die Botschaft des Menschen auf die bestmögliche Weise zu vermitteln, fortzufahren.

Anmerkungen

1 *Gerald Leinwand,* Queries on Inquiry in the Social Studies, in: Social Education 30 (1966), S. 412–414.
2 *Bernard Z. Friedlander,* A Psychologist's Second Thoughts on Concepts, Curiosity and Discovery in Teaching and Learning, in Harvard Educational Review (1965), S. 30–35.
3 *Thomas C. Cochran,* The Inner Revolution (The Academy Library). New York: Harper and Row 1964, S. 185.
4 Ibid.

Mark M. Krug

Bruner's „New Social Studies": Eine Kritik[1]

Viele haben sich in letzter Zeit mit der Empfehlung zu Wort gemeldet, das Hauptgewicht in den Social Studies auf die Struktur der Geschichte und der Sozialwissenschaften zu legen. Vertreter dieser Position berufen sich, was Anregung und Begründung angeht, zumeist auf die Arbeit von *Jerome S. Bruner*. *Bruner,* Psychologe an der Harvard University, sagt, man meistere jedes Fach am besten, wenn man seine organisierenden Grundprinzipien unterrichte, die, so seine Überzeugung, die Struktur jeder Natur- und Sozialwissenschaft bildeten. Solche Verallgemeinerungen und Oberbegriffe ermöglichten es jenen Wissenschaftlern, die sie formulierten, ihre Fakten und die darauf aufbauende Theorie in sinnvollen und zusammenhängenden Systemen zu organisieren. Schüler, die eine Disziplin unter dem Aspekt ihrer Struktur studieren, müssen nach Bruners Auffassung einfach die innere Logik dieser Systeme umfassender organisierender Prinzipien herausfinden.

Bruner und sein Mitarbeiter, *Jerrold Zacharias,* ein Physiker vom MIT[2], sagen, die Betonung der Struktur habe sich für die neuere Mathematik und die neuere Physik als wahrer Segen erwiesen, und es gebe keinerlei Grund, daran zu zweifeln, daß dies auch für die Sozialforschung zutreffe. Und beide Wissenschaftler, sie sind die Leiter der Educational Services Incorporated (ESI), einer Stiftung, sind emsig dabei, ein neues Curriculum zu den Social Studies vorzubereiten.

Der neue Lehrplan[3] beruht auf der Überzeugung *Bruners,* daß »die Struktur von Wissen – sein Zusammenhang und die Deduktionen, die einen Gedanken dem anderen folgen lassen, das Wesentliche bei der Ausbildung ist. Denn erst die Struktur, die großen begrifflichen Inventionen bringen Ordnung in die Anhäufung unverbundener Beobachtungen, sie erst gibt dem, was wir lernen, Bedeutung und ermöglicht das Eröffnen neuer Erfahrungsbereiche«[4].

Man geht davon aus, daß das Begreifen *eines* umfassenden Begriffssystems ganz folgerichtig zum Begreifen eines komplexeren Systems von Begriffsrahmen führt. *Bruner* ist überzeugt davon und vertraut

darauf, daß »jeder Gegenstand effektiv in einer intellektuell redlichen Form jedem Kind auf jeder Altersstufe vermittelt werden kann« [5].
Es mag von Bedeutung sein festzustellen, daß *Bruner* bei der Erklärung seiner Theorie zur Struktur der Disziplinen fast ausnahmslos Beispiele aus der Mathematik oder aus den Naturwissenschaften anführt. Seine Interpretation von Rolle und Bedeutung der organisierenden Begriffe erscheint am einleuchtendsten im Hinblick auf Funktion und Ziele der Naturwissenschaften, mit denen sie wohl am engsten zusammenhängen. Dies wird besonders deutlich an der Feststellung *Bruners*, daß »Wissen ein Modell ist, das wir konstruieren, um Regelmäßigkeiten in unserer Erfahrung Sinn und Struktur zu geben. Die organisierenden Leitgedanken jedes Wissenssystems sind Inventionen, welche Erfahrung ökonomisch machen und in einen Zusammenhang stellen ... Die Kraft umfassender organisierender Begriffe besteht vorwiegend darin, daß sie uns ermöglichen, die Welt, in der wir leben, zu verstehen, zuweilen Voraussagen darüber zu machen oder sie zu verändern.« [6]
Die Relevanz dieser Feststellung für Mathematik, Physik und Chemie ist offensichtlich. Die Frage bleibt, ob *Bruner* in seiner Arbeit an einem Curriculum zu den Social Studies in der Lage ist, etliche wichtige organisierende Leitgedanken der Geschichts- und der Sozialwissenschaften herauszuisolieren, welche den Schülern »ein Verständnis und zuweilen die Vorhersage oder die Veränderung der Welt« ermöglichen. Ist dies geschehen, bleibt abzuwarten und nachzuprüfen, ob die Historiker bereit sind, diese Struktur der Wissenschaft zu akzeptieren, wie *Bruner* und seine Mitarbeiter sie letztlich definiert haben. *Bruner* kann der Aufgabe, die Struktur der Geschichts- und Sozialwissenschaften zu definieren, nicht ausweichen, weil eine Lehrplanüberarbeitung nach seiner eigenen Konzeption zwei Anfangsschritte verlangt: (1) die Definition der Struktur des Faches durch die Schüler selbst, und (2) die Organisation der entdeckten Struktur zu einem sinnvollen System von Zusammenhängen zum Zwecke des Unterrichts in der Schule. Das bedeutet: Bruner müßte Historiker bitten, die Struktur ihrer Disziplin zu definieren. Die wenigen Historiker, die versucht Schule. Das bedeutet: *Bruner* müßte Historiker bitten, die Struktur aufzufinden, haben dies mit begrenztem Erfolg getan und gewöhnlich ohne die Unterstützung ihrer Kollegen. Ob *Bruner* diese Aufgabe mit Hilfe einiger Historiker, die mit ihm zusammenarbeiten, lösen kann, ist noch zweifelhaft. Die Aufgabe, auch nur eine kleine Zahl von Grundideen aus der Weltgeschichte herauszuarbeiten und ihre inneren Zusammenhänge aufzuzeigen, kann sich als bedenklich, wenn nicht gefährlich erweisen. Nimmt man zum Beispiel eine generalisierende

Aussage zur Geschichte, die *Bruner* nennt (»Eine Nation muß Handel treiben, um existieren zu können«), so ist sie so allgemein und so voll verschwommener Implikationen, daß ihr Wert für den Schulunterricht sich al so gering erweisen kann wie die Verallgemeinerung: »Im Krieg gibt es für den Sieg keinen Ersatz«, oder: »Beschwichtigungspolitik Aggressoren gegenüber bringt nichts ein.«

Wenn wir die Struktur der Geschichte oder der Soziologie in der High School unterrichten sollen, werden sich die Wissenschaftler dieser Disziplinen auf eine Reihe von Grundgedanken, Kenntnissen und Methoden, deren Historiker und Soziologen notwendig bedürfen, einigen müssen, um dann nachzuweisen, wie diese zentralen Gedanken und Kenntnisse miteinander zusammenhängen und in welcher Weise sie die Struktur der Geschichte und Soziologie repräsentieren. Bisher haben weder Historiker noch Soziologen dies versucht, und ich zweifle sehr daran, daß viele Lust haben, es zu tun. Professor *Fred M. Newmann* aus Harvard schreibt zu diesem Problem: »Kann ein Fach eine Struktur haben unabhängig von der Fähigkeit ihrer Wissenschaftler, sie zu artikulieren? Eine affirmative Antwort enthält die Implikation, daß eine Art intellektuelles Naturgesetz wissenschaftlichen Eifer transzendiere – unangefochten durch die Erforschung durch menschliche Wesen –, daß vorhandene Strukturen nur darauf warten, entdeckt zu werden. Eine negative Antwort impliziert auf der anderen Seite, die Nützlichkeit von Struktur als Begriff hänge hauptsächlich von der Voraussage ab, Wissenschaftler seien tatsächlich in der Lage, die Struktur ihres Faches zu artikulieren. Wenn die Existenz von Struktur primär eine Funktion der Fähigkeit des Wissenschaftlers ist, sie zu konstruieren, dann ist keine logische Basis vorhanden für die Annahme, jeder Disziplin sei eine Struktur eigen.« [7].

Angenommen, einige Historiker, und seien es so angesehene und ausgewählte Leute wie jene, die Professor *Bruner* beim ESI-Projekt als Berater zur Seite stehen, kämen zu dem Schluß, sie hätten die »vorgegebene« Struktur von Geschichte entdeckt. Würden ihre Kollegen die »Entdeckung« gelten lassen? Ist es wahrscheinlich, daß ein zusammenhängendes, logisch konsistentes und progressiv-komplexes System von Grundgedanken der Geschichte oder auch der Soziologie oder der politischen Wissenschaft jemals auszumachen wäre? Die grundlegende Schwierigkeit, die in der Mathematik und in den Naturwissenschaften nicht existiert oder dort bewältigt wurde, besteht im Mangel jedweder logisch-begrifflichen Stufenfolge des Forschens in Soziologie und Geschichte. Für einen High School-Schüler ist es nicht wichtig, an einem Kursus zur amerikanischen Revolution teilgenommen zu haben, um sich mit dem Bürgerkrieg zu beschäftigen. Schüler erfahren einiges über die napoleonischen Kriege, ohne jemals etwas von den Invasionen und Eroberungen Alexanders des Großen gehört zu haben. Es wäre ziemlich schwierig, von den napoleonischen Kriegen auf die Kriege Alexanders des Großen oder die Eroberungen Dschingis Khans hin logisch zu generalisieren. Und dasselbe gilt zweifellos für die umfassenden Fragen in der Soziologie. Es ist möglich und nützlich, die »Apartheid-Politik« in Südafrika zu studieren ohne jeden Bezug, oder logisch nachvollziehbaren Bezug, zur Situation der Indianer in Peru oder der Neger in den USA. Das heißt: jeder Versuch, auf der Suche nach der Struktur einen organisierenden Gedanken zu entwickeln, der die Erforschung dieser drei Themenbereiche miteinander verknüpfte, ergäbe mehr Löcher und wäre zudem irreführend.

Selbst wenn man einmal einen Augenblick lang die Legitimität der Überzeugung, das Hauptgewicht im Unterricht habe auf der Vermittlung der Struktur der Disziplinen zu liegen, voraussetzt, stellt sich eine Frage ein, die ganz selbstverständlich an diejenigen herangetragen wird, die Social Studies in der High School unterrichtet haben. Wäre ein Unterrichten von Grundbegriffen und allgemeinen Prinzipien, selbst wenn erfinderische Lehrer die induktive »Entdeckungs«-Methode, die *Bruner* empfiehlt, anwenden, nicht doch für viele Schüler über weite Strecken des Schuljahres langweilig? Selbst unter der Voraussetzung, einige Schüler erleben, nachdem sie sich auf Forschung und auf die Methoden der Soziologen, Politologen und Historiker eingelassen haben, den »Schauder der Entdeckung«; darf man dann nicht doch behutsam annehmen, daß viele andere Schüler diese intellektuelle Übung langweilig und unnütz finden?

Während es außer Frage steht, daß *Bruners* entdeckende Verfahren bei der Erforschung von Strukturen wertvoll ist und in den Social Studies seinen Platz haben sollte, ebenso wie auch in einer lebendigen und anschaulichen Beschäftigung mit der Geschichte und den Sozialwissenschaften, so liegen doch zahlreiche und ernsthafte Gefahren darin, das gesamte Social Studies-Curriculum auf der Strukturtheorie aufzubauen. Vieles in der Geschichte und der Erforschung menschlicher Verhaltensweisen und Gruppenbeziehungen, das nicht in die Struktur eingebettet werden kann und auch nicht eingebettet werden sollte oder auf etwas anderes zu beziehen ist, ist dennoch eminent wichtig und sollte den Kindern vermittelt werden. Die Art und Weise, in der ein Historiker oder Ökonom an ihre Arbeit gehen, ist interessant und kann gelegentlich auch als Forschungsmethode für den Unterricht in den Social Studies nützlich sein, aber gleichermaßen interessant und ebenso wichtig ist der deduktive Ansatz eines wissenschaftlichen Lehrers, der seine Stunde so aufbaut, daß er seinen Schülern einander widersprechende Schlüsse, die Historiker über die Ursachen des Bürgerkrieges oder über die Effektivität der New Deal-Gesetzgebung gezogen haben, vorstellt und zur Diskussion und Analyse überläßt.

Newmann stellt *Bruner* und seinen Kollegen eine berechtigte Frage: »Warum sollten alle Laien intellektuelle Operationen erlernen, die von einer Natur sind, die einzig in akademischen Berufen so gern genutzt wird? Das heißt, warum sollten alle Kinder lernen, jene Art von Fragen zu stellen und zu beantworten, die Historiker, Politikwissenschaftler und Ökonomen interessieren?« [8] Störend und verwirrend ist aber auch, daß *Bruner* und die Strukturalisten der Social Studies anzunehmen scheinen, Geschichte und Sozialwissenschaften hätten jeweils ihre Struktur, während in Wirklichkeit das meiste sich nur mit Hilfe etlicher Begriffs- und Gedankensysteme untersuchen läßt.

Wissenschaftler, die es etwa übernehmen wollen, umfassende Social Studies-Curricula zu schreiben, die nur auf der Strukturtheorie beruhen, werden zweifellos feststellen, daß Historiker und Sozialwissenschaftler großzügig Ideen, Methoden, Begriffe, einschließlich der zugrunde liegenden Gedanken, voneinander borgen. Professor *Arno Bellack* vom Teachers College schreibt in seiner Kritik der Brunerschen Theorien: »Die Sozialwissenschaftler zeichnen sich gegenwärtig durch eine Vielzahl und Vielfalt der Methoden und Begriffssysteme aus ... Anstatt eine Einheit der Methode oder eine einzige umfassende Abhandlung präsentiert zu bekommen, sind wir konfrontiert mit einer riesigen Konföderation isolierter Forschungsgebiete. Denkansatz und Analyse unterscheiden sich von Bereich zu Bereich und sogar von Problem zu Problem innerhalb desselben Fachs. Irgendwann mag es einen Bacon der Wissenschaften, der sich mit sozialem und kulturellem Verhalten befaßt, schon geben, aber diese Zeit ist noch nicht gekommen.« [9]

Die ESI unter der Leitung von Professor *Bruner* hat bemerkenswerte Fortschritte in der Erarbeitung eines neuen Social Studies-Curriculum gemacht. Ein vorläufiger Bericht, den der *American Council of Learned Societies and Educational Services* 1963 veröffentlicht hat, enthält eine Grundsatzerklärung zum Verfahren bei der Vorbereitung eines solchen Projekts. Sie liest sich auszugsweise wie folgt: »Geschichte, Soziologie, Anthropologie, Ökonomie und politische Wissenschaft können aus Bequemlichkeitsgründen als akademische Disziplinen getrennt werden; alle befassen sich jedoch mit derselben Sache: dem Verhalten des Menschen in der Gesellschaft. Wir schlagen deshalb vor, sie gemeinsam und nicht getrennt zu unterrichten.«[10] Es wäre interessant zu wissen, wie die Mathematiker und Naturwissenschaftler auf eine ähnliche Äußerung reagieren würden: »Mathematik, Chemie, Physik und Biologie können der Beuqemlichkeit wegen als akademische Disziplin getrennt werden; aber sie befassen sich alle mit derselben Sache: dem Versuch des Menschen, seine natürliche Umgebung zu verstehen und zu kontrollieren. Wir schlagen deshalb vor, sie im Zusammenhang und nicht getrennt zu unterrichten.« Die Schmerzens- und Protestschreie wären zweifellos überwältigend. Und doch zögern die Strukturalisten in der Sozialforschung nicht, eine Amalgamierung von Geschichte und Sozialwissenschaften zu befürworten. Auch scheinen sie sich nicht um die Sicherung der Integrität dieser Disziplinen und das Zögern, wenn es nicht gar offene Opposition ist, der meisten Historiker und vieler Sozialwissenschaftler zu sorgen und zu kümmern, das sich gegen eine reduzierende synthetische Vereinheitlichung wendet.

Die ESI-Gruppe hat 24 umfassende Generalisierungen herausgearbeitet, die nacheinander zu unterrichten sind, indem interdisziplinäre Erkenntnisse und Techniken benutzt werden. Hier ein Beispiel für eine dieser Generalisierungen.

»Alle Gesellschaften haben unterschiedlich differenzierte spezifische Institutionen entwickelt, um anderen Institutionen (Recht) Konformität zu garantieren oder aber Institutionen zu verändern. Letztlich drohen alle mit der Anwendung von Gewalt, wenn sie nachdrücklich versichern, Konformität den Institutionen gegenüber zahle sich aus.« Es ist unmöglich, gegen eine solche Verallgemeinerung anzugehen; ob sie aber einen organisierenden Grundgedanken hergibt, der die Struktur einer einzelnen Disziplin oder die gemeinsame Struktur der Geschichte und der Sozialwissenschaften darstellt, ist eine andere Frage. Die meisten Wissenschaftler würden zweifellos ernste Bedenken anmelden.

Die Anhänger des strukturellen Ansatzes in den Social Studies sind offenkundig nicht so vorsichtig wie die Wissenschaftler in Cambridge. Das neue Social Studies-Curriculum, das vom *Wisconsin State Department of Public Instruction* im Jahre 1965 veröffentlicht wurde und an dem 26 Lehrer aus Wisconsin drei Jahre lang gearbeitet haben, legt jeweils sechs Leitgedanken für Geschichte, Politikwissenschaft, Ökonomie, Geographie und Soziologie fest. Diese Leitgedanken, so erklären und postulieren die Autoren, gälten für alle Menschen. Eine der wichtigsten kategorialen Aussagen zur Geschichte liest sich so: »Menschliche Erfahrung ist kontinuierlich und zusammenhängend. Kontinuität stellt ein Faktum des Lebens dar: es gibt nichts Neues unter der

Sonne... Alle Menschen, Ereignisse und Institutionen sind Produkt von etwas Vorangegangenem... Der Mensch ist Produkt der Vergangenheit und von ihr eingeschränkt.« [11]
Einige weitere Kategorien der Geschichte, die nach dem Wisconsin-Plan als »Mittel der Organisierung von Gegenständen in ein sinnvolles System« dienen sollen, sind:
»Jede Reformbestrebung begann als private Meinung eines Individuums. Es ist schwierig, Dichtung und Wahrheit auseinanderzuhalten.
Jeder Autor hat seine Verzerrungen.
Alle, die sich an die Vergangenheit nicht erinnern können, müssen sie einfach wiederholen.
Häufig lassen sich Fakten in mehr als einer Weise interpretieren. Nationen, die große Macht haben, nutzen sie nicht immer weise.«
Eine Kategorie zur Politik stellt fest: »Regierungen werden von Menschen gemacht. In manchen Situationen delegieren die Menschen Macht; in anderen wird sie ihnen aufgezwungen«.
Man könnte, ich hoffe, nicht allzu respektlos, sagen: »Höchst elementar, Dr. Watson«; denn einige dieser Verallgemeinerungen liegen auf der Hand und sind banal. Etliche der genannten generalisierenden Aussagen zur Geschichte würden wenig Unterstützung bei Berufshistorikern finden. Eines steht fest: selbst bei äußerster Anstrengung der Phantasie kann man in diesen Behauptungen nicht die Grundbegriffe der Geschichte vermuten, die ihre Struktur abgeben. Wichtiger ist die Frage, wie interessiert Schüler der High School an so klangvollen Generalisierungen sind, und ob es klug ist, ein ganzes Social Studies-Curriculum auf ihnen aufzubauen.
Im ESI-Bericht aus dem Sommer 1965 gibt *Bruner* eine ziemlich detaillierte Beschreibung des neuen Unterrichts in den Social Studies, der experimentell in den Klassen 4, 5 und 6 durchzuführen wäre und einfach »Der Mensch« heißt. »Inhalt des Unterrichts«, so schreibt *Bruner,* »ist der Mensch: seine Qualität als Gattung, die Kräfte, welche seine Humanität formten oder immer noch formen. Drei Fragen werden immer und überall gestellt: Was am Menschen ist das Menschliche? Wie wurden die Menschen zu dem, was sie sind? Und wie kann man sie noch mehr dazu machen?« [12]
Der Kurs soll einen Abschnitt über Sprache einschließen, in dem der Gegensatz zwischen Menschen und Tieren in der Art, wie sie ihre Botschaften aussenden und aufnehmen, gezeigt wird, in dem klar wird, wie Sprache von jungen Menschen und anderen Primaten erlernt wird, und in dem die Ursprünge der menschlichen Sprache und ihre Rolle bei der Herausbildung menschlicher Charakteristika gelernt werden. Die-

ser Abschnitt kann nach *Bruner* ein Jahr in Anspruch nehmen. Der zweite Abschnitt des Kurses befaßt sich mit »Werkzeugen«. Den Kindern soll eine Vorstellung von dem Zusammenhang zwischen Werkzeug und Lebensweise vermittelt werden. »Oberstes Ziel, wenn wir über Werkzeug reden, ist«, ... so schreibt *Bruner,* »nicht so sehr, die Werkzeuge und ihre Bedeutung zu erklären, sondern zu erforschen, wie Werkzeuge die Entwicklung des Menschen beeinflußt haben.« [13]
Die Erforschung der technologischen und der entsprechenden gesellschaftlichen Veränderungen will eines der wesentlichen Ziele des Programms erreichen; nämlich »den Gedanken an den Mann bringen, daß eine Technologie ihr Gegenstück in der sozialen Organisation haben muß, ehe sie in einer Gesellschaft effektiv angewandt werden kann« [14].
Die Crux der Sache liegt in dem Wort »effektiv«. Diese Kategorie als zu vermittelnde Einsicht gibt eines der wesentlichen Ziele der Social Studies wieder, wie sie von der ESI-Gruppe definiert werden. Sie ist in der Tat merkwürdig und widersprüchlich. Wenn man die Hauptrichtung im Denken unserer Atomwissenschaftler versteht, wie sie in den letzten Jahren in den Artikeln des *Bulletin of Atomic Scientists* zum Ausdruck kommt, dann vertreten sie die Überzeugung, daß wir es versäumt haben, »in der sozialen Organisation ein Gegengewicht aufzubauen«, das mit der Atomtechnik Schritt hielte. Indessen hat unsere Gesellschaft atomare Kraft »wirksam« genutzt, Japan zu besiegen, Atom-Unterseeboote zu konstruieren, atomgetriebene Schiffe und Kraftwerke in Betrieb zu nehmen und eine Art von Gleichgewicht in der Welt zu schaffen, das auf Schrecken und Angst vor der Atombombe beruht.
Der dritte Abschnitt in *Bruners* neuem Social Studies-Curriculum beschäftigt sich mit sozialen Organisationen. Es geht darum, den Kindern zu erklären, »daß die Gesellschaft eine Struktur aufweist und daß diese Struktur nicht ein für alle Mal fixiert ist«. Es dürfte sicher sein, daß selbst unsere Durchschnittsschüler kaum Schwierigkeiten haben, dieses Prinzip zu begreifen, das ihnen ganz sicherlich bestens bekannt ist aus ihren eigenen Gruppen, Clubs und Schulorganisationen.
Die vierte Einheit ist der Kindererziehung gewidmet. Die Untersuchung befaßt sich mit dem Phänomen des Gefühls im menschlichen Leben, das sich während der langen Periode der Kindheit des Menschen entwickelt und die zukünftige Charakterbildung beeinflußt.
Der vierte und letzte Abschnitt dieses Projekts zielt darauf ab, eine Weltsicht zu entwickeln, und befaßt sich mit »dem Bestreben des Menschen, seine Welt zu erklären und darzustellen«. »Kern der Einheit ist

der Gedanke, daß alle Menschen, wo immer sie leben, dem Menschengeschlecht angehören, ganz unabhängig davon, wie fortgeschritten oder ›primitiv‹ ihre jeweilige Zivilisation auch sei.« Es scheint sich hier um eine vor allem anthropologische Einheit zu handeln, in der es um den Nachweis geht, daß alle Kulturen inhärente Werte haben, und daß es keine »höheren« und »niedrigeren« Kulturen gibt. Es ist ihr Ziel, einen ethnozentrischen Ansatz zu bekämpfen.

In seiner Erklärung, warum diese Einheit bereits in der Grundschule zu lehren sei, nimmt *Bruner* eine idealistische Weltinterpretation vor, die auf der Vorstellung von der Herrschaft der Vernunft und der eines kontinuierlichen Fortschritts beruht, wovon nur wenige Historiker überzeugt sind. »Wir möchten«, so schreibt er, »den Kindern zu der Einsicht verhelfen, daß der Mensch konstant bestrebt ist, Vernunft (sic!) in seine Welt zu bringen, daß er dies mit Hilfe einer Vielfalt sinnbildlicher Mittel unternimmt, und daß er dies mit einer frappierenden und höchst rationalen Humanität tut.« [15] Unsere Schüler werden dieser Auffassung nur folgen können, wenn wir eine totale Nachrichten- und Fernsehsperre über sie verhängen, ja, sie ihnen aufzwingen, und wenn wir ebenso häufig ihre Augen und Ohren zubinden vor dem, was ihre Eltern, Freunde und gelegentlichen Bekannten sagen. Sonst könnten sie unglücklicherweise darauf verfallen zu glauben, den Menschen gelinge es nicht eben häufig, »Vernunft in seine Welt« zu bringen.

Was die Methoden angeht, die dieses neue Curriculum enthält, so möchte *Bruner* drei Techniken angewandt wissen, die ganz dem ESI vorbehalten scheinen, denn sie weisen keinerlei Ähnlichkeit mit den üblichen Forschungsmethoden in der Geschichtswissenschaft oder in den Sozialwissenschaften auf. Die erste Technik besteht in der Anwendung des Kontrasts, die zweite in der Anwendung besonders vorbereiteter Spiele, »welche die formalen Eigenschaften der Phänomene verkörpern, deren Analogie das Spiel ist«. Die dritte ist »der alte Ansatz, Betroffenheit im Hinblick auf Behauptungen zu stimulieren – über die bloße Ermahnung, zu denken, hinausgehend« [16].

Über diese neue Methodologie in den Social Studies läßt sich wenig sagen, weil bisher kaum detailliert darüber berichtet wurde. *Bruner* sieht »eine absolut dringende Notwendigkeit«, die Schüler den Gebrauch theoretischer Modelle zu lehren, die durchaus »ziemlich anspruchsvoll« sein können. Mit einer Beurteilung muß man bis zur Veröffentlichung der Modelle warten, und Berichte über ihre Anwendung werden zu analysieren sein [17]. Es ist jedoch genug veröffentlicht worden, aus dem man schließen kann, daß die Lehrer, ist das Curriculum

(Materialien, Filme, Spiele und Modelle, die alle unter Leitung von Wissenschaftlern entwickelt wurden) erst den Schulen übergeben, kaum noch Gelegenheit haben, ihrer Initiative und Phantasie nachzugeben. Die traditionelle Autonomie und Flexibilität der besser geschulten und effektiven Lehrer kann ernsthaft beschnitten werden. Wenn Erfahrungen irgendwie richtungweisend ist, dann werden vielversprechende junge Leute es ablehnen, sich für einen Social Studies-Unterricht zur Verfügung zu stellen, in dem sie nur als Assistenten für diejenigen Wissenschaftler herzuhalten haben, die den Lehrplan machen und auswerten. Andere Lehrer werden ohne Zweifel dem neuen Curriculum-Paket passiven oder aktiven Widerstand entgegensetzen.

Bruner und seine Mitarbeiter betonen ständig, wie wichtig es sei, daß die Schüler Mathematik und Physik »betreiben«, statt darüber zu lernen. Der Schüler solle jene Dinge, die Mathematiker und Physiker tun, an der Tafel oder im Labor »ausführen«. Das klingt vernünftig und aufregend. Aber wie läßt sich dies im Fach Geschichte verwirklichen? *Christopher Jencks* bemerkte in seiner Kritik an *Bruners* Buch, *»Toward a Theory of Instruction«*, scharfsinnig: »Die Analogie zwischen Physik und Geschichte ist im Grunde irreführend. Die Menschen, die Geschichte wirklich machen, sind schließlich keine Historiker. Sie sind Politiker, Generäle, Diplomaten und Philosophen. Diese Leute zu verstehen, ist wichtig für die Schüler; viel wichtiger, als die Historiker zu verstehen, die über jene urteilen.« [18]

Alle neuen Curriculum-Ansätze in den Social Studies sind von Grund auf durch die postulierten Ziele bestimmt. Die Ziele, welche die Lehrplan-Autoren setzen, bestimmen den Inhalt der einzelnen Kurse, die vorgeschlagen werden.

So hofft *Jerome S. Bruner* fünf Ideale zu realisieren, nämlich

1. unseren Schülern Respekt vor der Kraft ihres eigenen Intellekts und Vertrauen zu ihm zu vermitteln;
2. ihnen außerdem Respekt vor der Kraft des Denkens zu vermitteln im Hinblick auf die Lebensbedingungen des Menschen, seine Ehre und sein soziales Leben;
3. sie mit einer Reihe brauchbarer Modelle auszustatten, welche sie die Natur ihrer Umwelt und die Verhältnisse, in denen sie sich befinden, leichter analysieren lassen;
4. ihnen ein Gefühl des Respekts mitzugeben für Fähigkeiten und Mängel des Menschen als Gattung, für seine Ursprünge, für sein Potential und für seine Humanität;

5. den Schüler mit dem Gefühl zu entlassen, daß die Evolution des Menschen keineswegs abgeschlossen ist [18].

Diese Ziele verdienen eine Erörterung. Sie sind in der Tat weitgesteckt, ambitiös und, offen gesagt, nicht so recht klar. Wie »gibt« oder »vermittelt« man Respekt oder »ein Gefühl des Respekts«, und wie sollte ein Lehrer es anstellen zu prüfen, ob ihm dies gelungen ist?
Wenn wir den Lehrern die Aufgabe stellen, die Kraft der menschlichen Vernunft zu betonen (eine interessante Rückkehr zur Verherrlichung der Kräfte der Vernunft des Menschen, wie sie die Philosophen der Renaissance und der Aufklärung betrieben haben), reduzieren wir dann nicht jene Erfahrungen und Kenntnisse oder lassen sie gar völlig außer acht, die dem Gebrauch der »Kraft des Denkens« im Hinblick auf die menschlichen Lebensbedingungen strenge Grenzen setzen? Wird von Lehrern erwartet, daß sie den Stand der »menschlichen Lebensbedingungen« heute und »die Konflikte und das soziale Dasein« kennen? Ist dies nicht etwas hoch gegriffen? Ist dies nicht zuviel verlangt von High School-Lehrern? Hätte nicht ein Weltkonklave der Wissenschaftler für lange Zeit alle Mühe, den derzeitigen Zustand des Menschen und seine sehr komplizierte Zwangslage zu benennen? Warum sollte es nicht auch Ziel der Social Studies sein (wenn solche grundlegenden Charakterveränderungen wirklich herbeizuführen sind), zu versuchen, ein Gefühl von Mißachtung für die Unmenschlichkeit und die dauernde Weigerung des Menschen zu vermitteln, sein Potential zu realisieren? Ein realistisches und einsichtsvolles Studium der Geschichte würde dem Schüler viel eher ein ausgewogenes Bild von den Tugenden und Lastern des Menschen vermitteln.
Die Brunerschen Ziele und besonders sein letztes, das den Schüler einem Gefühl für die unvollendete Aufgabe der menschlichen Evolution vermitteln will, haben einen gewissen anthropologischen Anflug. Und in der Tat ist das gesamte vorgeschlagene Curriculum seinem ganzen Wesen nach anthropologisch. Der ESI-Ansatz sollte ein interdisziplinärer sein, nach dem alle Sozialwissenschaften gemeinsam gelehrt würden; de facto jedoch ist in *Bruners* Lehrplan wenig politische Wissenschaft zu finden. Und Geschichte und Geographie sind fast völlig unterschlagen. Es ist eigenartig, daß die Akkumulation eines Wissenssystems, ja, der Erwerb von verwandter und bedeutsamer Information unter den Zielen gar nicht erwähnt ist. Das entspricht allerdings dem neueren Trend, die Bedeutung der Übermittlung von akkumuliertem Wissen zu verunglimpfen. Das Gewicht wird auf Fähigkeiten, auf Begriffe und, in Brunerschen Termini, auf »anwendbare Modelle«

gelegt. All dies basiert auf der unbewiesenen und vielleicht unbeweisbaren Behauptung, es sei nicht wirklich wichtig, viel zu wissen etwa über den Bürgerkrieg, über die amerikanische oder über die bolschewistische Revolution. *Bruner* und seine Kollegen scheinen sagen zu wollen, was ein zukünftiger intelligenter Mensch wissen müsse, seien die Grundbegriffe und Generalisierungen, die für alle Revolutionen gelten, oder ein anwendbares Modell *einer* Revolution. Er müsse die Fähigkeit zur kritischen Untersuchung besitzen und werde, wenn die Notwendigkeit sich ergebe, die Generalisierungen, die Modelle und seine Fähigkeiten zur Analyse auf jede Revolution, die er erforschen wolle, einfach anwenden.

Crane Brinstons sorgfältige Untersuchung, *The Anatomy of Revolution*, hat sich nicht in Generalisierungen über die verschiedenen Revolutionen ergangen und hat klar nachgewiesen, daß die Unterschiede so groß und die Variablen so vielfältig sind, in der amerikanischen und in der französischen Revolution, im englischen Bürgerkrieg und in der russischen Revolution, daß jedes dieser Ereignisse für sich untersucht werden sollte und eine solche Untersuchung auch verdient. Selbst wenn es möglich wäre, um in Brunerschen Worten zu reden, »anwendbare Modelle« zu konstruieren, »um die Natur der sozialen Welt einfacher analysieren zu können«, und sie in der Arbeit über Revolutionen anzuwenden, wären unsere Schüler der Chance beraubt, durch dramatischen und wirkungsvollen Unterricht so faszinierende Persönlichkeiten wie *T. R. Roosevelt, Cromwell, Lilburne, Marie Antoinette, Dante, Lenin* und *Trotzki* kennenzulernen und mit ihnen zu leben.

Fragen im Hinblick darauf, welches Wissensgebäude man sich anzueignen habe (sorgfältig ausgewählt und logisch verknüpft), sind recht einfach. Ist es für High School-Absolventen oder Universitätsanfänger wichtig oder unwichtig, etwas über die Populist Rebellion, den Krieg von 1812, über *Daniel Webster* und *Marcy Tweed*, über den Clay-Kompromiß, den Teapot-Dome-Skandal und über die Rekonstruktionsperiode zu wissen? Ist es wichtig für den High School-Absolventen oder nicht, über *Perikles* oder die Eroberungen *Alexanders,* über *Caesar* und die Kriege von Karthago, über *Konstantin, Dschingis Khan,* die Reformen von Akbar und die Lehre des *Konfuzius,* über *Voltaire, Napoleon* und Waterloo Bescheid zu wissen? Die Behauptung, die hier aufgestellt wird: Solches – und ähnliches – Wissen, analytisch und interpretativ vermittelt, ist wichtig und lohnt sich für jeden mittelmäßig gebildeten Menschen. Mich schaudert bei dem Gedanken, ein Erstsemester müßte ein Theater auf dem Broadway besuchen, um zum ersten Mal von den Frauen Trojas, der komplizierten Natur *Marats* oder dem tragischen Zusammenbruch *Charles Dilkes* zu hören. Historisches Wissen kann natürlich durchaus teilweise mit Hilfe von *Fentons* induktiver Methode [20] erlangt werden, durch den Ansatz von *Oliver* und *Shaver* [21], den traditionellen chronologischen Ansatz, durch Fallstudien oder vorzugsweise auch durch die Kombination all dieser Ansätze.

Einige der neuen Curricula, die auf *Bruners* Konzeption beruhen, haben die Stundenzahl, die der Geschichte der Vereinigten Staaten gewidmet ist, drastisch reduziert und damit den Zorn der Rechten auf sich gezogen. Diese Kritik ist verhängnisvoll und hat im normalen Prozeß einer Curriculum-Revision nichts zu suchen.

Indessen glauben und hoffen wir, es sei legitim, dafür einzutreten, daß amerikanische Geschichte auch weiterhin einen bedeutenden Platz in der Ausbildung junger Amerikaner einnehme. Chauvinismus gehört nicht in die Schule, weil er destruktiv ist und gewöhnlich zu ungezügeltem Zynismus führt. Aber es ist durchaus angemessen zu argumentieren, daß die Vermittlung eines Verständnisses und einer Würdigung der Ideen, die diese Nation haben entstehen lassen, das Schicksal der Männer zu lernen, die mitgewirkt haben, ebenso wie der Versuch, den Schülern den dauernden Kampf um Verbesserung und Fortschritt demokratischer Prozesse bewußt zu machen, die eigentlichen Aufgaben der Lehrer und Schulen sind. Nachdrücklich muß betont werden, daß über die USA mit offenem Visier zu unterrichten ist, daß alle Auswüchse zu benennen sind, und daß die Lehrer qua Amt und Aufgabe nicht über die Schwächen und Mängel unserer Regierung und unserer Gesellschaft hinweghuschen dürfen. Ergebnis eines solchen Unterrichts in amerikanischer Geschichte, der auf Integrität, Wissenschaftlichkeit und Vorstellungskraft beruht, wird ein Gefühl des Stolzes auf den einzigartigen Geist der amerikanischen Regierung und der amerikanischen Politiker sein. *Dean I. James Quillen* von der Stanford University formuliert das so: »Durch die Geschichte lernt der Schüler die Ideale und Traditionen seiner Nation kennen, deren Regierungsform und die Verantwortlichkeiten der Bürger. In einem gewissen Sinne ist die Geschichte die Tür, durch die der einzelne das Gebäude der Kultur seiner Nation betreten kann. Ohne Kenntnis der Geschichte hat Patriotismus keine Wurzeln und Loyalität keine Bande an die Vergangenheit.« [22]

Professor *Bruner* hat neulich seine Position, was Geschichte in den Social Studies-Curricula der Grund- und High Schools angeht, kristallklar gemacht. Wir sollten ihm für seine Offenheit dankbar sein, und wenn er und seine Anhänger Erfolg haben sollten, den Geschichtsunterricht zu kastrieren oder aus dem Lehrplan hinauszukatapultieren, dann kann niemand sagen, dies sei überraschend und ohne angemessene Warnung geschehen.

In einem Artikel in der *Saturday Review*, den die Herausgeber als Ausblick auf sein neuestes Buch, *Toward a Theory of Instruction (1966)*, bezeichnen, berichtet *Bruner*, seine Arbeit am neuen Curriculum habe ihm den Schluß nahegelegt, daß »wir fortschreiten müssen zu einem Unterricht in den Verhaltenswissenschaften, d. h. weg vom Studium der Geschichte« [23]. Tiefster Grund für die Notwendigkeit, sich von der Geschichte ab- und den Verhaltenswissenschaften zuzuwenden, ist, daß die Geschichte in die Vergangenheit, in die neuere Vergangenheit blicke, während die Verhaltenswissenschaften den jungen Menschen darauf vorbereiteten, die sich wandelnden Verhältnisse des Menschen zu begreifen und sich ihnen anzupassen. »Verbürgte Geschichte«, so schreibt *Bruner*, »ist erst 5000 Jahre alt, wie wir wissen. Das meiste, was wir lehren, liegt innerhalb der letzten paar Jahrhunderte, denn die Berichte über alles, was davor war, sind spärlichst, während über das, was später war, relativ viel bekannt ist.« [24] Jedoch, so fährt *Bruner* fort, die modernen Methoden, Informationen aufzufinden und zu speichern, werden es ermöglichen, riesige Informationsmassen zu sammeln und folglich »werden wir in 1000 Jahren damit überschwemmt sein«. Dieses Gespenstes wegen sollten wir, wenn ich *Bruner* recht verstehe, sofort mit der Geschichtsforschung aufhören, weil, so erzählt er uns, in jener Zukunft kaum ein Sinn darin liegen werde, »mit so viel liebevoller Sorgfalt über den Details eines Brumaire oder des Long Parliament oder der Louisiana-Purchase zu sitzen«.

Ganz offensichtlich hat Professor *Bruner* niemals wirklich den dramatischen Bericht über das »Long Parliament« genossen, der von entscheidendem Einfluß auf die britischen politischen Institutionen und die britische Demokratie war, oder auch jene Arbeiten über die brillante und dramatische Ausübung und Anwendung der präsidialen Macht durch *Thomas Jefferson*, dessen Entscheidung es den Vereinigten Staaten in großem Maßstab ermöglichte, die große Macht zu werden, die sie heute sind. *Bruner* steht verächtlich der Geschichtsschreibung gegenüber, die nur die letzen 5000 Jahre umfaßt. Viel interessierter scheint er, und sein anthropologisch orientiertes Curriculum beweist dies nachdrücklich, an einem Unterricht zu sein, der von der 500 Millionen Jahre alten Geschichte der Entwicklung der Säuger und Menschen handelt. Ohne in irgendeiner Weise die Bedeutung der Erforschung der menschlichen Gattung schmälern zu wollen, kann und sollte man vielleicht argumentieren, daß Erforschung und Verständnis jener »nur« 5000 Jahre von entscheidender Bedeutung für unsere jungen Generationen sind, wenn diese ein sinnvolles und nützliches Leben leben sollen und wenn man von ihnen erwarten will, daß sie genug Anstrengungen machen, um die Vernichtung der menschlichen Rasse durch einen Atomkrieg zu verhindern.

Bruno Bettelheim schrieb, Erzieher sollten sich die Frage stellen, was für Menschen wir aus unseren Kindern machen wollen, damit sie eine neue Welt errichten können, die sich von der, in welcher wir leben, unterscheidet, »eine Welt, in der sie entsprechend ihren vollen Möglichkeiten leben können«. In seiner Antwort auf die Frage, wie dieses zu erreichen sei, schrieb *Bettelheim* kürzlich: »Unsere Schulen sollten vor allem die Natur des Menschen durchsichtig machen, über seine Konflikte unterrichten, seine inneren Nöte und seine Schwierigkeiten im Zusammenleben mit anderen vermitteln. Sie sollten Macht und Kraft der sozialen und der asozialen Tendenzen des Menschen lehren, und wie die eine über die andere die Oberhand gewinnen kann, ohne daß seine Unabhängigkeit und Identität zerstört werden.« [25]

Der Geschichtsunterricht ist hervorragend geeignet, einen beachtlichen Beitrag zur Erreichung dieser Erziehungsziele zu leisten. Es ist seine Aufgabe, sich mit Bemühungen, Leiden und inneren Wirrnissen des Menschen, mit dem Guten und dem Schlechten in ihm zu befassen. Gute Geschichtslehrer lassen ihre Schüler einen Blick in die gequälte Seele von *Iwan dem Schrecklichen* und auf die sozialen und asozialen Eigenarten und Vorlieben der *Leveller* werfen.

Damit junge Leute, so argumentiert *Bruner,* sich an wandelnde Verhältnisse anpassen können, müssen sie »das Mögliche und nicht das Erreichte studieren... Die Verhaltenswissenschaften und ihre Generalisierungen im Hinblick auf die Vielfalt menschlicher Verfassung müssen in unserer Darstellung des Menschen im Zentrum stehen, nicht die Besonderheiten seiner Geschichte« [26]. Damit hat *Bruner* sich entschieden. Ganz unzweideutig und ohne jeden Versuch, seinen Kernpunkt zu verschleiern, will er die Social Studies-Curricula für Primar- und Sekundarschulen auf die Begriffe, Lehrsätze und Methoden der Verhaltenswissenschaften zentriert sehen. Er ist willens und bereit, den Geschichtsunterricht mit seiner Betonung des Einzigartigen, des Einzelnen und des Besonderen aufzugeben. Hier ist nicht der Ort, den Sinn des Geschichtsunterrichts zu erörtern. *A. L. Rowse* und *Allan Nevins* haben das gründlich besorgt. Es mag genügen festzustellen, daß Grund- und Oberschüler, sollten *Bruners* Vorstellungen über Natur, Inhalt und Ziele der Social Studies vorherrschend werden, kaum die historische Perspektive gewännen, die sie brauchen, um die heutige Welt und ihre Probleme zu verstehen.

Generalisierende Sätze und Begriffe nützen der Wissenschaftlern als ordnende Kategorien. Die Welt jedoch, wie sie dem Geist der jungen Menschen sich aufdrängt, ist gerade die historische Welt des Spezifischen, des Einmaligen und des Einzelnen. Schüler möchten etwas wissen über Rassenprobleme und über Verkehrsregeln in den Städten, sie möchten etwas über die Persönlichkeit des Mannes im Weißen Haus hören und über das Besondere des Vietnamkriegs, weil sie persönlich und ganz besonders an diesen Problemen interessiert sind. Die Lehrer sollten die Warnung hören, daß durch die vordringliche Beschäftigung mit den Strukturen und den Methoden des »wissenschaftlichen Verhaltens, der wissenschaftlichen Imagination und der symbolischen Operationen«, wie *Bruner* sie fordert, die Social Studies recht langweilig und unergiebig werden können.

Der Verzicht auf Geschichte in den Social Studies wäre ein pädagogisches und nationales Unglück.

Anmerkungen

1 *Mark M. Krug*, Bruners New Social Studies: A Critique, in: Social Education 30 (1966), S. 400–406.
2 Massachusetts Institute of Technology, Cambridge/Mass. (Hrsg.).
3 Vgl. *Peter B. Dow*, MAN A Course of Study. Ein sozialwissenschaftlicher Lehrgang für die Grundstufe, in: Politische Bildung 4 (1971) 3, S. 73–81; auch unten S. 229. (Hrsg.).
4 *Jerome S. Bruner*, On Knowing. Cambridge, Mass.: Harvard University Press 1962, S. 120.
5 *Jerome S. Bruner*, The Process of Education. Cambridge, Mass.: Harvard University Press 1962, S. 33.
6 *Bruner*, On Knowing, S. 120.
7 *Fred M. Newmann*, The Analysis of Public Controversy – New Focus on Social Studies, in: School Review (1965), S. 413.
8 Ibid., S. 414.
9 *Arno Bellack*, Structure in the Social Sciences and Implications for the Social Studies Program, in: Odegard et al., The Social Studies Curriculum Proposals for the Future, Chicago: Scott, Foresman 1963, S. 102.
10 ESI, A Preliminary and Tentative Outline of a Program of Curriculum Development in the Social Studies and Humanities. American Council of Learned Societies and Educational Services (Februar 1963.
11 A Conceptual Framework for the Social Studies in Wisconsin Schools, in: Social Studies Bulletin, hrsg. von *Angus B. Rothwell*, State Department of Public Instruction Madison/Wis. (Dezember) 1964.

12 *Jerome S. Bruner,* Man: A Course of Study, in: ESI, Quarterly Report Watertown, Mass.: Educational Services, Sommer 1965), S. 85. – Ebenso in *Bruner,* Toward a Theory of Instruction. Cambridge, Mass.: Harvard University Press 1966, S. 74; vgl. auch Anm. 3 (Hrsg.).
13 *Bruner,* Man: A Course of Study, in: ESI, Quarterly Report, S. 88.
14 Ibid., S. 89.
15 Ibid., S. 92.
16 Ibid., S. 92.
17 Vgl. Anm. 3 (Hrsg.).
18 Book Week, 20. Februar 1966, S. 5.
19 *Bruner,* Man: A Course of Study, in: ESI, Quarterly Report, S. 93.
20 Vgl. unten S. 227 ff. (Hrsg.).
21 Vgl. unten S. 226 und S. 155 ff. (Hrsg.).
22 *I. James Quillen,* American History in the Upper Grades and Junior High Schools, in: William H. Cartwright und Richard L. Watson (Hrsg.), Interpreting and Teaching American History, National Council for the Social Studies, 31. Jahrbuch, Washington D.C. 1961, S. 347.
23 *Jerome S. Bruner,* Education as Social Invention, in: Saturday Review, 19. Februar 1966, S. 103.
24 Ibid., S. 103.
25 *Bruno Bettelheim,* Notes on the Future of Education, in: The University of Chicago Magazine, Februar 1966, S. 14.
26 *Bruner,* Education as Social Invention, S. 103.

Edgar Bruce Wesley

Laßt uns den Geschichtsunterricht abschaffen[1]

Geschichte als Sammelwerk

Der *Weltalmanach* ist ein wundervolles Sammelwerk. Er enthält Daten verschiedenster Art, zahllose Fakten, Namen, Zahlen, Tabellen, Listen und Kuriositäten. Was immer man gerade wissen möchte, man wendet sich hoffnungsvoll an dieses anregende Buch und wird selten enttäuscht. Jeder Lehrer sollte es benutzen, zitieren und seine Schüler veranlassen, sein Potential zu entdecken. Ein Kurs über den Weltalmanach wäre zweifellos interessant und einmalig, tut aber kaum not. Das Buch hat keine Struktur, enthält keine Generalisierungen, Differenzierungen oder Schlüsse, die den menschlichen Geist zum Denken anregten.
Ein *Wörterbuch* ist ein wundervolles Sammelwerk. Es bringt Wörter, Synonyme, Redewendungen, Beispiele, Begriffe, schrankenlose Information und endlose Unterhaltung. So wertvoll und nützlich das Wörterbuch ist, so bedarf es doch keinerlei formellen Unterrichts darüber. Durch Demonstration, Erklärung und Anleitung kann der Lehrer dem Schüler die wesentlichen Qualitäten des Wörterbuchs vermitteln. Es ist ein Fundus, aus dem man etwas entnimmt, viel eher als eine Struktur oder ein System, welche man erforschen müßte.
Eine *Enzyklopädie* ist ein wundervolles Sammelwerk. Es enthält ein unerschöpfliches Repertoire zuverlässiger und geprüfter Angaben, ein bodenloses Reservoir an Informationen und außerdem verblüffende Resümees über menschliches Wissen. Die Enzyklopädie ist ein zuverlässiger und anregender Leitfaden für weiterführende Fragen. Jeder Lehrer sollte sie empfehlen und seine Schüler zum Gebrauch dieses Kompendiums ermuntern; um aber seinen Inhalt zu benutzen oder zu würdigen, bedarf es keines formellen Kurses. Unterricht in Enzyklopädie wäre absurd.
Geschichte ist ein wundervolles Sammelwerk. Sie fließt über von nützlichen Fakten, von Information, Wissen und Weisheit; sie ist das Ge-

dächtnis der Gesellschaft, der Angelpunkt des Fortschritts, Leitfaden des Souveräns, etwa des Staates. Es ist nahezu unmöglich, ihre gesellschaftliche Nützlichkeit, die Beratungsfunktion, die sie hat, ihren dramatischen Appell, ihren Wert als Mittel der Unterhaltung und ihre Leistung bei der Heranbildung von Bürgern und Soldaten zu überschätzen. Jeder Lehrer und jeder Schüler sollte diesen Fundus menschlicher Leistung, diesen kolossalen Speicher, dieses kommunikable Erbe sehen, nutzen und würdigen. Und doch sollte kein Lehrer, gleich auf welcher Stufe, im Geschichtsunterricht nicht nur Inhalte vermitteln. Solcher Unterricht ist ebenso verwirrend, unnötig, frustrierend, vergeblich und sinnlos und ebenso unlogisch, wie wenn man einen Kurs über den Weltalmanach, das Wörterbuch oder die Enzyklopädie abhielte. Der Inhalt von Geschichte muß benutzt, angewandt und ausgewertet werden – nicht studiert, gelernt oder memoriert.

Die Komplexität der Geschichte

Geschichte ist komplex und vielschichtig, ihre Skala reicht von der Einfachheit einer Erzählung, die sich an Kinder wendet, bis zur profunden Analyse des parlamentarischen Systems. Geschichte ist vergangene Politik, vergangene Ökonomie, vergangene Soziologie, vergangene Geographie, vergangene Anthropologie und vergangene Tagesereignisse. Als Vergangenheit von allem und jedem hat sie kein eigenes Vokabular. Die Worte, die sie gebraucht, sind übernommen aus anderen Bereichen und Sparten. Konglomerat und nicht Entität, hat und kann Geschichte auch keine Standards haben, die sich beschreiben oder festlegen lassen. Das vielpropagierte Fortgeschrittenenprogramm in Geschichte beweist, daß jeder einigermaßen normale Schüler jede Art von Geschichte auf jeder Stufe in der Schule oder auf dem College lernen kann. Schwierigkeiten oder Standards gibt es dabei nicht. Bloß Hintergrund anderer Studien, Bereiche und Gebiete, kann Geschichte keine eigene Struktur, keine eigene Organisation haben außer einer lockeren und leicht aufzulösenden Chronologie. Geschichte ist ein Echo, dem man nicht ergeben lauschen darf; es ist eine vielfältige Sammlung von unterschiedlichem Wert; sie ist ein grenzen- und schrankenloses Chaos. Man kann sie anwenden und verwerten, aber nicht als *Inhalt,* der zu lernen ist, erfolgreich lehren oder studieren.
Kontinuität, eines der Schobboleths des Historikers, hat nur mythische Existenz. Kontinuität ist behauptete Entität, nicht Realität. Sie erwuchs aus der vermeintlichen Notwendigkeit, das Geschriebene zu er-

härten, und war nicht aus den Quellen abgeleitet. Geschichte liefert wichtige Kausalketten, aber keine ungebrochene Kontinuität. Leben und Geschichte gleichen einander darin, daß sie aus schwindelerregenden Sprüngen nach vorne und plötzlichen Abweichungen nach der Seite bestehen. Aus der Geschichte der römischen Republik fehlt uns ein ganzes Jahrhundert, und die vier Jahrhunderte des frühen Mittelalters bleiben relativ dunkel. Schülern bedeutet der Verlust eines Jahrzehnts hier und dort oder auch eines ganzen Jahrhunderts nichts. Selten hat eine Autobiographie Kontinuität, und zudem ist solch fortlaufende Berichterstattung weder nötig noch erstrebenswert. Und doch herrscht im gesellschaftlichen Leben genug Kontinuität, um den Historiker zu legitimieren in seiner Weigerung, zwischen alter und mittlerer, zwischen mittlerer und neuerer Geschichte, zwischen anderen Ären, Perioden, Epochen und Zeiten scharf zu trennen.

Nachdem jahrhundertelang moralisiert wurde, ist man sich unter den Historikern heute einig, daß Geschichte keine Lektionen erteile für Prinzen und Bürger, daß sie keine Gesetze, Generalisierungen, Interpretationen oder Schlußfolgerungen enthalte, wie *Plutarch* und spätere Moralisten sie proklamiert haben. Geschichte hat wenig Wert als Leitfaden für Regierungen oder Bürger und keinerlei Wert als Prophet der Zukunft. Sie spricht wie ein Orakel aus beiden Mundwinkeln gleichzeitig. Schlimm genug, daß einige dieser summarischen Feststellungen über Geschichte den allgemeinen Vorstellungen und Wünschen zuwiderlaufen. Sie lassen die klarumrissenen Werte von Geschichte, die das Publikum längst akzeptiert hat, auf ein Minimum schrumpfen. Die wahre Natur der Geschichte beschert uns eine weitere zerbrochene Illusion. Selbst als Erwachsene wünschen wir uns zuweilen, es hätte ein goldenes Zeitalter gegeben oder es möge eins geben.

Wir sehen also, daß Geschichte keine simple schmucklose Erzählung, keine McGuffey-Formel für nationale Größe, keine schlichte Story ist, über die Gesetzesmacher, Psychologen, Historiker, Eltern, Lehrer und Schüler sich leicht einigen könnten. Eine Masse von Material und Dokumenten, die endlos überarbeitet werden muß: Geschichte ist in der Tat nicht so recht auf Kinder zugeschnitten. Da allgemein verbreitete Forderungen, herrschende Tradition und bestehende Gesetze jene kurzen, einfachen, gedrängten, abstrakten und skizzenhaften Zusammenfassungen für die Schule verlangen, haben die Historiker und Pädagogen ihr Bestes getan, die gähnende Kluft zwischen den Komplexitäten der Geschichte und der Vielschichtigkeit unserer moralischen und bürgerlichen Bedürfnisse zu überbrücken. Und in der Tat haben diese Autoren mit der großzügigen und einfallsreichen Unterstützung der

Verleger Beachtliches geleistet. Ja, einige der bezaubernd geschriebenen und geschmackvoll illustrierten Bücher überzeugen einen zeitweilig fast davon, es sollte doch Geschichtsunterricht geben.

Geschichte als Stoffvermittlung und Quelle

Es ist unmöglich, einen Geschichtskurs abzuhalten ohne die Implikation, zumindest ein Teil ihres Inhalts sei zu lernen oder zu memorieren und auf Fragen des naseweisen Lehrers wieder auszuspucken. Gute Lehrer haben längst versucht, dieser Situation zu entkommen, sie wollen dem Fluch entgehen, Pauker zu sein. Solche Lehrer haben Listen mit einem Minimum an Daten, Ereignissen und Namen zusammengestellt; sie haben versucht, das Wesentliche herauszustellen und vom Temporären zu trennen, das Bleibende vom Vergänglichen. Ihre Bemühungen sind auf wenig Verständnis, Unterstützung oder Zustimmung gestoßen. Lehrplanbestimmungen, patriotische Feiern und bürgerliche Traditionen verschwören sich, die Lehrer davon abzuhalten, den Unterschied zwischen Geschichte als Stoff und Geschichte als Quelle zu sehen.

Der Fluch des Faktenbüffelns, der Geschichtskurse ruiniert und die tatsächlichen Werte des Fachs verdunkelt, gilt in keinerlei zu vergleichendem Maß für irgendein anderes Fach. Der Schüler sieht die Notwendigkeit einer Regel in Mathematik, einer Formel in Chemie, einer Kategorie im Englischen, einer Vokabel in einer Fremdsprache unmittelbar ein. Er erkennt ihre Nützlichkeit. Wenn er den Weltalmanach, das Wörterbuch oder die Enzyklopädie benutzt, belastet er seinen Verstand nicht mit dem Gedanken, er müsse noch etwas wiedergeben zusätzlich zu dem, was er sucht. Aber in Geschichte – was soll er anfangen mit dieser Liste römischer Kaiser, diesem Bericht über die Schlacht von Actium, den Verträgen, die die interkolonialen Kriege beendeten, den Namen der Generäle des Bürgerkriegs? Sie beantworten keine einzige Frage, die er gestellt hat, und sie lösen keinerlei Problem, das er aufwarf und auch keine Frage, auf die er gestoßen ist. Der bessere Schüler beginnt langsam, die Unterschiede zwischen Lesen, Lernen, Memorieren, Verstehen und Anwenden wahrzunehmen.

Beweise für die Unbeliebtheit von Geschichte als Schulfach gibt es zur Genüge, seit langem und von emphatischer Natur. Vor fast einem Jahrhundert kommentierte *William H. Mace,* einer der ersten Studenten, die Geschichtslehrer in Amerika werden wollten, den schrecklichen Unterricht, die mißlichen Ergebnisse, die Klagen und Proteste von rebellischen Schülern. Nachfolgende Untersuchungen in reicher Zahl haben *Macens* Ergebnisse bestätigt und auf den neuesten Stand gebracht.

Wenden wir uns einer der lautesten Klagen des Schülers zu — dem Auswendiglernen. Während das Memorieren von Namen, Daten und Ereignissen eine altehrwürdige Praktik ist, wurde die Unmöglichkeit, Geschichte zu erinnern, wieder und wieder, von jeder Generation neu demonstriert. Selbst College-Professoren, die Geschichte unterrichten, machen sich Notizen. Die Notwendigkeit, Geschichte im Kopf zu haben, ist nie nachgewiesen worden, und wenn je die Erfordernis dafür bestanden hat, dann ist sie mit der Erfindung der Druckerkunst und anderer handlicher Methoden der Wiedergabe und Reproduktion weitgehend entfallen.

Unzufriedenheit und Mißlaunigkeit des Schülers allein reichen als Beleg für den Fehlschlag von Geschichte als Schulfach kaum aus, aber wenn Generationen von Schülern und Lehrern sich darin einig sind, daß die falsche Art von Geschichte zur falschen Zeit und aus dem falschen Grunde über die Klassen ausgegossen und in der falschen Weise anhand von falschem Handwerkszeug gelehrt wurde, dann ist es an der Zeit, den Protesten und Klagen von Schülern, Lehrern, Inspektoren und einer Reihe weiterer Beobachter Aufmerksamkeit, wenn nicht Glauben zu schenken. Geschichtsstoff als Schulfach ist ein Fehlschlag.

Der Fehlschlag der Geschichte als Schulfach ist indes mehr als ein pädagogischer Fehlschlag; es ist ein gesellschaftlicher Fehlschlag. Widerspenstige Schüler, nichtakzeptierte Ziele, der Mangel an Motivation, ungeeignetes Material, unvorbereitete Lehrer und ein grauer, langweiliger, katalogartiger unzusammenhängender Inhalt — dies alles gemeinsam erklärt zwar zumindest zum Teil die Unbeliebtheit der Geschichte. Es ist jedoch wahrscheinlich, daß der ernsteste und entscheidende Grund für ihren Fehlschlag in den unaufrichtigen und ideologischen sozialen Zielen zu suchen ist, die das Fach in den Lehrplan hineinpressen. Jede Legislative in den USA ist überzeugt, daß Unterricht in Geschichte loyale Patrioten und gesetzestreue Bürger produzieren werde. Ein Beweis für diese Annahme wurde nie erbracht, aber dieser Mangel hat die Gesetzgeber nicht davon abhalten können, immer wieder dieselbe Forderung aufzustellen. Der einzige logische Schluß, zu dem ein ehrlicher, intelligenter Mensch kommen kann, muß lauten, daß solche Gesetze die Verzerrung der Geschichte erzwingen und bedingen, weil es ihnen nur darum geht, ihre vorher angeordneten Ergebnisse zu erzielen. Kurz, die Gesellschaft bedarf des Geschichtsunterrichts, um Gehorsam, Gelehrigkeit, Demut, Patriotismus, Bürgertugend und andere erwünschte Ergebnisse einzutrichtern. Solange der Schüler diese Doppelbödigkeit des Ziels spürt, wird er Geschichtsunterricht ablehnen.

In diesem Kampf zwischen Schüler und Gesellschaft hat letztere natürlich die Macht und die Tradition für sich, die Schüler zumindest zu zwingen, am Geschichtsunterricht teilzunehmen. Da die Öffentlichkeit weder Zeit, noch Geduld, Bescheidenheit und Intelligenz genug hat, den Schülern, dem Lehrer, dem Pädagogen oder dem Psychologen zuzuhören, beharrt sie stur auf ihrer Linie von Zwang und Repression. Da die Historiker als Gruppe nicht interessiert sind an Lern- und Lehrproblemen, haben sie sich auch nicht ernsthaft interessiert gezeigt an den Fragen des Geschichtsunterrichts auf den einzelnen Stufen, den Schwierigkeiten im Vokabular oder der begrifflichen Abstraktion. Sie bestehen darauf, Geschichte sei direkt, unvermengt und getrennt von anderen Fächern zu unterrichten. Dieser elementare Irrtum ist ein fast ebenso großes Handikap für den Unterricht wie die gesetzlich verordnete Heuchelei.

Der Schüler gewinnt jedoch zeitweilig die Schlacht. Sein Gähnen ist peinlich, und er sabotiert den Unterricht auch auf andere Weise, während er doch genügend Fakten aufnimmt, um den Lehrer zu beschwichtigen. Außerdem beschließt er, nie wieder ein Geschichtsbuch aufzuschlagen. Das heißt, bis er Vater, Gesetzgeber oder Mitglied der Schulbehörde ist, eine Zeit, da er seine eigenen Erfahrungen vergessen und seinen Peinigern vergeben hat, und da er sein Kind zwingt, Geschichte zu lernen, und die Schulen aufruft, die Normen höher zu schrauben.

Die verschiedenen Gesichter der Geschichte

Da Geschichte eher eine Anhäufung von einzelnem als eine Entität ist, eher ein Klumpen als ein Element, wollen wir uns anschauen, wie sie den vier Gruppen, welche direkt mit ihrer Produktion, Verbreitung und Anwendung befaßt sind, erscheint. Untersuchen wir, welches Gesicht Geschichte für (1) den Schüler, (2) den Lehrer, (3) den Historiker und (4) die Öffentlichkeit hat. Diese vielseitige Prüfung mag uns das sich wandelnde Gesicht der Geschichte erkennen lassen, die sich wandelnden Bedürfnisse der Gesellschaft und möglicherweise die Notwendigkeit, Methode und Art des Geschichtsunterrichts zu verändern.

Der Schüler

Das erste Gesicht der Geschichte ist jenes, das wir in den Schulen zu sehen bekommen. Den Schülern erscheint Geschichte als eine Mischung aus Erzählung, Beschreibung und implizit, wenn nicht immer ausgesprochen, aus Schlußfolgerungen. Einige dieser bereits vorher festliegenden Schlüsse, die im Namen von Gesetz, Patriotismus, nationaler Sicherheit und Bürgertugend gesetzt sind, vergewaltigen die Logik, die Wahrheit und den gesunden Menschenverstand. Hier und dort mit etwas Farbe, Aufrichtigkeit und Appellen versetzt, ist Geschichte in der Schule im allgemeinen ein Katalog, sie ist zäh und irrelevant. Die Schüler begreifen allmählich, daß sie Geschichte zu lernen haben, weil das Gesetz, die Schulbehörde, die Verwaltung, die Lehrer und die patriotischen Organisationen es so bestimmen. Wiederholt ist nachgewiesen worden, daß Lernen unter Zwang nutzlos und frustrierend ist und Ablehnung und Verdrossenheit provoziert. Farbenprächtige Bilder und großartige Karten in den Schulbüchern bewahren den Stoff nicht davor, langweilig und trocken zu sein. Geschichte, wie die Schule sie lehrt, mißlingt, weil sie ausgewählten Stoff darbietet, der für vorher festgelegte Zwecke gelernt werden muß. Das erste Gesicht der Geschichte ist demnach nicht sehr attraktiv.

Der Lehrer

Das zweite Gesicht der Geschichte ist das, welches den Lehrern gegenübertritt. Viele Lehrer werden wie ihre Schüler völlig überwältigt von den mannigfaltigen Fakten und verwirrenden Details. Allzu häufig kennen sie nicht den Unterschied zwischen einem wichtigen, umfassenden allgemeinen Punkt und irgendeinem x-beliebigen, der in den Bereich der Routine gehört. Das grimmigste Gesicht, das die Geschichte dem Lehrer zeigt, ist jedoch bei weitem ihre Forderung an ihn, dem widerspenstigen, lustlosen Schüler ihren Inhalt attraktiv, intelligibel und erfolgreich zu präsentieren. Ganz allmählich und zögernd entdeckt er, daß seine Hauptaufgabe und Arbeit nicht in der Behandlung des Geschichtsstoffes, sondern in der Behandlung ihrer Konsumenten besteht. Kurz, er entdeckt die peinliche Tatsache, daß er Schüler und nicht nur Geschichte unterrichten muß. Deshalb sucht er Mittel, Tricks, Gedächtnishilfen, Puzzles, Spiele und Methoden zu entdecken und zu erfinden, welche aus einer Abfolge von Fakten ein einsichtiges Muster und einen sinnvollen Zusammenhang werden lassen.

Dieser Aspekt der Aufgabe des Lehrers wurde unermeßlich erschwert durch die höhnische Verachtung, mit der alles Methodische lange Zeit betrachtet wurde. Trotz der über allem stehenden Pflicht, das Interesse der Schüler zu gewinnen, schaut der Lehrer, von Collegelehrern unterstützt und sogar angestiftet, verächtlich auf die Methoden herab und belächelt sie. Die peinliche Selbsttäuschung der 1890er Jahre, die Historiker wüßten, was an Geschichte zu lehren sei und auf welcher Stufe, ist mit der ganzen Vitalität eines Irrtums auf uns überkommen. Obgleich sie in der Illusion leben, Geschichte lasse sich direkt unterrichten, sehen die Lehrer das Fach als grau, langweilig und bedrückend. Fakten, Fakten, Fakten. Nur der außergewöhnliche Lehrer weiß mehr, als das Lehrbuch enthält. Selten liest der typische Lehrer etwas über das Lehrbuch hinaus, noch seltener ist er auf einem einschlägigen Seminar oder Kongreß zu sehen, und am allerseltensten wird er zum praktizierenden Historiker. Aber ehe er nicht selbst ein wenig Geschichte schreibt – lokale, unbedeutende, so banal sie auch sein mag –, wird kein einziger Funken von Realität oder Enthusiasmus in seinem Unterricht sein. Schlimm genug, daß der Geschichtslehrer ebenso mühelos und munter über Baseball, Autorennen oder Angeln redet, wie er irgend etwas über eine Gestalt, ein Thema oder ein Problem der Geschichte sagt. Während er gegenüber seinem Kollegen von vor 20 Jahren wahrscheinlich einen Fortschritt darstellt, ist er immer noch viel zu oft ein Kuli, der sich wünscht, die Geschichtsstunde wäre vorbei. Der Geschichtslehrer weiß, daß etwas nicht stimmt, und hin und wieder ist ein Lehrer auch scharfsinnig genug, Namen, Episoden, Ereignisse, Epochen und ganze Jahrhunderte auszulassen, aber dann entschuldigt er sich, geht in die Defensive und realisiert nur selten, daß er etwas ausnehmend Schlaues getan hat. Im ganzen gesehen sticht das zweite Gesicht der Geschichte vom ersten nicht als große Verbesserung ab.

Der Historiker

Der Geschichte drittes Gesicht ist dem Historiker zugewandt. Die Historiker sind sich keineswegs einig, sondern eher verwirrt, was Zwecke und Funktionen ihres Fachs anlangt. Manche betrachten Geschichte als Fundus von Präzedenzfällen, aus dem man einen herausgreifen kann, der dann auf die aktuelle Situation paßt; manche sehen sie als glorreichen Bericht großer Männer, großer Begebenheiten, großer Resultate – glorreicher Beispiele, die sich zur Nachahmung und Wiederholung anbieten; andere betrachten sie als elende Erzählung von Gier, Versagen, Unglück und Schwäche, übersät mit Warnzeichen gegen Wiederholung; andere betrachten sie als Aussichtsturm, von dem aus sie die Zukunft sehen und planen; und wieder andere sehen sie als einen völlig harmlosen und zuweilen interessanten Bericht, den man der Unterhaltung wegen liest oder auch wie König Ahasverus, um gegen Schlaflosigkeit anzugehen. Die Historiker sind fast einmütig in ihrer Opposition gegen Lehrplanvorschriften in Sachen Geschichte, Bürgerkunde, in Fragen der Verfassung, spezieller Feiern und der Schulferien, weil diese immer die Zwecke, deretwegen sie proklamiert sind, zerstören und aufheben. Historiker sind im allgemeinen geneigt, in ihrem Fach ehrlich und gewissenhaft daran zu arbeiten, einen vernünftigen Patriotismus und gutes Staatsbürgerbewußtsein zu befördern.

Generationen von Historikern haben sich über das Problem die Köpfe zerbrochen, was zu schreiben sei. Sollten sie platte, schmucklose Fakten niederschreiben oder sollten sie auswählen, gewichten, färben, folgern und empfehlen? Die Schule von *Stubbs, Maitland* und *Ranke* und die Mehrheit der frühen amerikanischen Historiker versuchte ernsthaft, die wichtigen Fakten zu vermitteln, im Glauben und in der Hoffnung, so die Wahrheit zu erreichen. So versuchte die Mehrheit der Historiker fast hundert Jahre lang mannhaft, wissenschaftlich, objektiv, unpersönlich und unparteiisch zu sein. Sie versuchten wenigstens, etwas zu begreifen und mit den Sozialwissenschaftlern zusammenzuarbeiten und neue Forschungs- und Untersuchungsmethoden zu verwenden.

In der jüngsten Zeit indessen fand eine wahre Flucht der Historiker statt: weg von den rigiden und anspruchsvoller Normen der Sozialwissenschaften, hin zu den bequemen, undefinierbaren, gefühligen Geisteswissenschaften. Diese Rückkehr zu den Pfühlen der Philosophie, den Banalitäten der Fächer aus der philosophischen Fakultät, den Verschwommenheiten der Geisteswissenschaften führt natürlich zu einer Senkung der historischen Standards. Historiker werden so unvermeidlich die Fakten auf ein Minimum beschränken und die Interpretationen auf ein Maximum ausdehnen. Solche verschwommene Geschichte wird eine verschwommene Pädagogik zur Folge haben.

Die Historiker haben ihrem Fach einen mächtigen Bärendienst erwiesen, indem sie sich von den Sozialwissenschaften abgewandt haben und zu den Geisteswissenschaften zurückgekehrt sind. Diese Rückkehr, unternommen im Weltschmerz- und Heimwehgefühl, in den Mutterschoß der Literatur entspringt der Unfähigkeit der meisten Historiker, die Ergebnisse von Soziologie und Ökonomie zu begreifen und anzu-

wenden. Der Weg von der Wissenschaft hin zum Gefühl ist ein beklagenswerter Verlust für die Sache der Gelehrsamkeit.
Als Gruppe sind die Historiker realistisch, aufgeklärt, gebildet und halbzynisch. Sie scheinen mehr Vertrauen in ihre Kunst zu haben als in die Institutionen, welche sie beschreiben, mehr Vertrauen in das, was sie schreiben als in die Gestalten, die tun, was sie berichten, mehr Vertrauen in Geschichte für Schulkinder, Politiker und Bürger als in ihre Nützlichkeit für Lehrer und Historiker. Selten sind sie am Lehren interessiert, und sie haben deshalb nur Verachtung übrig für Geschichte als Schulfach. Hochmütig behaupten sie, Gelehrsamkeit stehe über allem – sie dominiere über alle psychologischen, pädagogischen und persönlichen Probleme im Unterricht. Kurz, ganz gleichgültig, wie gut sie als Historiker sind, in ihrer Hauptaufgabe, nämlich zu lehren, sind sie im allgemeinen nur mittelmäßig.

Die Öffentlichkeit

Nur das vierte Gesicht der Geschichte ist selbstsicher, sorglos, ohne Kummerfalten und lächelnd. Es wird nicht von Zweifeln, Befangenheit und Zaudern geplagt. Es weiß, wer und was es ist und wohin es aus welchen Gründen will. Es ist jenes Gesicht, das die Geschichte der Öffentlichkeit zeigt; und die Öffentlichkeit besteht aus Eltern, ehemaligen Schülern, Gesetzgebern, Freiberuflichen, Geschäftsleuten, Arbeitern, Patrioten und ehemaligen Studenten. Angesichts ihres Publikums kommt Geschichte so wie die Ignoranz im *Pilgrim Progress* jenen schmalen und schiefen Weg heruntergetänzelt, der zum Lande des Stolzes führt.
In den Augen des Publikums ist Geschichte angereichert mit nationalistischen Vitaminen; sie ist die glänzende Versammlung nationaler Heroen, der Aufbewahrungsort nationaler Geschehnisse, das konzentrierte Bild unserer Größe, die breite Plattform für geheiligte Dokumente, große Reden und starke Doktrinen. Geschichte ist die Berichterstattung unserer nationalen Triumphe; sie beschreibt unsere großen Präsidenten und weisen Staatsmänner; sie porträtiert Folgegenerationen loyaler Patrioten und furchtloser Krieger, sie liefert das Schnellheilmittel, die einschüssige Waffe und die schlagfertige Klugheit, deren unsere nationale Ungeduld bedarf. Geschichte, unsere Geschichte, ist für Amerika, was dem Christentum die Bibel ist. Sie soll Pflichtfach sein in allen Schulen. Übervoll von Vertrauen will die Öffentlichkeit

diese verinnerlichten Werte in den Gesetzen, den Feiern, Zeremonien, Schwüren und vor allem im Geschichtsunterricht verkörpert wissen – als Pflichtfach, hauptsächlich amerikanische Geschichte, aber auch Staatsverfassungen, Staatsgeschichte und Heimatkunde. Geschichte wird angeboten und verlangt, nicht einmal, sondern drei-, vier-, fünfmal. Die Öffentlichkeit macht sich keine Sorgen darüber, wie die schlichte Erzählung amerikanischer Geschichte zu ersetzen sei durch gute politische Erziehung.

Geschichte, gelehrt und angeboten als Quelle

Da Geschichte zahlreiche und wichtige gesellschaftliche Funktionen hat und ein unbegrenztes Potential für die verschiedensten Zwecke darstellt, und da auf keiner Stufe ein inhaltlicher Kurs gegeben werden muß, wie soll der Schüler und zukünftige Bürger diese Werte entdecken und anwenden? Die Antwort ist klar, kurz und spezifisch: Man wandle die Erscheinungsform von Geschichte im Curriculum als einer Frage nach dem Inhalt, der gelernt werden muß, um in die einer Quelle, die man benutzen kann; man mache aus Kursen, die Stoff an den Mann bringen, Quellen. Man konzentriere die Aufmerksamkeit auf Dokumente, alte und neue, öffentliche und private. Man benutze vorhandene Lehrbücher, um darin zu lesen, als Übersicht und um eine Art gemeinsamer Ausgangsbasis zu gewinnen, von der alle ausgehen können. Man gebe zu, daß Geschichte außer wichtigem Material auch viel Schutt enthält. Man helfe dem Schüler zu erkennen, daß Geschichte eine Küche und nicht ein heiliger Tempel ist. Man stelle eine endlose Zahl von Themen, Projekten, Problemen, Fragen, aktuellen Ereignissen, lokalen Begebenheiten und anderen Unternehmungen vor, die den historischen Ansatz verwenden und seiner bedürfen. Beim Bearbeiten dieser Aufgaben werden die Schüler Fakten, Methoden und Techniken lernen. Der Schüler erfährt, wann er wo was suchen muß.
Wenn Geschichte als Lernfach abgeschafft wird und Themen und Probleme, die den Gebrauch von Geschichte implizieren, durch andere ersetzt werden, gehen dann nicht viele der höheren Werte der Geschichte verloren? Was wird mit der ganzen Flut von Ereignissen, die innerhalb eines Themas nur partiell sichtbar werden können? Wird es irgendeine Kontinuität geben, die über eine lose Abfolge hinausgeht? Wird der Lernende jemals Zeit und Chronologie als Leitlinie erkennen, anhand deren er einzelne Begebenheiten begreifen kann? Was wird aus den großen Gesetzen, den allgemeinen Erkenntnissen und den

synthetisierenden Interpretationen, die dunkle Bereiche der Verwirrung und Mißverständnisse aufhellen?
Diese Fragen sind verdienstvoll. Sie einfach zu bestreiten, würde den Kritikern nicht gerecht. Es sollte indes gesagt werden, daß viele Schüler, die Geschichtskurse hören, zu diesen Einsichten nicht gelangen. Ja, es gibt sogar viele Lehrer, die sie nicht haben. Der Schüler, der in gewisser Weise von seiner Fähigkeit und Neugier und seinem Lesestoff abhängig ist, kann diese tieferen Einsichten haben oder nicht haben, gleich ob Geschichte unterrichtet wird oder wie sie unterrichtet wird.
Ihrer unpsychologischen Darbietung, ihres Zwangsaspekts und ihrer heuchlerischen Inkonsistenzen wegen ist Geschichte von den anderen Sozialwissenschaften ernsthaft bedroht. Rührige und streitbare Kommittees aus allen Sozialwissenschaften betreiben extensive Studien, deren allgemeiner Trend den Bedarf zeigt, mehr Politikwissenschaft, mehr Ökonomie, mehr Soziologie, mehr Geographie, mehr Anthropologie und mehr Zeitgeschichte zu unterrichten. Auf der Suche nach Räumen, wo diese neuen Unterrichtseinheiten und Elemente unterzubringen seien, stießen die Sozialwissenschaftler natürlich auf den unverhältnismäßigen Stellenwert der Geschichte im Lehrplan. Wenn neuer Stoff im Lehrplan untergebracht werden soll, dann muß irgendein vorhandener Inhalt weichen, und dabei scheint Geschichte ganz folgerichtig das Fach zu sein, das zu schrumpfen hat, und nicht nur geringfügig. Mit der Geschichte geht es bergab, möglicherweise ist sie schon am Ende.
Es kann sein, daß Geschichte völlig aus der Schule verschwindet. Ihre Werte lassen sich ganz leicht in anderen Bereichen unterbringen oder dort herausziehen. Nur der Historiker ist der Meinung, es gebe reine, unverfälschte, unvermischte und von allem unabhängige Geschichte und sie erfordere genaue und strenge Untersuchung und Lehre. Dieser spleenige Anspruch ist natürlich unrealistisch, unaufgeklärt und unpsychologisch. Geschichte bedarf keiner gesonderten Existenz als Fach, um gelehrt oder gelernt zu werden; Geschichte ist unterstützendes Studiengebiet, keine eigenständige Disziplin. Tatsächlich hat sie eine sehr nützliche Funktion, wenn sie mit anderen Elementen und Themen vermischt wird. Die Forderung nach einer fortgesetzten gesonderten Existenz von Geschichte wird demnach eher darauf hinauslaufen, Geschichte unwichtiger werden zu lassen.
Geschichte könnte gerettet und sogar bereichert und ausgedehnt werden, wenn sie in den sozialwissenschaftlichen Teil der Social Studies eingänge, wo sie beständig angewandt werden könnte. Mit anderen Worten, wir sollten vielleicht zurückkehren zu einer Zusammenlegung

der Sozialwissenschaften, wie *Harry Elmer Barnes* in den frühen zwanziger Jahren sie vertreten hat, und zu der völligen Fusion der Social Studies, wie der verstorbene *Harold Rugg* sie befürwortete und demonstrierte.

Wenn Geschichtsunterricht an Schulen und Colleges abgeschafft würde, wäre die gesellschaftliche Bedeutung und der Wert von Geschichte nicht erheblich betroffen. Die Gesellschaft würde fortfahren, in Geschichtsberichten nach Anleitung zu suchen, die Leser würden weiterhin Bücher über ihre Lieblingsthemen, -personen und -gegenstände lesen, und Autoren von Geschichtsbüchern würden weiterhin anleiten, hinweisen, einführen, forschen und ihre Leser veranlassen, in anderen Büchern zu lesen und zu lesen. Historiker würden weiterhin Geschichte produzieren in all ihrer verwirrenden Komplexität.

Am meisten profitieren von der Abschaffung der Geschichte als Schulfach die Schüler. Befreit von Zwang, von der vergeblichen Anstrengung, sich erinnern zu müssen, würden sie anfangen, Geschichte zu erforschen, sie als Quelle zu sehen, sie bei der Beantwortung ihrer Fragen zu benutzen, sie würden die Aufregung des Entdeckens kennenlernen, und sie würden beginnen, ihre Ergebnisse nach eigenem System zu organisieren. Aus einem tristen Kuli, einem kleinen Handlanger, würde ein sich selbstbestimmender Forscher. Frei zu wählen zwischen vielen möglichen Forschungs- und Leseprojekten, würde er nicht länger eine tiefe Abneigung gegen Geschichte empfinden. Ja, vielleicht würde er sogar anfangen, Geschichte zu lieben. Wer weiß – vielleicht würde ein Historiker aus ihm.

Anmerkungen

1 *Edgar Bruce Wesley*, Let's abolish History Courses, in: Phi Delta Kappan 49 (1967), S. 3–8 (September).

Charles G. Sellers

Verschwindet Geschichte aus unseren Schulen und kümmern sich unsere Historiker darum?[1]

Der Anthropologe würde diese Zusammenkunft (83. Jahreskongreß der American Historical Association) als eine institutionalisierte Form von Lippenbekenntnis ansehen, die für die Gilde der Historiker höchst funktional ist. Die reine Existenz des Rituals, wohnt man ihm nun bei oder nicht, ermöglicht es den »Stammesangehörigen«, sich stets wohl zu fühlen, sich weiterhin wenig Gedanken zu machen und noch weniger zu tun für das Lehren, oder richtiger: für das Lernen von Geschichte.
In der letzten Zeit jedoch mußte das Ritual einige Veränderungen über sich ergehen lassen, um funktional zu bleiben. Einige wenige Stammesangehörige, die es wagten, in die Dschungel der Umgebung auszuschweifen, haben mit dem benachbarten Stamm der Schullehrer kulturelle Interaktion gehabt. Affiziert durch diese beunruhigende Erfahrung haben sie angefangen zu murren, Lippendienst sei nicht genug, und selbst dem »Service Center for Teachers of History« ist es nicht gelungen, diese Unzufriedenheit und Untreue zu steuern. Um nun die Heiterkeit und Gelassenheit des Stammes als Ganzem zu bewahren, haben die Älteren einfach die rituelle Sitzung über Unterricht den abweichenden Stammesgenossen zur Verfügung gestellt. Sie ist zu einer Gelegenheit geworden, wo die Abweichler Dampf ablassen können, ohne ihre Mitgenossen ungebührlich zu stören, und konsequenterweise wurde von nun an zum zentralen Zug des Rituals die Jeremiade.
Diese Jeremiaden verschaffen den Jeremiahs, die sie von sich geben, eine erhebliche emotionale Befriedigung, ebenso wie den Mitabweichlern, die den Hauptanteil des Auditoriums bei solchen Gelegenheiten bilden, und den wenigen Mitgliedern des benachbarten Stammes der Schullehrer, die dazu gebracht werden können, den Kulturschock zu riskieren, den die Präsenz bei solchen Riten impliziert. Mit einem Blick auf diese wertvolle Funktion der Jeremiade habe ich meinen Titel gewählt und meine einleitenden Bemerkungen formuliert. Ich möchte, wenn es mir irgend gelingt, aus meiner Rede eine Jeremiade machen, um allen Jeremiaden ein Ende zu setzen.

Eine Möglichkeit, den drohenden Untergang geschichtlichen Lernens in den Schulen zu illustrieren, besteht darin, meine Erfahrung als Mitglied des »Statewide Social Sciences Study Committee« zu referieren, einem Ausschuß, den die Schulbehörde des Staates Kalifornien vor drei Jahren eingesetzt hat. Aufgabe dieses »4SC« wie der Ausschuß genannt wurde: ein neues Programm für die Social Studies in den staatlichen Schulen aufzustellen, vom Kindergarten bis zur zwölften Klasse. Vorsitzender des 20 Mitglieder zählenden Komitees war ein Pädagogikprofessor; 10 Mitglieder waren Professoren aus den Disziplinen der Anthropologie, Ökonomie, Geographie, Geschichte, Politikwissenschaft, Psychologie (kognitive Prozesse), Soziologie und Sozialpsychologie; 3 waren Schullehrer; und 6 waren Spezialisten für Social Studies-Curricula aus verschiedenen kalifornischen Schuldistrikten.

Geschichte war die bei weitem am stärksten vertretene Disziplin. Während jedes andere Fach nur durch einen einzigen Professor vertreten war, repräsentierten die Geschichte drei Professoren, einschließlich des Vizevorsitzenden des Komitees. Weitere Historiker – *Douglas Adair, Robert Huttenback, Wilson Smith* und *Gordon Wright* – stießen zu den Historikern in Form einer Kommission, die das Komitee in historischen Fragen beraten sollte. Außerdem vertraten der Sekretär des Komitees und die drei Lehrer die Geschichte (Mittel- und Oberstufe); einer von ihnen hatte an meinem eigenen Doktoranden-Seminar teilgenommen.

Zu der Zeit, da das Komitee seine Arbeit begann, waren sechs Jahre des vorgeschriebenen Social Studies-Programms fast völlig der Geschichte gewidmet, und zwar wie folgt:

Klasse

4 Kalifornische Geschichte
5 Geschichte der Vereinigten Staaten
7 Ursprünge der westlichen Zivilisation
8 Geschichte der Vereinigten Staaten
9 Neuere europäische Geschichte
11 Geschichte der Vereinigten Staaten

Darüber hinaus war ein gutes Quantum Geschichte hineingepackt in den Unterricht in der dritten Klasse über Heimatkunde, in der sechsten Klasse über Lateinamerika, in der zehnten Klasse über die nichtwestliche Welt und in der zwölften über lokale und nationale Geschichte, über Regierungsreformen und über Probleme der Demokratie [2].

Im Gegensatz dazu widmet das neue Programm, welches das Komitee vorschlägt, den geschichtlichen Studien nur zwei Jahre: Geschichte der Vereinigten Staaten in der zehnten Klasse; geschichtliche Aspekte des

modernen Nationalstaats in der ersten Hälfte der elften Klasse; und im zweiten Halbjahr Geschichte einer nichtwestlichen Gesellschaft, Indien, China oder Japan. Gebrauch von historischen Rahmen wird ausgiebig gemacht an anderen Stellen, aber immer, um begriffliche Probleme aus den Sozialwissenschaften verständlich zu machen und zu entfalten [3].
Historiker brauchen sich von diesem Ergebnis gar nicht so sehr betroffen zu zeigen – wenn sich das Konzept wirksam durchführen läßt, kann es in den kalifornischen Schulen durchaus in realeren historischen Kenntnissen resultieren –; sie sollten jedoch sehr betroffen sein über einige der Gründe, die zu diesem Resultat führten. Tatsache ist, daß niemand außer den Geschichtsprofessoren in diesem großen und repräsentativen Komitee viel Sinn darin sah, Geschichte überhaupt im Curriculum zu behalten. Besonders beunruhigend war die Abneigung gegen Geschichtsunterricht auf seiten der Lehrer im Komitee, alles hervorragende und erfahrene Geschichtslehrer mit einer extensiven Praxis im Geschichtsunterricht.

Schwächen im Bereich der Methodik

Am peinlichsten von allem war für uns Historiker die Schwierigkeit, mit einem Leitfaden für den Geschichtsunterricht in der Schule herauszurücken, der klar und überzeugend sogar für uns selbst war. Angesichts der hartnäckigen Insistenz der Lehrer auf Präzision bei der Definition der Ziele des Social Studies-Curriculum wurden wir gewahr, daß unsere tiefempfundenen Deklamationen über »historische Weisheit« und »Sinn fürs Vergangene« wirklich nicht viel hergaben. Das erste Mal im Leben waren wir gezwungen, sorgfältig und genau zu formulieren, was diese vagen Allgemeinheiten für uns bedeuteten; wir waren gezwungen, für uns selbst wie auch für die anderen Mitglieder des Komitees zu definieren, was wir mit Hilfe des Geschichtsunterrichts, den wir in all den Jahren gehalten hatten, zu leisten gehofft hatten.
Recht bald dämmerte uns, welches das wesentlichste Problem war. Geschichte, wie sie gelehrt worden war, hatte wenig Bezug zu den Zielen, die wir schließlich zu definieren begannen. Eingelullt durch unseren Sinn für die wirklichen intellektuellen Werte, die aus der spezialisierten historischen Forschung in unseren Oberseminaren und in gewisser Weise in unseren Fortgeschrittenen-Kursen für College-Studenten mit Geschichte als Hauptfach flossen, waren wir gegenüber den

Anfängern und den Studenten im zweiten Jahr selbstgefällig indifferent geblieben, also gerade gegenüber jenen Kursen, die für die weitaus meisten Studenten die einzige Gelegenheit darstellen, Geschichte zu lernen, und natürlich auch dem Geschichtsunterricht gegenüber, der für die weitaus meisten Menschen die einzige Chance darstellt, zu einem Geschichtsverständnis zu kommen. Und noch schlimmer: wenn wir überhaupt über die »Kanäle« für das Lernen im Fach Geschichte nachdachten, sahen wir sie mehr oder weniger unbewußt unter dem Aspekt ihrer Nützlichkeit für die Vorbereitung von Schülern und Studenten auf Vorlesungen und Seminare für Fortgeschrittene, an denen die meisten Studenten aber gar nicht teilnehmen.

Als wir nun diese Kurse betrachteten, sahen wir, daß sie abgehalten werden, als sei das Hauptziel die Vermittlung einer umfassenden faktenmäßigen und chronologischen Beherrschung bestimmter Bereiche der historischen Erfahrung des Menschen. Wir stellten fest, daß wir implizite bei diesen Lehrveranstaltungen, sofern wir überhaupt eine Absicht dabei hatten, von der Annahme ausgingen, Wissen sei für historisches Denken wesentlich und darum auch für jene Studenten, die vermutlich in den Veranstaltungen für Fortgeschrittene wieder auftauchen. Immer, wenn wir erkennen mußten, daß die meisten Studenten diese Veranstaltungen nie erreichten, trösteten wir uns mit der Vorstellung, sie könnten schon historisch denken, sobald sie die notwendigen Informationen haben. Wir konnten uns sogar beglückwünschen, versucht zu haben, sie dazu anzuregen; denn wir setzten die Schüler unserer Lehrveranstaltungen, unseren eigenen wichtigen Generalisierungen und Interpretationen aus, und wir lasen dazu die Generalisierungen und Interpretationen anderer erlauchter Historiker.

Jetzt jedoch zwangen uns unsere Lehrer im Komitee, uns zum ersten Mal mit der Frage auseinanderzusetzen, wieviel historisches Denken und Lernen unsere Schüler und Studenten tatsächlich in diesem Unterricht bisher hatten praktizieren können. Die Vorstellung, Schülern müßten *zuerst* die Fakten »serviert« werden und *dann*, etwas später in der Zukunft, »würden sie darüber nachdenken«, wie ein nachdenklicher Beobachter formulierte, »heißt sowohl der Pädagogik aus dem Wege gehen als auch sie pervertieren«. Diese Lehrer hatten durch ihre eigene Erfahrung gelernt, zuerst als Studenten in unseren Geschichtskollegs und danach als Lehrer im Schulunterricht, daß »Schüler den magischen Punkt, wo sie genug Fakten zum Nachdenken haben, nie zu erreichen scheinen. Die ganze Theorie, so zeigten uns unsere Kollegen nachdrücklich, war eine Perversion des Verhältnisses von Fakten und Denken. »Man sammelt nicht Fakten, die man nicht braucht, um dann

an ihnen kleben zu bleiben und zufällig auf einen günstigen Augenblick zu stoßen, um sie anzuwenden«, wie ein Lehrer es ausdrückte. »Zuerst ist man von einem Problem beunruhigt und gepackt, und dann macht man sich die Fakten zunutze, um es zu lösen.« [4]
Kein Wunder, die Historiker, die an Colleges unterrichten, hatten sehr viel Grund, Unkenntnis und Unwissen der Studenten, die aus den Schulen zu ihnen kamen, in Sachen Fakten zu beklagen. *Oscar Handlin* hat die Lage eindrucksvoll beschrieben: »Wenige Fächer werden mit solcher Intensität gelehrt wie amerikanische Geschichte; in den meisten Staaten wird sie wiederholt wie eine Kostbarkeit ausgeteilt; in den fünften und achten Klassen der Grundschule und wiederum im letzten Jahr der High School. Und dennoch wies eine nationale Umfrage, von der New York Times vor einigen Jahren gestartet, die abgrundtiefe Ignoranz nach, die das Ergebnis eben dieses Unterrichts war. Tatsächlich fängt jeder College-Kurs, von dem ich weiß, von vorne an und setzt keinerlei Vorwissen voraus. Mehr als zwei Jahrzehnte an Erfahrung mit den bestgeschulten Studenten des Landes haben mich davon überzeugt, daß es keinen Unterschied macht, ob die Studenten, ehe sie aufs College kommen, nun Geschichte gehabt haben oder nicht ... Was unterrichtet wird, darf einfach nicht gleichgesetzt werden mit dem, was gelernt und behalten wird.«
Professor *Handlin* fährt dann aber mit dem Hinweis fort, junge Menschen lernten Dinge leicht, die ihnen relevant erscheinen, leicht und bereitwillig, selbst wenn sie nicht formell unterrichtet werden. Und er führt als Beispiel »jenen Jungen (an), der das Datum des spanisch-amerikanischen Krieges oder die Bedeutung von ›Sechzehn zu eins‹ nicht behalten, aber jeden Baseballspieler aus den Wettkämpfen von 1948 nennen und deren Wurfweiten auf den Meter genau herunterrasseln kann. Sie bedeuteten ihm etwas, während Daten und Geldwertverhältnisse ihm gleichgültig waren. Wenn wir wollen, lernen wir ohne Lehrer und zuweilen sogar trotz ihnen« [5].
Professor *Handlin* schließt daraus, man solle Geschichte als Lerngegenstand aufs College verschieben, wo seine Relevanz vermutlich einer ausgewählten Gruppe von Studenten klar sei, einer Gruppe, die intellektuell besser gerüstet und motiviert ist. Die Wirksamkeit von Geschichtskursen am College scheint er nicht in Frage zu stellen.
Der immer wieder aufgenommene Dialog über diese Fragen im California 4SC hat mich jedoch allmählich auf die Frage gestoßen, ob nicht die unüberwindliche Selbstgefälligkeit der Historiker an den Colleges im Hinblick auf ihren eigenen Unterricht die Wurzel des Problems darstellt. »Dieser Unterricht an den Sekundarschulen ist nicht

so falsch, daß nicht ein substantieller Wandel und eine Verbesserung des Unterrichts an College und Universität helfen könnte«, schrieb ein High School-Lehrer in der AHA *Newsletter*. *Ira Marienhoff* stellt in derselben Richtung einige Fragen, welche ich von »meinen« Lehrern im 4SC wieder und wieder gehört habe: »Woher kommen Oberschullehrer? Welches sind ihre Vorbilder?« Geschichtsunterricht am College »war entsetzlich und kann noch schlimmer werden«, insistiert sie, und dies ist es, was »Sekundarschul-Lehrer zu dem gemacht hat, was sie sind« [6].

Der selbstzufriedene College-Historiker

Wenn ich meine eigene Erfahrung und Einstellung überdenke, so scheint mir, daß die College-Historiker die Überlegenheit ihrer Anfängerkurse über typische Schulkurse übertreiben. Sicherlich reagieren einige Studenten mit einer überraschten neuen Hingabe ans Lernen, wenn sie in diesen Collegekursen zum ersten Mal entdecken, daß die intime Pietät aus den Schulkursen durchbrochen werden kann; wenn sie entdecken, daß historische Interpretation problematischer ist, als man ihnen bisher beigebracht hatte. Nichtsdestoweniger ist der Einführungskurs am College im wesentlichen der stumpfsinnigen Betonung eines umfassenden Faktenwissens gewidmet, und selbst die Interpretationen werden dargeboten als nur etwas komplexere Fakten, die die Studenten (passiv) beherrschen müssen. Die zufriedenstellenden Reaktionen einiger Studenten dienen allzuoft dazu, die Selbstgefälligkeit des College-Lehrers zu verstärken und zu bestätigen und ihn blind zu machen für die Tatsache, daß die Mehrheit seiner Studenten gar nicht aufgewacht ist. Diese Selbstgefälligkeit führt dazu, daß der Historiker am College das Versagen der Studenten den Schullehrern anlastet. Wenn, so sagt er sich, die Geschichtslehrer an den Schulen mehr Kurse in Geschichte am College belegten, wenn sie mehr wissenschaftliche Monographien und Zeitschriften läsen, wenn sie sich für mehr historische Forschung interessierten und dabei engagierten, wenn sie mehr wissenschaftliche Kongresse besuchen und auf dem Stand der letzten kritischen Interpretationen sein wollten, kurz: wenn sie nur wären wie ich und unterrichteten wie ich, dann trieben die Geschichtskenntnisse in allen Schulzimmern des Landes üppige Blüten.

So zu denken, hat die meisten Aktivitäten unseres »Service Center for Teachers« in Geschichte bestimmt. Ich wette einen beachtlichen Betrag, daß die Pamphlete des »Center« den graduierten Studenten, die sich auf den Doktor vorbereiten, mehr nutzten und von ihnen als nützlicher empfunden wurden als von den Lehrern, die in der Schulklasse besser zu unterrichten versuchten. Die Mehrheit der Konferenzen, die das »Center« finanzierte, haben neue Interpretationen auf verschiedenen Spezialgebieten der Geschichte vorgestellt. Ähnlich haben die NDEA-Sommerkurse (National Defense Education Act; vgl. oben S. 11 f., Hrsg.) den Hauptteil ihrer Aufmerksamkeit Fragen historischer Interpretation gewidmet; und sie hatten wenig Erfolg dort, wo sie versuchten, dem Lehrer zu helfen, die Effektivität seines Geschichtsunterrichts zu erhöhen [7].

Die Historiker müssen ihre Vorstellungen revidieren

Immer deutlicher erfahren wir, daß wir auf der falschen Spur sind. »Ich glaube nicht, daß das goldene Zeitalter hereinbricht, wenn jeder Lehrer drei NDEA-Geschichtskurse hinter sich hat«, sagt ein Pädagoge. »Mehr Fakten, das heißt mehr vom Selben ist nicht die Lösung.« Die Lösung, so erfahren wir, liegt in dem Unterricht, den wir halten. »Der Lehrer, dessen Liebe zur Geschichte es ihm ermöglichte, volle vier oder fünf Jahre zumeist abscheulichen Unterrichts auf College-Ebene über sich ergehen zu lassen«, sagt einer der Lehrer, mit dem ich am California-4SC zusammengearbeitet habe, »ist durch seine emotionale Hingabe ans Fach so blind geworden, daß er im allgemeinen mit seinen Schülern dasselbe anstellt, was ihm widerfuhr. Zu einem besseren Geschichtsunterricht in den Schulen können wir mit Hilfe eines relativ einfachen Mittels kommen, daß wir nämlich am College bessere Modelle erstellen.« [8]
Vielleicht ist dieser Weg nicht ganz so einfach; aber selbst Historiker an den Colleges fangen an zu begreifen, daß sie der Geschichte und ihrem Verständnis an den Schulen am besten dienen, wenn sie ihre eigene Vorstellung von den zentralen Werten historischen Wissens klären und ihren eigenen Unterricht dann so verändern, daß diese Werte erkennbar werden. »Die Fehler beim Unterrichten liegen tief in dieser Disziplin und nicht im oberflächlichen Versagen gegenüber unseren Anforderungen und Verantwortlichkeiten«, sagt ein Geschichtsprofessor einer Universität im Osten. »Grob gesprochen, wenn der größte Teil ernsthafter Geschichte langweilig ist, wie könnte der größte Teil der Ausbildung zum Geschichtslehrer nicht langweilig sein?« Ein Professor einer Ivy League Institution schreibt: »Ich fürchte, daß die meisten schlechten Geschichtsstunden in der Schule nur blasse Kopien

schlechter Kurse an den Colleges sind. Keiner von uns hält häufig genug inne, um zu überlegen, was wir eigentlich tun wollen, ob wir es mit Erfolg tun und ob, sind wir erfolgreich, es zu tun sich lohnt.«[9]
In einem solchen Reflexionszusammenhang waren wir professionellen Historiker im 4SC dazu gezwungen, eine längst überfällige Arbeit auf uns zu nehmen, nämlich zu durchdenken, was wir in unserem Geschichtsunterricht versucht hatten, ob wir Erfolge dabei hatten, und, wenn wir erfolgreich waren, ob es sich überhaupt lohnte. Schließlich waren wir in der Lage zu artikulieren, was zumindest uns die tieferen Werte geschichtlichen Verständnisses zu sein schienen; aber im Lauf dieses Prozesses mußten wir auch erkennen, daß Geschichtsunterricht, wie er landläufig gelehrt wird, nur sehr dürftig darauf abgestellt ist, diese Werte erkennen zu lassen. Wir mußten deshalb über neue Möglichkeiten nachdenken, den Unterricht als Rahmen für historisches Verständnis zu strukturieren [10]. Unglücklicherweise war es uns nahezu unmöglich, unsere Wünsche und Intentionen unseren Kollegen an den Schulen zu vermitteln. Sie waren von den Vorlesungen und Seminaren, die wir ihnen am College angeboten hatten, so desillusioniert und durch die Jahre ihrer vergeblichen Versuche, ihre Schüler in ähnlichen Kursen an den Schulen zu interessieren, so frustriert, daß sie an eine »neue Geschichte« einfach nicht glauben konnten, einen Geschichtsunterricht, der pädagogisch effektiv sein sollte.
An diesem Punkt erwies sich der Gegensatz zwischen der Indifferenz der Historiker und dem Streben der Sozialwissenschaftler nach einer Verbesserung des Curriculum als besonders nachteilig. Eine »neue Geschichte«, so erkannten wir, würde eine andere Art von Unterricht erfordern, und zwar von der Substanz her; andere Lehrstrategien, radikal neues Lehrmaterial hätte an die Stelle der konventionellen Lehrbücher zu treten, neue Wege der Ausbildung für zukünftige Lehrer wären erforderlich, wie auch gediegene Programme, die etablierte Lehrer instand setzten, neue Ansätze historischen Unterrichts zu praktizieren. In allen diesen Bereichen wäre die aktive Beteiligung von Geschichtswissenschaftlern nötig.
Die Historiker an den Colleges müßten ihre Ziele und Praktiken als Lehrer von Grund auf neu überdenken. Sie müßten sich viel direkter darauf einlassen, Lehrer als Lehrer auszubilden, und ein ganzes Heer von ihnen müßte mit der gleichen Ernsthaftigkeit, mit der sie heute an ihrer wissenschaftlichen Forschung sitzen, daran arbeiten, neue Typen von Lernmaterial zu entwickeln.

Die Geschichte und die Sozialwissenschaften

Genau der gleiche Prozeß geht zur Zeit in den Sozialwissenschaften vor sich. Die Ökonomen haben schon vor langer Zeit ein weitgespanntes Netz von Organisationen und Aktivitäten entwickelt, um den Unterricht in Ökonomie im ganzen Land zu fördern, und die diesbezüglich didaktisch-methodische Ausbildung ist ein anerkannter Teil des Berufs. Unter der Ägide der jeweiligen wissenschaftlichen Vereinigungen haben das »High School Geography Projekt« (vgl. unten S. 216, Hrsg.) und das »Anthropology Curriculum Study Project« (vgl. unten S. 211, Hrsg.) ausgeklügelte neue Curricula in Form aufregender neuer Materialsätze entwickelt und in den Schulen des Landes getestet. Die ersten dieser Materialien sind jetzt auf dem Markt; und auf der letzten Konferenz der »American Anthropological Association« verbrachten mehr als hundert Wissenschaftler den größten Teil ihrer Zeit auf einer Reihe von spontan entstandenen Sitzungen, die der Organisation einer neuen Anthropologie- und Pädagogikabteilung der Vereinigung und der Planung ihrer Aktivitäten gewidmet waren. Die Berufsvereinigungen der Politischen Wissenschaftler und die der Soziologen befassen sich z. Z. mit ähnlichen Unternehmungen. Außerdem ist eine große Zahl von Sozialwissenschaftlern an den »Project Social Studies-Unternehmungen« beteiligt, die entweder Curricula zu den einzelnen Sozialwissenschaften entwickeln oder komplexe sozialwissenschaftliche Curricula, die Geschichte nur als Reservoir und Rahmen zur Erläuterung sozialwissenschaftlicher Begriffe enthalten.

Im Gegensatz dazu können Historiker nur auf ein paar wenige Freiwillige hinweisen, besonders jene, die an der Carnegie-Mellon-University (vgl. unten S. 219 und 227, Hrsg.), mit dem »Committee on The Study of History«, dem »Amherst Project« (vgl. unten S. 218, Hrsg.), und mit der »Educational Development Corporation« (vgl. unten S. 229, Hrsg.) zusammenarbeiten. Die Arbeit eines *Edwin Fenton* und *Richard H. Brown* ist wenig bekannt bei den Fachkollegen und wird noch weniger beachtet. Und es ist in der Tat eine bittere Ironie, daß ihre Bemühungen, die Geschichtswissenschaft wachzurütteln, von der Schulwelt als chauvinistischer »Kreuzzug zur Erhaltung der Geschichte als Schulfach« angesehen wurde, ein Kreuzzug, veranstaltet von der Berufsgruppe »Historiker«. »Das Traurige an dieser Angelegenheit ist, daß die Historiker-Gilde sich wirklich einer fast völligen Indifferenz der Welt der Pädagogik gegenüber schuldig gemacht hat, viel eher als einer selbstsüchtigen Mißgunst«, antwortete *Richard Brown* wehmütig auf diesen Vorwurf: ». . . Weit davon entfernt, auf die

›Rettung‹ der Geschichte aus zu sein, wären wir überzeugt, daß sie völlig über Bord gehen müßte, wenn keine Möglichkeiten gefunden würden, ihr mehr Bezug zum Wachstum und zur Entwicklung der Menschheit zu geben, im Gegensatz zu den traditionellen Kursen.« [11] Es darf demnach kaum verwundern, daß die Mitglieder des California 4SC wenig Vertrauen aufbringen konnten in eine »neue Geschichte«, von der es wenige Beispiele gibt, für die wenig Material in Aussicht steht und für die Historiker wenig Interesse zeigen. Und kaum ein Wunder, daß sie völlig desillusioniert von der »alten Geschichte« geneigt waren, Geschichte ganz hinzuwerfen und ein sozialwissenschaftliches Programm für die Schule zu konzipieren, völlig auf der Basis der zu offenkundig relevanten »Bonbons«, die die gegenwärtige Sozialwissenschaft anbietet. Ich fürchte, Geschichte überlebte in dem vom Komitee vorgeschlagenen neuen Programm überhaupt nur, weil die Historiker im Komitee so massiv vertreten waren, und aus Gründen traditioneller Unterstützung des Geschichtsunterrichts als Mittel der Öffentlichkeit, der Gesetzgebung und des State Superintendent of Public Instruction of California, Max Raffety [12], den Schülern Patriotismus einzuimpfen, und nicht so sehr, weil wir Historiker unsere Kollegen von den Werten historischer Kenntnisse und der Möglichkeit der Realisierung einer »neuen Geschichte« überzeugten.

»Wolken« am Horizont der Geschichte

Die Einstellung zur Geschichte, die im California Committee ihren Ausdruck fand, ist in der Schulwelt weit verbreitet. Ein Sprecher dieser Vereinigung warnte: »Spätestens in zehn Jahren wird die Zeit gekommen sein, da die Historiker aufwachen und entdecken, daß alles, was den alten Sprachen passierte, nun auch der Geschichte geschieht.« Am Horizont türmen sich die Wolken. Zusätzlich zu den vielen Curricula, die ausschließlich um die gegenwärtigen Sozialwissenschaften entworfen werden, erhalten *Donald Oliver* und *James P. Shaver* (vgl. unten S. 226 und S. 155 ff., Hrsg.) zunehmend Unterstützung in ihrem Vorschlag, das Social Studies-Curriculum gänzlich auf die Untersuchung öffentlicher Konflikte zu beschränken. *Oscar Handlin* ist bereit, Geschichte unterhalb des College-Niveaus völlig aufzugeben, und unser bisher unbeirrbarer Verfechter der Geschichte innerhalb der Social Studies, *Edgar B. Wesley*, hat einen Artikel geschrieben mit der Überschrift: »Laßt uns den Geschichtsunterricht abschaffen.« (Vgl. oben S. 126 ff., Hrsg.) »Glauben Sie mir«, so schreibt ein Schulbuchverleger, der zugleich eifriges Mitglied seiner lokalen Schulbehörde ist, »es ist wirklich sehr spät. Die Historiker haben ausgiebig geschlafen ... jene anderen Disziplinen haben in den letzten sechs Jahren einen sehr militanten Standpunkt eingenommen, und sie werden auch viel von den Kompetenzen übernehmen, die bisher die Geschichte inne hatte. Ich glaube, das wird geschehen, was immer auch die Historiker in den nächsten Jahren sagen oder unternehmen.« [13]

William Cartwright meint, einige dieser Äußerungen machten wohl zu sehr bange, aber wir können nur einen schwachen Trost aus den Pluspunkten ziehen, die er der Geschichte »im kommenden Kampf mit den Sozialwissenschaften um einen Platz an der Lehrplansonne« attestiert. Einer dieser Pluspunkte ist nichts als die Tradition, »die Tatsache, daß Geschichte lange einen wichtigen Platz im Lehrplan einnahm«. Ein zweiter Vorteil liegt darin, daß Social Studies-Lehrer in bezug auf Geschichte besser ausgerüstet sind als in bezug auf andere Fächer; die kalifornische Erfahrung zeigt jedoch, welch schwacher Grashalm dieser Halt sein kann. Als letzten und wichtigsten Punkt nennt Professor *Cartwright* die öffentliche Unterstützung für die Geschichte und für »die im Curriculum verankerten Anforderungen, die von der Legislative, der Regierung und von den lokalen School Boards getragen werden«. Und er schließt: »Die günstige Position der amerikanischen Geschichte ist zweifellos der Protektion durchs Gesetz zu verdanken«. [14]

Müssen wir uns also schließlich doch in die Arme der »American Legion« und Max Rafferty's werfen? »Das ist vielleicht ebenso gut«, schreibt *James P. Shaver*, der bereits erwähnte Verfechter eines Lehrplans der Konflikte, verärgert: »Denn, im Gegensatz zu unserer Annahme, könnte das intensive Engagement einer Bürgerschaft, die wirksam geschult und lebhaft interessiert ist an der Analyse öffentlicher Probleme, für unsere Gesellschaft allzu auflösend wirken ...« [15].

Hier endet die Jeremiade, denn ich habe einige Hoffnung, daß dies die letzte Gelegenheit ist, bei der eine Jeremiade unserer Situation noch angemessen ist. Wenn wir jetzt nicht aufwachen und die Gefahren und Chancen geschichtlichen Verständnisses und Lernens wahrnehmen, dann vertreiben auch Klagelieder nicht mehr den Schlummer; und für jene, die wach sind, ist die Zeit gekommen, zugunsten der Arbeit an pädagogischen Verbesserungen auf den Luxus von Klageliedern zu verzichten.

Die »Neue Geschichte«

Die Aufgabe ist sehr groß und vielfältig, und die erste Frage heißt, wo beginnen. Eine naheliegende Antwort liegt in dem Versuch, irgendeine Agentur zu schaffen, die die gesamte Berufsgruppe und ihre Tätigkeit vertritt, indem sie jeden Aspekt des Problems aufs Korn nimmt und hart angeht – und Ziele und Werte des Geschichtsunterrichts definiert; die neue Unterrichtseinheiten, neue Strategien und neues Material entwickelt, welche diesen Zielen entsprechen; die Historiker und historische Abteilungen an den Universitäten mehr und effektiver in die Schulung und Ausbildung zukünftiger Lehrer einbezieht und hineinzieht; und die ein System kontinuierlichen Kontakts zwischen College und Schullehrern entwickelt. Einen solchen Vorschlag hat vor einigen Jahren das »Association's Committee of Teaching« ausgearbeitet. Und neuerdings hat sich die Vereinigung mit der »Organisation of American Historians« und dem »National Council for the Social Studies« zusammengeschlossen, um nach finanzieller Unterstützung für ein etwas sorgsamer geplantes »School History Projects Board« Ausschau zu halten.

In einer Zeit aber, da private Stiftungen, die »National Science Foundation« und das »Office of Education« Millionen von Dollars in ähnliche Projekte der sozialwissenschaftlichen Disziplinen gesteckt haben, ist nicht einmal eine bescheidene Summe zusammengekommen für ein Curriculum-Projekt der Historiker. Der Grund dafür, so nehme ich an, liegt darin, daß unsere Sünden einer unüberwindlichen selbstgefälligen Indifferenz gegenüber den Problemen des Geschichtsunterrichts uns nun einholen. Der Verdacht eigennützigen Toryismus, auf den Historiker im California 4SC stießen, ist in der gesamten pädagogischen Welt verbreitet. Wenn wir den Geschichtsunterricht verbessern wollen, wenn wir überhaupt gehört werden wollen, müssen wir zunächst einmal nachweisen, daß wir selbst begonnen haben, uns ernsthaft mit den Problemen geschichtlichen Lernens und Denkens auseinanderzusetzen.

Vor einiger Zeit hat das »Office of Education« ein begrenztes Unternehmen finanziert, das Historiker direkt in die Ausbildung von Geschichtslehrern einbezieht. Es ist ein wesentliches Charakteristikum dieses Programms, daß die Beteiligten damit beginnen, ein klares Verständnis der Ziele des Geschichtsunterrichts zu erarbeiten, und daß sie willens sind, ihren Unterricht von den von ihnen definierten Zielen her umzugestalten.

Während dieses vielversprechende Unternehmen von einem kleinen, aber wachsenden Kreis von Beteiligten getragen wird, ist das neue »Committee on University and College Teaching« dabei, an der benachbarten, aber noch weit wesentlicheren Front zu kämpfen, wo es darum geht, effektivere Wege für die Zielsetzungen historischen Lernens in den Einführungskursen am College zu finden. Sowohl im Zusammenhang mit der Arbeit dieses Komitees als auch ganz unabhängig davon hören wir von experimentellen Innovationen auf allen Seiten, in Wisconsin, Smith und Berkeley und an zahllosen anderen Orten, von denen die Öffentlichkeit noch nicht spricht. WENN – und dieses WENN muß in großen Lettern geschrieben werden – WENN wir diese Zeichen als Beleg nehmen dürfen für ein ernsthaftes Interesse an der Verbesserung des Geschichtsunterrichts, dann kann die Zeit der Jeremiaden wirklich vorüber sein, und die Zukunft des Geschichtsunterrichts am College wie in der Schule kann strahlender werden, als wir jemals Grund hatten anzunehmen.

Ein wichtiger Aspekt dieser Verjüngung des Geschichtsunterrichts bleibt noch zu besprechen. Die Initiative geht von den Schulen und nicht von den Colleges aus. Die Prophezeiung von zwei College-Lehrern, die den neuen Gärungsprozeß sorgsam beobachtet haben, muß sich jedoch erst noch bestätigen: »Vielleicht werden die notwendigen Veränderungen nur auf Druck der Innovationen in den High Schools geschehen«. Ganz ohne Zweifel regte meine Erfahrung mit dem California 4SC die wesentlichen Veränderungen an, die ich in unserem Einführungskursus zur Geschichte der Vereinigten Staaten in Berkeley durchführte; und die überwältigende Reaktion unserer Studenten auf diese Veränderungen hat eine Gruppe meiner Assistenten veranlaßt, in diesem Jahr ein Versuchsseminar anzusetzen, das diese Veränderungen noch weiter treibt. Ihr Experiment ist wesentlich beeinflußt durch das Versuchsseminar der Universität Wisconsin. Solche Innovationen in Anfängerkursen können ihrerseits Veränderungen in den Mittel- und Oberseminaren herbeiführen. Zumindest, so schreibt Professor *William S. Taylor*, sind die Studenten des Versuchsseminars in Wisconsin bereits »sehr unzufrieden mit den sogenannten Fortgeschrittenenkursen, die sie jetzt besuchen«[16].

Glücklicherweise beginnen College-Lehrer und Departments an den Universitäten ernsthafter über das nachzudenken, was sie tun und darüber, wie sie versuchen, es zu tun. Im Idealfall werden diese Lehrer bereit sein, von ihren pädagogisch versierteren Kollegen an den Schulen zu lernen; oder Veränderungen werden ihnen aufgezwungen von den Studenten, die zu ihnen kommen aus Schulen, an denen Neuerungen praktiziert werden, Studenten, die nicht länger stillsitzen, um die »alte

Geschichte« anzuhören. In beiden Fällen werden die College-Historiker die »neue Geschichte«, die sich an den Schulen entwickelt, genau beobachten und beachten müssen.

Die »neue Geschichte« wird nicht neu sein in ihrer Anstrengung, den Studenten eine »historische Perspektive« zu vermitteln, einen »Sinn für das Vergangene«, jene »historische Klugheit«, über die Historiker lange und allzu vage gesprochen haben. Ganz neu daran ist die Direktheit, mit der sie von der Annahme ausgeht, wie *Richard H. Brown* sie formuliert hat: »Die Schulen sollen in erster Linie Institutionen sein, wo Schüler (1) lernen und (2) das Lernen lernen, um weiterhin in ihrem Leben lernen zu können.« Wenn wir von dieser These ausgehen, so sagt Professor *Brown*, sind wir gezwungen, »den gesamten Erziehungsprozeß von dem Standpunkt aus zu sehen, wie und was Schüler lernen und nicht, was wir sie lehren und wie wir es tun«. Ausgehend von dieser These kamen Professor *Brown* und seine Mitbegründer einer »neuen Geschichte« zu der Einsicht, »der Schüler lerne am meisten als aktiver Forscher – indem er Fragen stelle und ihren Antworten nachgehe – und nicht dadurch, daß er aufgefordert werde, als Selbstzweck die Antworten anderer auf Fragen zu beherrschen, die für ihn vollkommen irrelevant sein können, oder die er vielleicht nur verschwommen begreift«[17].

Dieses »entdeckende Lernen«, wie Professor *Brown* es nennt, beschränkt sich nicht auf den Gebrauch originaler Quellen oder auf eine einzige Lernmethode. Ebenso wie der Historiker »wird der Schüler zweifellos sowohl induktiv wie deduktiv lernen, indem er seine Frage nicht nur zu den Quellen zurück verfolgt, sondern auch zu guten Büchern greift, zu Nachschlagewerken, und sich die Befunde von Sozialwissenschaftlern zunutze macht, und jeden fragt, der ihm etwas sagen kann zu dem, was ihn interessiert, selbst seinen Lehrer«. Notwendig auf das traditionelle Ziel der »Bildung« verzichtend, fragt das entdeckende Lernen danach, »was der Schüler im Hinblick auf seine eigene Entwicklung mit dem Fach anfangen kann«. Durch das intensive Studium ausgewählter Ereignisse wird der Schüler wieder und wieder angeregt, »für sich selbst Paradoxie und Ironie zu entdecken, einem Dilemma mutig entgegenzutreten, zu erkennen, daß nicht alle Probleme lösbar sind, und Natur und Gebrauch von Werturteilen in praktischem Vollzug zu begreifen«. Dem liegt die Hoffnung zugrunde, der Schüler »werde bei seinem Versuch, sich zu erklären, warum besondere Menschen in besonderen Situationen so und nicht anders handeln, sein eigenes Verständnis dessen, was menschlich ist, vertiefen, er werde die Notwendigkeit des Menschen begreifen, inmitten von Unsicherheit zu handeln, die moralischen Dimensionen menschlichen Verhaltens sich kritisch vornehmen und Würde und Schwäche des Menschen besser verstehen«.

»Wenn wir diese Ziele verfolgen«, so sagt Professor *Brown,* »dann beginnen wir damit, so glaube ich, die Tatsache in den Griff zu bekommen, daß Natur und Ziele historischer Forschung sich von denen der Natur- und der Sozialwissenschaften subtil, aber wesentlich unterscheiden. ... Wir sind immer mehr davon überzeugt, daß der müde alte Geschichtsunterricht aufgrund neuer Lernansätze umgebildet werden kann, und daß Geschichte, erst einmal umstrukturiert, sich noch viel stärker als bisher als eigenständige Disziplin herausheben wird, die als solche an einigen Stellen des Gesamt-Curriculum ihren festen Platz haben muß.« Die Aufgabe, so schließt er, besteht nicht darin, Geschichte »zu retten«, sondern »die Social Studies in der Schule davor zu bewahren, eine Dimension zu verlieren, die Geschichte allein zu vermitteln in der Lage ist« [18].

Wenn die Geschichtslehrer an Colleges es fertigbringen, sich die Perspektive dieser Art von »neuer Geschichte« zu eigen zu machen, und das was sie verspricht, wenn sie anfangen, ihre eigenen Seminare im Lichte dieser Möglichkeiten zu überdenken, dann, und nur dann, wird die Zukunft des Geschichtsunterrichts und des Geschichtsverständnisses in den Schulen und in der amerikanischen Gesellschaft gesichert sein.

Anmerkungen

1 *Charles G. Sellers,* Is History on the Way out of the Schools and do Historians Care?, in: Social Education 33 (1969), S. 509–516.
2 Social Studies Framework for Public Schools of California: Prepared by the State Curriculum Commission, Sacramento: California State Department of Education 1962.
3 Report of the Statewide Social Sciences Study Committee to the State Curriculum Commission and the State Board of Education: Proposed K-12 Social Sciences Education Framework (hektographiert), Sacramento: California State Department of Education (Oktober) 1968.
4 *S. Samuel Shermis,* Six Myths which Delude History Teachers, in: Phi Delta Kappan (Sept.) 1967, S. 9–12.
5 *Oscar Handlin,* Live Students and Dead Education Why the High School must be Revived, in: Atlantic (Sept.) 1961, S. 29–34.
6 *Ira Marienhoff,* A School Teacher Looks at College Teaching, in: AHA Newsletter, V (April) 1967, S. 13–16.

7 *John M. Thomson,* Teachers, History and NDEA-Institutes 1965 (American Council of Learned Societies, 1966); *James Lea Cate,* The 1965 History Institutes Revisited (American Council of Learned Societies, 1966).
8 *Shermis,* Six Myths, loc. cit., S. 11; Memorandum an den Autor.
9 Persönliche Briefe an den Autor.
10 Report of the History Advisory Panel to the Statewide Social Sciences Study Committee, Sacramento: California State Department of Education (Dezember) 1967.
11 *Albert S. Anthony,* The Role of Objectives in the ›New History‹, in: Social Education 31 (1967), S. 574–580; *Richard H. Brown,* Richard H. Brown Replies, ibid. S. 584–587.
12 Vgl. zur Kennzeichnung seiner politisch-pädagogischen Axiome und Intentionen seinen Beitrag über Summerhill, in: summerhill pro und contra, 15 Ansichten zu A.S. Neills Theorie und Praxis, Reinbek 1971, S. 13–25 (Hrsg.).
13 *Richard H. Brown,* History as Discovery: An Interim Report on the Amherst Project, in: *Edwin Fenton,* Teaching the New Social Studies in Secondary Schools: An Inductive Approach. New York: Holt, Rinehart and Winston 1966, S. 444; *Edgar B. Wesley,* Let's Abolish History Courses, in: Phi Delta Kappan (September) 1967, S. 3–8 (vgl. oben S. 126 ff., Hrsg.); persönlicher Brief an den Autor.
14 *William H. Cartwrigth,* The Future of the Social Studies, in: Social Education 30 (1966), S. 79–82, 100.
15 *James, P. Shaver,* Social Studies: The Need for Redefinition, in: Social Education 31 (1967), S. 588–592, 596.
16 *Myron Matry/Jerrald Pfabe,* A Critical Reaction. Hektographiertes Memorandum, verteilt nach drei Sitzungen über Unterricht in den Sekundarschulen auf dem Kongress 1967 der »Organisation of American Historians«; *William R. Taylor,* The Wisconsin Laboratory Course in American History, in: AHA Newsletter VI (Febr.) 1968, S. 10–14.
17 *Richard H. Brown,* Richard H. Brown Replies, loc. cit.
18 *Richard H. Brown,* loc. cit.

Donald W. Oliver / James P. Shaver

Politische Fallstudien-Didaktik und ihr Stellenwert innerhalb der Social Studies[1]

Es handelt sich um eine Mischung von politischem Recht, Sozialethik, gegenwärtiger und noch heute relevanter historischer Fragen, die immer Streitfragen der öffentlichen Politik darstellen. Wir fassen Thematik und Methode in den Begriff »jurisprudential teaching« (Politische Fallstudien-Didaktik) zusammen (vgl. unten S. 226, Hrsg.).

Die Herausforderung durch die Sozialwissenschaften

Über viele Jahre hinweg war das hervorragende Merkmal eines »konventionellen« Social Studies-Programms die Vorherrschaft der Geschichte, besonders der europäischen und der amerikanischen. In den Jahren nach dem Sputnik-Schock wurde das konventionelle Curriculum herausgefordert durch einen neuen Ansatz, der vermutlich auf der »Struktur« der sozialwissenschaftlichen Disziplinen basiert. Diese Verschiebung zugunsten der Sozialwissenschaften ist ohne Zweifel hauptsächlich von großzügig finanzierten und auf breiter Basis publizierten Lehrplaninnovationen in Physik, Mathematik, Biologie und in den Elementarwissenschaften angeregt und gefördert worden. Auf diesen Gebieten haben Universitätslehrer und ausgewählte Schullehrer gemeinsam Materialien und Verfahrensweisen erarbeitet, welche die nach ihrer Auffassung entscheidenden Umrisse, Kategorien und die Methodologie ihres jeweiligen Fachbereichs vermitteln sollten – also das, was man heute als die »Struktur des Faches« bezeichnet. Der Grundgedanke, der die Vorstellung von Struktur stützt, wie *Bruner*[2] sie entwickelt hat, ist ganz einfach: wenn die Grund-»Begriffe« eines Forschungsgebiets sorgfältig identifiziert und festgelegt und die sich ergebenden Zusammenhänge analysiert sind, haben wir die effektivste Basis, um ein Curriculum entwerfen und aufbauen zu können; effektiv in dem Sinne, daß der Schüler schneller und leichter sein »Thema« begreifen wird. Denn die Klarheit des »Begriff Strom« soll dem Schüler den Zusammenhang zwischen Begriffssystem und den Problemen, mit denen das Fach sich auseinanderzusetzen versucht, so einsichtig machen, daß sich die Bedeutungen erschließen, wenn der Lehrer von einem Begriff zum anderen im System fortschreitet. Darüber hinaus soll der Prozeß, in dem die Elemente der Struktur, welche den Problemen des Fachs Inhalt und Bedeutung geben, langsam und sorgfältig enthüllt werden, auf den Schüler eine starke motivierende Wirkung ausüben. Der Beleg dafür ist ohne Zweifel eine Projektion des Engagements des Wissenschaftlers bei neuen Entdeckungen auf das erwartete schulische Lernen. *Bruner*'s Erörterung der »Struktur« und seine Spekulationen über verwandte Probleme der Lerntheorie, wie z. B. Bereitschaft, Motivation und Bedingungen der Vermittlung, legen somit nahe, daß es zur Entwicklung eines Curriculum zumindest zweier Anfangsschritte bedürfe: (1) der Definition und Beschreibung der Grundstruktur einer Disziplin durch einschlägige Wissenschaftler, und (2) der Formulierung von Aufgaben für den Schüler, die ihn diese Struktur entdecken (vielleicht ist neuentdecken der angemessenere Ausdruck) und anwenden lassen [3]. Der gegenwärtige Einfluß des Begriffs der Struktur auf die Social-Studies-Lehrer [4] ist kaum zu überschätzen, obwohl es an vorderster Front kaum Verhaltensänderungen gegeben hat. Wahrscheinlich ist die ewige Kluft zwischen den in den Curricula empfohlenen Praktiken und den Praktikern im Klassenzimmer bis zu einem gewissen Grade Ergebnis des nicht eindeutigen Stellenwertes der Geschichte auf der Milchstraße der Sozialwissenschaften. Ist Geschichte eine Sozialwissenschaft? Hat Geschichte eine »Struktur« im gleichen Sinne wie zum Beispiel die klassische Ökonomie?

Geschichte kann nicht so einfach von den Sozialwissenschaften zusammengeschrieben werden, da sie den Stoff enthält, aus dem die anderen, stärker strukturierten Disziplinen gemacht sind und mit dessen Hilfe sie sich überprüfen lassen. Es ist aber klar, daß sowohl Sozialwissenschaftler wie auch Historiker sich hinsichtlich der wissenschaftlichen und der schulischen Funktion des Historikers nicht sicher sind. Ist es das Ziel des Historikers bei seiner Arbeit, eine Kombination aus Tatsachen, Mythos und Legende zu schaffen, um die geheiligten Werte und Praktiken der Kultur vorzustellen? Ein Beispiel dafür wäre die endlose Fortsetzung des Berichts über *Paul Revere's* Ritt und die Schlacht von Lexington, weil solche Begebenheiten einen mutigen und unabhängigen Geist zeigen, obwohl bekannt ist, daß in einem erheblichen Grad beide Geschichten homerische Prosa sind.

Geschichte kann auch als *spezifische dramatische Erzählung* gemeint sein, als der in vernünftigem Maße genaue Bericht eines Ereignisses oder von Ereignisketten, wobei sogar zugegeben wird, wie problematisch die Beschaffung von Beweismaterial und seine Organisation im Sinne der selektiven Verzerrungen durch den Historiker sind. Diese Art der Erzählung hat eine lange und erlesene Vergangenheit von *Thukydides* bis zu *Catton* [5] und *Shirer* [6]. Oder ist die Geschichte die *schematische Darlegung* der Hauptströmungen oder »Epochen«, welche eine Gesellschaft oder Zivilisation über lange Zeiträume hinweg kennzeichnen? Die meisten Lehrbücher fallen unter diese Kategorie, aber auch die Werke so ausgezeichneter Historiker wie *Morison* [7], *Toynbee* [8] und *McNeill* [9] gehören hierher.

Manche sehen in der Geschichte eine Sozialwissenschaft, eine Art zweidimensionaler Verhaltenswissenschaft, deren Hauptzweck es ist, explizit Begriffssysteme zu entwickeln, nach denen Begebenheiten geordnet und koordiniert werden können, oder, um es anders auszudrücken, anhand deren Hypothesen aufgestellt und systematisch überprüft werden können [10].

Diese zuletzt genannte Auffassung von Geschichte ist zwingend, wenn wir von der »Struktur« der Geschichte in gleichem Sinne sprechen wollen, wie wir von der »Struktur« der Soziologie oder Ökonomie sprechen.

Der Stellenwert, den Geschichte in einem Curriculum erhält, das auf der Struktur der Sozialwissenschaften beruht, hängt offensichtlich davon ab, welcher Auffassung von Geschichte man sich anschließt. Es ist fraglich, ob die Vertreter des »strukturierenden Verfahrens« die Lehrer, denen gewöhnlich die sozialwissenschaftliche Perspektive abgeht, davon überzeugen können, sie häten den richtigen Zweck und Stellenwert des Geschichtsunterrichts herausgefunden. Tatsächlich gibt es kaum Belege dafür, daß diese Frage bisher zum Problem geworden ist.

Die derzeitige Betonung der Sozialwissenschaften als Basis der Curriculum-Entwicklung hat nicht nur ein »Identitätsproblem« für Historiker und Geschichtslehrer mit sich gebracht, sondern hat auch einige ernsthafte Fragen im Hinblick auf die »staatsbürgerliche Eriehung« aufgeworfen. In welchem Ausmaß der Bürger die Begriffe der Sozialwissenschaftler transformieren und sie im Dialog um öffentliche Kontroversen nützlich finden kann, ist eine offene Frage. Ganz sicher spielt die Terminologie des Ökonomen zum Beispiel eine wichtige Rolle im öffentlichen Gespräch.

Und doch scheint die Wahrnehmung des Sozialwissenschaftlers in öffentlichen Fragen durch die Rigidität vielleicht seiner eigenen begrifflichen Schemata in dem Maße, in dem Vertreter des strukturierenden

Verfahrens behaupten, die Hauptziele von Erziehung und Ausbildung bestünden in der Forschung und in der Suche nach Wissen innerhalb der hochspezialisierten Rahmen, wie sie in der Arbeit jener vor allem wissenschaftlich Engagierten zu finden sind, für die allgemeine Ausbildung in den Social Studies fragwürdig. Außerdem reflektiert eine solche Einstellung eine etwas engherzige Auffassung, insofern sie nämlich annimmt, die Schüler – und ihre Lehrer – stellten Fragen und beantworteten sie ganz im Einklang mit den Arbeitsnormen und dem Stil des Wissenschaftlers. Es ist keineswegs sicher, ob der Sozialwissenschaftler einen so zwingenden Beitrag zur Klärung und Lösung wichtiger sozialer Probleme geleistet hat, daß seine Denkweise das Modell angäbe, dem nun zu folgen und das zu lehren sei. Eine gewisse Engstirnigkeit im Denken des Durchschnitsakademikers [11], die durch unzählige wissenschaftliche Arbeiten belegt ist, läßt uns dieser Basis des Social Studies-Curriculum mit zwei wichtigen Vorbehalten begegnen. Zum einen gibt es Denk- und Aktionsmodelle, die offensichtlich für die Ziele der Sozialwissenschaften von Bedeutung sind, die aber dennoch in den akademischen Arbeiten der Sozialwissenschaftler keinerlei Beachtung finden. Und zum anderen scheint der Sozialwissenschaftler eine besondere Neigung zu verspüren, aus der Tatsache, daß *seine* Strukturen die soziale Welt für ihn sinnvoll und aufregend machen, den allgemeinen Schluß zu ziehen, daß dieselben Strukturen aller Nachkommenschaft und besonders den unruhigen Kindern und Jugendlichen als sinnvoll und aufregend erscheinen werden.

Alternative Modelle

Vier wichtige Vorbilder, die aus den Sozialwissenschaften herausfallen und doch für die Social Studies wichtig zu sein scheinen, sind der Historiker als Dichter und weiser Mann (wie *Morison*); der sokratische oder prophetische Philosoph (wie *Tillich*); der politische Aktivist oder Bürgerrechts-Politiker (wie *Martin Luther King*); und der Journalist (wie *Lippmann*).
Der Dichter-Historiker stellt »Wissen« so zusammen, daß es der Kultur neue Bedeutung und neue Einsicht vermittelt. Seine Werke ermöglichen es dem jungen Menschen, rohe Stammesimpulse in zivilisiertes Pathos zu übersetzen. Meilensteine unserer Zivilisation – die jüdisch-christliche Ethik, die anglo-amerikanische Verfassungstradition, die Liebe zur Vernunft auf Kosten von Gewalt – erhalten in den dramatischen

und poetischen Schriften, wie die großen Historiker jeder Generation sie uns darstellen und erneut darstellen, eine tiefe Bedeutung. Ganz sicher ist dies ein wichtiger Aspekt in der staatsbürgerlichen Erziehung.

Der Philosoph stellt beständig Grundsatzfragen hinsichtlich der Feststellung intellektueller Wahrheit und nimmt etablierte Normen über das, was der Welt der Wissenschaft und der Gesellschaft im Gesamten häufig als gut und richtig gilt, unter die Lupe. Gerade weil der prophetische Philosoph häufig versucht, alte Strukturen aufzubrechen und die Gesellschaft in einem neuen Licht zu sehen, schätzen wir seinen Beitrag. Und obwohl die Rolle des Wissenschaftlers, einschließlich der des Sozialwissenschaftlers, philosophische Elemente insofern einbegreift, als er versucht, das Wissen systematisch zu ordnen, unternimmt er es selten, die philosophischen Aspekte seiner Arbeit (wenn sie nicht »Methodologie« betreffen) formell zu organisieren. Er wird auch nicht als Wissenschaftler in axiologische Fragen verwickelt.

Wie steht es mit dem Aktivisten, dem »Juristen« und Staatsmann, der unmittelbar in die Probleme verwickelt ist, vor denen die Gesellschaft steht? Seine Rolle kann die des zornigen jungen Freiwilligen sein, der bestrebt ist, gegen Ungerechtigkeit zu kämpfen, oder die des Beamten in Regierungsdiensten. Angenommen, wir brauchen Aktivisten, wie bilden wir sie aus? Sollte ein Social Studies-Programm absichtlich den Samen der Abweichung im Sinne der sokratischen Tradition säen? Sollte es versuchen, extreme Abweichung durch Vernunft und Reflexion zu mäßigen? Wenn der Sozialwissenschaftler über strukturierenden Unterricht spricht, werden solche Fragen, wenn überhaupt, doch nur implizit behandelt.

Und was ist schließlich mit dem intelligenten Journalisten, der hart an sich gearbeitet hat und über Ereignisse objektiv berichtet und dauernd versucht, diese Ereignisse in eine historische und ethische Perspektive zu rücken? Stellt er ein Vorbild dar, das nützlich ist für die Social Studies, und gibt es eine Struktur des Wissens nach seinem Modus Operandi, die sich verbalisieren läßt?

Es ist klar, daß Dimensionen der Einstellung und des Temperaments ebenso wie des Intellekts quer durch die Ziele jedes Social Studies-Programmes gehen – Dimensionen wie Hingabe und Bereitwilligkeit, sich an den politischen Prozessen der Gesellschaft zu beteiligen, Objektivität und Perspektive und die Neigung, die eigene begriffliche Kraft und neues Wissen zu benutzen, um alte Begriffe zu modifizieren. Wenn man ein potentielles Social Studies-Programm betrachtet, das solche Ziele im Sinn hat, scheint eine Konzentration auf den akademischen

Wissenschaftler als Vorbild für eine intelligente staatsbürgerliche Existenz nicht angebracht.

Schüler und Struktur

Jedes Social Studies-Programm muß die Tatsache in Betracht ziehen, daß der Schüler bereits mit einer »soziale Theorie« im Kopf in die Schule kommt, eine, die es ihm ermöglicht, recht gut zu »funktionieren«. In den Unterrichtsrahmen bringt er ein recht stabiles System zusammenhängender persönlicher Interpretationen ein, die seine emotionalen und intellektuellen Reaktionen auf politische und soziale Ereignisse beeinflussen [12]. Unterrichten ist also mehr als nur die Vermittlung intellektuellen akademischen Rüstzeugs. Eher besteht es darin, die bereits vorhandenen intellektuellen und emotionalen Wahrnehmungsraster zu formen, zu verändern und zu entfalten. In dieser Hinsicht unterscheiden sich die Sozialwissenschaften ganz sicherlich von der Mathematik und der Physik; hier bringt der Schüler kaum hochdifferenzierte Begriffe mit, weil dieser Forschungsbereich nicht so sehr Teil der allgemeinen öffentlichen Diskussion ist. Dennoch sind die Grenzen keineswegs scharf gezogen; die amerikanische Erfahrung mit einem Unterricht zum Problem der Evolution ebenso wie schon früher Galileis Problem beim Versuch, das Verständnis des physikalischen Universums in eine neue Richtung zu lenken, zeigen, daß Unterrichten, selbst wenn biologische oder astronomische Interpretationen dem überkommenden Wissen der Gesellschaft widersprechen, mehr bedeutet und erfordert als die Entdeckung von Strukturen. Was sozialwissenschaftliche Theorie und sozialwissenschaftliche Kenntnisse so besonders aufregend sein läßt, ist in der Tat ihr Potential, die bereits vorhandenen persönlichen Theorien, die der Schüler von der sozialen Wirklichkeit hat, abzusichern, auszuweiten oder zu widerlegen.

Diese Situation kann derjenige, der das Curriculum zu machen hat, auf verschiedene Weise angehen: er kann versuchen, sein Material an die bestehenden »Sozialtheorien« des Schülers anzuhängen und darauf aufzubauen, indem er Probleme in einer solchen Weise umreißt oder Information so präsentiert, daß sie dem Schüler relevant erscheinen; er kann mit voller Absicht Material auswählen, das so abstrakt und zusammenhanglos wie möglich ist, so daß die Schüler das Lernen nicht durch ihre persönliche Weltsicht »infizieren« können; oder er negiert einfach die möglichen Überschneidungen der beiden Realitäten. Die zweite Alternative erscheint herzlich wenig überzeugend. Die dritte hat zwar auch kaum etwas für sich, scheint aber jene Alternative zu sein, die der Curriculum-Autor wählt, der sein Fach ohne großen Bezug zu den Schülern analysiert [13]. Wie gründlich unangemessen diese Alternative ist, wird deutlich in den armseligen Niederschriften zu so vielen Einführungskursen der verschiedenen Sozialwissenschaften an den Colleges.

Die Punkte sind gewöhnlich von besonderem Interesse und von größerer Bedeutung für die Schüler, die eindeutig persönliche oder gesellschaftliche Probleme oder soziales Handeln implizieren. Sozialwissenschaftler können in ihrer Rolle als Wissenschaftler je nach Belieben sich mit der Relevanz ihres Faches für gesellschaftliche Probleme befassen oder es unterlassen, Social Studies-Lehrer jedoch müssen sich mit solchen Überlegungen sehr wohl abgeben. In dem Maß, in dem der Akademiker ehrlich bestrebt ist, als Erzieher zu agieren, muß er die verschiedenen Normen gesellschaftlicher Gerechtigkeit und individueller Tugend erklären und rechtfertigen, die seinen curricularen Entscheidungen zugrunde liegen. Das erfordert eine Perspektive, die über sein eigenes Fach hinausgeht. Mehr als interdisziplinäre Weitherzigkeit ist verlangt. Der Sozialwissenschaftler muß die möglichen Beiträge des Historikers aus dessen evtl. günstigeren Perspektiven ernsthaft reflektieren, und der Historiker muß umgekehrt den Beiträgen des Sozialwissenschaftlers zum Verständnis und zur Vorhersage individuellen und kollektiven Verhaltens Beachtung schenken. Die rechtlich-verfassungsmäßige Basis des modernen demokratischen Staates muß ebenso mitbedacht werden, wie das logisch-rhetorische Element in der öffentlichen Diskussion, das gemeinhin als die Fähigkeit zu reflektivem Denken apostrophiert wird. Außerdem dürfen gesellschaftliche Probleme nicht nur als akademische historische oder sozialwissenschaftliche Probleme gesehen werden; sie müssen als Probleme gelten, die für die Individuen ein ethisch-rechtliches Dilemma bedeuten. Jedes einzelne dieser Elemente einer breiten Perspektive betont einen anderen, aber vitalen Aspekt politischer Teilnahme in einer demokratischen Gesellschaft.

Dies führt zu einer allgemeinen Frage, die von entscheidender Bedeutung für die Lehrplangestaltung und den Unterricht in den Social Studies ist: Können wir eine Struktur finden oder schaffen, deren Basis breiter ist als jede der einzelnen Universitätsdisziplinen? Die Curriculum-Autoren müssen versuchen, Elemente etlicher traditioneller Disziplinen rund um den Begriff des »demokratischen Konstitutionalismus« zu integrieren. Die Entwicklung solcher »Metastrukturen« erfordert die gemeinsame Anstrengung unkonventioneller Wissenschaftler, die sich ganz darauf einlassen können, Bürger darauf vorzubereiten, an den Willensbildungs- und Entscheidungsprozessen einer demokratischen Gesellschaft teilzunehmen, und die sich eben nicht auf das Ziel konzentrieren, bibliotheks- oder laboratoriumsorientierte Wissenschaftler für die Universität hervorzubringen.

Wieviel historischer »Hintergrund«?

Wie sehr Ursprung und Basis der Struktur in den sozialwissenschaftlichen Disziplinen sich von denen der »politischen Fallstudien-Didaktik« auch unterscheiden mögen, beide Ansätze haben eine fundamentale Ähnlichkeit; beide betonen den *Prozeß* bei Gebrauch oder Entdecken analytischer Begriffe, um das Datenmaterial in einen Zusammenhang zu stellen; sie betonen den Prozeß beim Suchen nach Daten, um analytische Strukturen zu klären und zu testen. Beide verwerfen die Vorstellung, Unterricht habe Wissen in den Schüler und Studenten »hineinzustopfen«, das akkumuliert und dann später bei Gebrauch wieder »ausgeschüttet« werde. In ihrer Betonung der eher kargen und sorgfältigen Auswahl des Inhalts, was Entdecken, Klären und Testen der Struktur angeht, machen beide Ansätze einen radikalen Wandel im Status quo des Social Studies-Curriculum erforderlich. Denn der geschichtsorientierte Lehrer, der nach einem geschichtsorientierten Curriculum arbeitet, betrachtet häufig die Kenntnis historischer Fakten als Wert an sich oder zumindest als Weg zu irgendwelchen vagen intellektuellen Fähigkeiten (»historische Perspektive«; »Einschätzen der Bedeutung der Vergangenheit«). Das »Komitee der Sieben« formulierte wie folgt: » ... bewußter Fortschritt und lohnende Reform lassen sich nicht ohne die Kenntnis der Gegenwart und eine Beurteilung der verschiedenen Kräfte in der sozialen und politischen Organisation früherer Zeiten erreichen. Wenn das so ist, müssen wir dann nicht ernsthaft dafür eintreten, daß die Jungen und Mädchen in der Schule mit der Vergangenheit, welche die Gegenwart gezeugt hat, vertraut zu machen seien — daß historisches Bewußtsein in gewissem Sinne und bescheidenem Maße in ihnen zu pflegen sei und daß sie sich daran gewöhnen, oder wenigstens anfangen sollten, sich daran zu gewöhnen, das, was war, in Betracht zu ziehen, wenn sie diskutieren, was sein sollte?« [14]
Als generelle These gilt, daß eine umrißhafte geschichtliche Vorstellung für eine angemessene Betrachtung der Gegenwart wesentlich ist. Ohne diese Grundvorstellung, die gewöhnlich eine allgemeine Grundschulung voraussetzt, wird der einzelne ein recht verzerrtes Bild von der gegenwärtigen gesellschaftlichen Wirklichkeit haben.

Ein Problem der Gegenwart muß man im historischen Kontext sehen, um adäquat verstanden zu werden. Man kann jedoch den historischen Hintergrund eines Problems zweifellos mit Hilfe des thematischen Ansatzes oder dem der »historischen Krise« gewinnen. Nichts an der »politischen Fallstudien-Didaktik« diktiert irgendein besonderes Verfahren zur Organisation historischer Information oder schließt es aus. Unabdingbar aber muß das Curriculum dem Schüler die Zusammenhänge zwischen Informationen und ihrer möglichen Anwendung bei der Analyse gesellschaftlicher Probleme klarmachen.

Ein kurzer Kommentar sollte verdeutlichen, wie unangemessen die These ist, das Geschichtsstudium vermittle eine umfassende differenzierte Perspektive. Natürlich kann ein Geschichtsstudium jemanden durchaus auch eine enge und schiefe Sicht der Vergangenheit verschaffen und ihn die Gegenwart etwas verzerrt sehen lassen (viele Kurse zur Geschichte der Vereinigten Staaten erzielen in der Tat ein solches Ergebnis). Es hängt vom Standpunkt ab, von dem aus Geschichte studiert wird, die *Vielfalt* der dabei eingenommenen Standpunkte eingeschlossen (dasselbe gilt für die verschiedenen »Strukturen« in den Sozialwissenschaften). Dickleibige Bücher sind über die Faktoren geschrieben worden, die des Historikers Wahrnehmung und Interpretation der Vergangenheit beeinflussen [15]. Lassen wir es bei der Feststellung bewenden, daß ein Geschichtswerk die Totalität der Vergangenheit nicht darstellen und reproduzieren kann. Eher bringt es Konzeptionen, die auf einer begrenzten Anzahl von Zeugnissen und damit nachgezogenen Spuren beruhen. Obendrein hat der Historiker, der es im allgemeinen ablehnt, sich auf quantitative Daten und die Technik, sie zu sammeln und zu analysieren, zu verlassen [16], sich in der Anzahl der Zeugnisse und Spuren, auf die er sich in seiner Analyse beziehen kann, so sehr beschränkt, daß die Validität des Bildes, das jeder einzelne Historiker sich von der Vergangenheit macht, in Frage gestellt werden muß. Diese Bemerkungen gelten vor allem den Handbüchern der Geschichte, die auf begrenzter Seitenzahl einen weiten historischen Bereich erfassen.

Nach dem pädagogischen Wert der Geschichte zu fragen verlangt sorgfältig zu definieren, was unter »Geschichtsstudium« verstanden werden soll. Bei den Curricula, für die wir uns stark machen, verbringt der Schüler einen großen Teil der Zeit mit dem »Geschichtsstudium«. Aber er tut dies mit der spezifischen Absicht, sich Wissen zu erwerben, um strittige Fragen nachhaltig analysieren und dann einen einsichtsvollen, vernünftigen politischen Standpunkt einnehmen zu können. Die Überzeugung des Historikers vom Wert der Geschichte ist unzweifelhaft in der Tatsache begründet, daß er sie schreibt. Selbst »Geschichte zu schreiben« könnte sehr erstrebenswerte Auswirkungen auf den Schüler haben, weil er dann einen analytischen Rahmen anwenden müßte, mindestens implicite in dem Bestreben, seine Fakten zu ordnen. Nur wenige Lehrer aber lehren ihre Schüler, die Vergangenheit zur Analyse der Gegenwart zu benutzen, oder um »Geschichte zu schreiben«. Im allgemeinen memorieren Schüler Geschichtsbücher [17].

Kritik der »politischen Fallstudien-Didaktik«

Ist ein Fallstudien-Curriculum »sicher«? Eins kann als Begründung für das Kleben an »historischen Fakten« in einem Social Studies-Programm zumindest genannt werden: es ist sicher. In einem solchen Lehrplan steckt wenig, was auf seiten der Schüler heftige Gefühle – außer jenen der Langeweile – erwecken oder hitzige Diskussionen über kontroverse Probleme aufkommen lassen könnte. Eine Kritik, die gegen das von uns vorgeschlagene Curriculum erhoben wird, bezieht sich auf die relative Unreife der Schüler der Klasse 7 bis 12 und ihre entsprechenden Fähigkeiten oder Unfähigkeiten oder auch Bereitschaft, mit komplizierten öffentlichen Problemen umzugehen. Schüler dieses Alters werden häufig als zu jung bezeichnet, um sich mit Fragen gesamtstaatlicher Relevanz zu befassen. Es wird gesagt, es mangle ihnen nicht nur an der ausreichenden Erfahrung, die großen Probleme, vor denen die Gesellschaft steht, zu »verstehen«, sondern sie seien so unreif, daß sie dauernden emotionalen oder psychischen Schaden nähmen, setze man sie so früh solchen Problemen aus.

Die Kritik, den Schülern mangele es an Erfahrung, provoziert die Rückfrage. Wann hat der Mensch das höchste Maß kritischer »realistischer« Erfahrungen, über die er einige Kontrolle besitzt, erreicht? Wahrscheinlich beim formellen Schulabschluß, wenn er anfängt Karriere zu machen und seine eigene Familie gründet. Natürlich ist zu dieser Zeit das Fundament eines generellen Erziehungsprogramms gelegt. Trotz Wiederauflebens der Erwachsenenbildung liegt es auf der Hand, daß unser Programm hier nicht zu praktizieren ist. Der kleine Prozentsatz der zu erreichenden Personen, die Zahl der erforderlichen Jahre und die Wahrscheinlichkeit, daß die kognitiven Muster des einzelnen am Ende seines zweiten Lebensjahrzehnts zu sehr festgelegt sind, all dies spricht dagegen, den Zeitpunkt, zu dem man Schüler mit öffentlichen Problemen konfrontieren sollte, so lange hinauszuschieben, bis sie den »Mangel an Erfahrung« aufgeholt haben. In jedem

Falle ist die Behauptung, Erwachsene verfügten über wichtige Erfahrungen von direkter Relevanz für grundlegende gesellschaftliche Probleme, sehr suspekt. Alter allein ist wohl weniger gewichtig unter den Faktoren, die die erforderliche Erfahrung gewährleisten, dagegen eben doch das Maß, in dem analoge Erfahrungen des Kindes (etwa mit Herrschaft zu Hause oder in der Schule) auf die gesellschaftlichen Probleme bezogen werden können. Wichtig ist, daß Erfahrungen aus zweiter Hand durch gutes Unterrichtsmaterial (Filme, Fernsehen und Einzelfallstudien) verfügbar gemacht werden können.
Der Einwand, Sekundarschüler seien zu unreif, um sich mit öffentlichen Problemen auseinanderzusetzen, ist noch weniger überzeugend. Jugend in anderen Gesellschaften, die vor schwierigen Lebensfragen stehen, übernimmt Erwachsenenrollen in zartem Alter. Da unserer Gesellschaft heute ihre eigene Überlebensfrage gestellt ist, sollte und könnte zweifellos die Übernahme von Erwachsenenaufgaben für die Gesellschaft in viel früherem Alter erfolgen. Reife im Verständnis und der Praxis sozialer Freundlichkeit und heterosexuellen Verhaltens ist auf die Junior High School vorverschoben. Warum gibt man der intellektuellen Reife nicht den gleichen Anstoß? Tatsächlich ernten unsere Jugendlichen wenig Gratifikationen, wenn sie verantwortungsvolles Interesse für nationale und gesellschaftliche Belange zeigen. Eher werden sie mit einem Angriff auf ihre »offensichtliche« Unreife oder ihren Mangel an Verantwortung bestraft, wenn sie aktives Interesse an solchen Fragen bekunden – besonders wenn sie der Position eines Erwachsenen opponieren. Gibt es irgendeinen Grund, warum man jungen Leuten in der Pubertät nicht intellektuelle Integrität zugestehen und sie entsprechend behandeln sollte? Gegenwärtig herrscht die Tendenz vor, sie aus intellektuellen Verantwortlichkeiten herauszuhalten, als da sind die Analysen schwieriger Probleme unserer Gesellschaft, bis sie 18 oder 20 Jahre erreicht haben, ein Alter, in dem die kritischen persönlichen Probleme des Berufs, der Heirat und der finanziellen Unabhängigkeit sie zu überwältigen drohen. Ist es z. B. ein Wunder, daß die Zahl der abgegebenen Stimmen Jugendlicher bei Wahlen so gering ist? Warum nutzt man nicht die Sekundarschuljahre, um ein anhaltendes und konsistentes Interesse an öffentlichen Angelegenheiten zu wecken und zu pflegen?
Zugegeben, weitere Forschung ist nötig, ehe gesicherte Antworten gegeben werden können auf Fragen nach dem Alter, in den Schüler mit den Grundproblemen unserer Gesellschaft konfrontiert werden sollten. Trotz gelegentlicher Warnungen, unser Curriculum ziehe unseren »Kindern« den Boden unter den Füßen weg, haben wir die Erfahrung

gemacht, daß die politischen Fallstudien die Schüler keineswegs in Verwirrung stürzen. Wenn überhaupt, scheint das Gegenteil der Fall zu sein. Der Schüler bekommt einen wachen Sinn für seine eigene intellektuelle Kraft. Zudem erscheint ihm dieser Ansatz anregend und befriedigend, da er in die Debatte über wichtige Probleme der Gesellschaft einführt, statt historische Fakten aufzuhäufen oder die abstrakten Probleme der Sozialwissenschaftler zu diskutieren. Es geschah nicht selten nach Abschluß unseres Projekts, daß Schüler die Lehrer der Junior High School besuchten, um dem Interesse nachzugehen, das unser experimentelles Curriculum geweckt hatte, besonders im Gegensatz zum traditionellen Geschichtsprogramm, dem sie dauernd ausgesetzt waren. Schon allein aus Motivationsgründen hat ein Social Studies-Curriculum, das die Schüler in Diskussion und Analyse öffentlicher Probleme verwickelt, viel für sich.

Noch ein dritter Aspekt der Kritik des »zu gefährlich« verdient Beachtung: der scheinbar der »politischen Fallstudien-Didaktik« immanente Negativismus. Man sieht eine Gefahr darin, daß vielleicht zu viel Gewicht auf die desintegrativen Kräfte innerhalb der Gesellschaft und auf die Verletzung fundamentaler amerikanischer Werte oder die Konflikte zwischen ihnen gelegt wird. Man vermutet, dadurch werde das Vertrauen des Schülers in die demokratische Gesellschaft unterminiert.

Die erste Antwort auf diese Kritik kann nur sein, daß unser experimentelles Curriculum weit mehr Gewicht und viel mehr explizite Beachtung auf die positiven Werte der amerikanischen Gesellschaft und der Regierungsinstitutionen, mit deren Hilfe wir diese Werte zu schützen und zu fördern hoffen, legt als das traditionelle Social Studies-Curriculum. Es läßt sich nicht bestreiten, daß ein Curriculum, dem schwierige menschliche Probleme zugrunde gelegt sind, explizit und weitausholend die fundamentalen Wertkonflikte in der Gesellschaft beschreiben und zudem noch feststellen muß, daß sie niemals endgültig zu lösen sind. Wir hoffen, daß durch die Einsicht in solche Wertwidersprüche als Bestandteil des analytischen Bezugsrahmens der Schüler ein größerer Abbau der Institutionen, die ein Erbe des Pluralismus zu schützen haben, vermieden werden kann. Die Beurteilung der Rolle dieser Institutionen für die Vermittlung und Schlichtung in Konfliktfällen, die sich aus unterschiedlichen Interpretationen und Ansprüchen in bezug auf die Verfassungsgrundsätze ergeben, ist wesentlicher Bestandteil des Vertrauens und Respekts gegenüber unserem Regierungssystem. Und es ist vielleicht besser zu erkennen, daß diametral entgegengesetzte Positionen innerhalb des amerikanischen Wertsystems eingenommen werden können, als von der Annahme auszugehen, wie

so viele Erwachsene es tun, daß alle, die in der Opposition sich befinden, notwendig engstirnig und fanatisch seien. Eine solche Einstellung und Erkenntnis schafft einen weiteren und emphatischeren Zusammenhang für Diskussion und Debatte.
Es gibt natürlich noch eine zweite ernsthafte Kritik, die dem Negativismus gilt. Sie tritt unserer zentralen Annahme entgegen, öffentliche Kontroversen seien das unabdingbare Recht einer freien Gesellschaft. Ein Kritiker könnte fragen: Mit welchem Recht stellen wir ein Erziehungsprogramm auf, das davon ausgeht, eine Kultur, in der Nächstenliebe, Selbstaufopferung und universelle Brüderlichkeit gelte, könne selbst durch bewußte und gewissenhafte Bemühungen von Philosophen und Erziehern nicht geschaffen werden? Die Antwort muß lauten, daß man die Menschen Liebe und Opferbereitschaft nicht lehren kann, ohne ihnen zu sagen, was sie lieben und wofür sie sich opfern sollen. Der Wert, der in unserer Gesellschaft übereinstimmend anerkannt zu sein scheint – vielleicht in der westlichen Kultur überhaupt –, ist menschliche Würde und Selbstverwirklichung, und dies hat – wir haben es bereits betont – für die einzelnen Gruppen und Individuen in der Gesellschaft unterschiedliche Bedeutung. Wir können nicht bestreiten, daß die christliche Ethik mit ihrer universellen Brüderlichkeit – oder die kommunistische Version – sich auf Erden eventuell verwirklichen läßt und es allen Menschen ermöglicht, in gleicher Weise zu sehen und zu entscheiden, was wahr und gut ist, und so die politischen Institutionen der Gesellschaft allmählich verschwinden läßt. Dann reduziert sich die Frage darauf, ob die öffentlichen Schulen für die Vermittlung einer solchen Ethik verantwortlich sind. Wir glauben es nicht. Viel eher ist es die Aufgabe allgemeiner Erziehung in den Social Studies, den Schüler vor allem mit der Vielfalt politischer und ethischer Tradition vertraut zu machen, die hauptsächlich das Denken des westlichen Menschen geformt hat. Teilweise verdanken wir dieses Erbe den scharfzüngigen Juristen aus Rom und England, die an der Erfindung und Schaffung brauchbarer Institutionen, die sich mit politischen und ideologischen Kontroversen befaßten, beteiligt waren. Ein Teil der Tradition stammt von den Christen, die eine Gemeinschaft von Menschen vor sich sahen, die Klasse, Rasse und Nation überwindet. Jede einzelne dieser ethischen Positionen unter Ausschluß anderer zu lehren, wäre Anmaßung von seiten des Lehrers; er überschritte seine persönliche Autorität und seine Verantwortung gegenüber einer vielfältigen Gesellschaft [18].

Wann ist die Struktur für die Analyse öffentlicher Kontroverse unangebracht?
Eine weitere wichtige Kritik an unserem Curriculum rührt von der dynamischen Natur der amerikanischen Gesellschaft her. Obwohl wir die grundlegende Gesellschaftstheorie, die unser Projekt stützt, als »demokratischen Konstitutionalismus« bezeichnet haben, ist sie offenkundig vor allem eine systematische Auswahl Jeffersonscher Prinzipien, und sie ist eindeutig bedingt durch die Realität der zweiten Hälfte des 18. Jahrhunderts. Die »Realität« hat sich verändert. Die Bereiche, die sich einschneidend gewandelt haben, schließen ein: die Entwicklung halbdauerhafter, organisierter Interessen und Gruppierungen (d. h. politische Parteien, Interessenverbände, Vereinigungen) mit wichtigem politischen und häufig rechtlichen Status; das Entstehen verschiedener interdependenter Weltgesellschaften zumindest im ideologischen, militärischen und ökonomischen Sinne; und die Ausweitung der Regierungsverantwortlichkeit von der Schlichtung im Konfliktfalle auf die volle und sogar intensive Bemühung um die Schaffung der »Great Society«.
Der Lehrplangestalter, der ein solches Modell verwendet, muß sorgfältig zwischen den Idealen der Gesellschaft und ihrer Realität unterscheiden. Daß die Gesellschaft sich verändert hat, bedeutet nicht notwendig, daß die Ideale nicht länger praktikabel wären; es bedeutet, daß sorgsam verfahren werden muß, will man ihre Interpretationen und ihre Anwendung im modernen Kontext formulieren. Permanente Aufmerksamkeit in bezug auf Veränderungen in der Gesellschaft und die Implikationen für politisch-ethische Fragen ist geboten.

Die Zukunft der politischen Fallstudien-Didaktik

Unser Social Studies-Curriculum konzentriert sich auf die Analyse öffentlicher Probleme, deren Kern jeweils ein rechtlich-ethisches Dilemma darstellt. Dieser Ansatz schlägt vor, das Social Studies-Curriculum möge die inneren Konflikte der amerikanischen liberalen Tradition eher unterstreichen als umgehen, nicht anders als die Konflikte zwischen Gruppen und Parteien innerhalb der Gesellschaft. Dieses Erziehungsmodell ist nicht radikal; es ist so alt wie das klassische Griechenland. Die Realisierung des Ansatzes in größerem Maßstab ist jedoch so weit entfernt von allen gegenwärtigen curricularen Entwürfen, daß sie das grundsätzliche Überdenken der Ziele und Programme der Social Studies in den amerikanischen Sekundarschulen erforderlich macht. Etliche Punkte haben für ein solches Überdenken Gewicht. Erstens sollte die Verfügbarkeit über Fallstudien, d. h. über das Material, das sich am besten für die Arbeit an öffentlichen, rechtlich-ethischen Problemen eignet, in naher Zukunft drastisch zunehmen, zumal die audio-visuellen Medien und das Verlagswesen die »Revolution« der nichtteuren Kommunikation kräftig vorantreiben. Das wird aber nur geschehen, wenn Curriculum-Autoren an den Universitäten und Schulen Modelle liefern und der Industrie das Tempo angeben, und wenn öffentliche Schulen ein Bedürfnis nach solchen Materialien artikulieren.

Zweitens ist zwar das richtige Material dem Lehrer, der diesen Unterrichtsansatz wählt, eine Stütze, aber der Angelpunkt unseres Curriculum-Projekts ist die Art der Diskussion, die der Lehrer mit seinen Schülern führt, und nicht die Art des Materials, auf dem die Diskussion beruht. Der Lehrer mit einem Interesse an öffentlich kontroversen Problemen kann diesen Unterricht praktisch in jedem Social Studies-Programm durchführen, unabhängig von den verfügbaren Medien. In Weber County im Staate Utah zum Beispiel hat eine Gruppe von Lehrern an der Wahlquist Junior High School mit diesem Ansatz gearbeitet und dabei im Geschichtsunterricht über die Vereinigten Staaten, in der Geographie und in Weltpolitik Materialien aus dem Harvard Projekt benutzt.

Wichtig ist, daß man zwischen einem Zugrundelegen dieses Ansatzes und den spezifischen Lehrmustern und Materialien unterscheidet. Ohne Zweifel müssen andere als die speziell im Harvard Projekt benutzten Programme entwickelt werden, um spezifischen Umständen gerecht zu werden. Jedes Programm kann die Konkretisierung des allgemeinen Ansatzes mit vielen möglichen Programmalternativen sein, die dem Lehrer zur Verfügung stehen, wenn er seine Schüler wirklich lehren will, öffentliche Probleme zu erkennen und darüber nachzudenken. Unsere Untersuchung hat darüber hinaus ergeben, daß die Betonung von Konflikt und Analyse bei der Realisierung des allgemeinen Ansatzes wahrscheinlich keinen negativen Effekt auf das Erlernen und Verarbeiten traditioneller Gegenstände hat.

Drittens, wir haben es bereits angedeutet, hängt ein großer Teil des Erfolgs eines jeden Programms, das auf unserem Prinzip aufbaut, vom Lehrer ab. Wir haben kein Programm vorgelegt, das von einer zentralen Behörde diktiert werden kann. Es verlangt bestimmte Lehrer-Qualifikationen, einen Lehrer, der offen ist für die Analyse von Ideen, für die Prüfung der rechtlichen und ethischen Prinzipien, die politischen Entscheidungen zugrunde liegen, einen Lehrer, der in der Lage ist, in anderen als kategorischen Begriffen zu denken und den Konflikt von Ideen und Idealen zu tolerieren. Die Einstellung gegenüber Schülern und Stoff ist von Bedeutung. Zum Beispiel muß der Lehrer selbst fähig sein, die Werte und Normen, die in einem Konflikt stecken, zu erkennen; er muß die Werte als Kontinua herauslösen und die Punkte bestimmen können, an denen der Konflikt zutage tritt, ebenso wie seine Natur. Er muß Wissen vorläufig-hypothetisch auffassen. Er muß sich symbolischer Bezüge bewußt sein und muß nicht nur emotionale von kognitiven Wert-Bedeutungen unterscheiden können, sondern auch mit Worten als Figurationen von Begriffen, nicht so sehr als Manifestationen von Realität, umzugehen wissen. Es bedarf demnach offensichtlich eines intelligenten, offenen, fragenden und imaginativen Geistes. Zudem muß der Lehrer natürlich über ein gutes geschichtliches und sozialwissenschaftliches Hintergrundwissen verfügen, soll er öffentliche Probleme im Unterricht angemessen behandeln und die Schüler an geeignete Informationsquellen heranführen können.

Ebenso wichtig wie seine Qualitäten im Hinblick auf die Hauptanliegen des Curriculum ist die Einstellung des Lehrers seinen Schülern gegenüber. Er muß in seinen Schülern zur Rationalität befähigte Menschen sehen, die ein Recht darauf haben, an Entscheidungen mitzuwirken. Bei dem Versuch, die Realitätswahrnehmung der Schüler auszubilden, muß der Lehrer ihre Art, die Realität zu interpretieren und Probleme zu lösen, positiv bewerten. Der Lehrer muß bereit sein, frei mit seinen Schülern im Gedankenaustausch zu interagieren, er muß ihre Beiträge als wertvoll und konstruktiv akzeptieren. Dadurch gewinnt die »Forschungsmethode« des Lehrers in der Vorstellung der Schüler an Legitimität und Ehrlichkeit.

Wie viele Lehrer können ein solches Wissensmodell, eine solche Einstellung und ein solches Verhalten für sich beanspruchen? Zweifellos hängt die Antwort bis zu einem gewissen Grad von den Charakterzügen ab, die der einzelne ins Klassenzimmer mitbringt. In welchem Maße können die erforderlichen Einstellungen und Qualifikationen der entdeckenden Gesprächsführung während der Lehrerausbildung oder in einem Weiterbildungskurs entwickelt werden [19]? Oder in welchem Maße können sorgfältig entwickelte Curricula den Mangel beheben? Das sind offene Fragen an die didaktische Forschung, wie z. B. auch die Fragen über die spezifische Art des Lehrerverhaltens, das bestimmten Schülern gegenüber am Platz ist, um die Einstellung zur Forschung und deren Instrumente besonders effektiv heranzubilden.

Der Ansatz für die Social Studies, der hier vertreten wird, liefert eine Grundlage für radikale Veränderungen, die das traditionelle Curriculum stärker mit Verpflichtungen einer demokratischen, pluralistischen Gesellschaft gegenüber und mit deren Bedürfnissen in Einklang bringen könnten. Die Zukunft dieser Konzeption darf nicht vom Personal eines oder zweier der an der Universität erstellten Curriculum-Projekte abhängen, in denen Materialien entwickelt und relevante Forschungsprobleme bewußt werden. Es kommt weitgehend auf die Bereitschaft der Schulverwaltungsbeamten und der Lehrer an, neue Themen und Verfahren eines Curriculum zu akzeptieren und mit neuen curricularen Strukturen zu experimentieren, auch wenn dabei traditionelle, längst etablierte Muster verändert werden müssen.

Anmerkungen

1 *Donald W. Oliver/James P. Shaver,* Jurisprudential Teaching and Prospects for the Social Studies, in: Oliver/Shaver, Teaching Public Issues in the High-School. Boston: Houghton Mifflin Company 1966, S. 114, 228–242. (Vgl. auch den aus diesem Buch übernommenen, deutschsprachig vorliegenden Beitrag: *Oliver/Shaver,* Die Auswahl von Unterrichtsinhalten in der Politischen Bildung, in: Politische Bildung 4 (1971) 3, S. 17–40, Hrsg.)
2 *Jerome S. Bruner,* The Process of Education. Cambridge/Mass.: Harvard University Press 1961.
3 *Fred M. Newmann* diskutierte über Struktur und Curriculum-Probleme in seinem Aufsatz: The Analysis of Public Controversy: New Focus for the Social Studies, vorgelegt auf der Social Studies Curriculum Conference, Kingswood School, Cranbrook Bloomfield Hills, Michigan, 27. Februar 1965.
4 Vgl. *Edwin Fenton* und *John M. Good,* Project Social Studies: A Progress Report, in: Social Education 29 (1965), S. 206–208.
5 Zum Beispiel *Bruce Catton's* Trilogie, The Army of the Potomac. Garden City/N. Y.: Doubleday and Company, Inc. 1951.
6 *William S. Shirer,* The Rise and Fall of the Third Reich. New York: Simon and Shuster, Inc. 1960.
7 *Samuel E. Morison,* The Oxford History of the American People. New York: Oxford University Press 1965.
8 *Arnold J. Toynbee,* A Study of History (gekürzt von D. C. Sommervell). New York: Oxford University Press 1947–57.
9 *William H. McNeill,* The Rise of the West. Chicago: University of Chicago Press 1963.
10 Vgl. *W. W. Rostow,* The Stages of Economic Growth. Cambridge/England: Cambridge University Press 1960.
11 Hier ein interessanter Kommentar von *Henry Adams* über den akademischen Geist inmitten politischer und sozialer Konflikte: »Der Hörsaal war schon ärmlich und unergiebig genug, der Raum für die Fakultätsmitglieder

war noch trauriger. Die amerikanische Gesellschaft fürchtete den totalen Schiffbruch im Mahlstrom der politischen und staatlichen Administration, bei den professoralen Würdenträgern konnte sie jedoch nicht um Hilfe nachsuchen. Adams kannte, was diese Fähigkeit anlangte, die Professoren und die Kongreßabgeordneten, und er zog die Leute vom Kongreß vor.« *Henry Adams*, The Education of Henry Adams. Boston: Houghton Mifflin Company 1918, S. 307.

12 Vgl. *Gloria Cammarota*, Children, Politics and Elementary Social Studies, in: Social Education 27 (1963), S. 205–207, 211. Vgl. auch *Fred I. Greenstein*, Children and Politics. New Haven/Conn.: Yale University Press 1965. Vgl. *R. D. Hess/D. Easton*, The Role of the Elementary School in Political Socialization, in: School Review 70 (1962), S. 257–265. (Vgl. Anm. 44 im Beitrag des Hrsg.)

13 Es sollte festgehalten werden, daß die »Sociological Resources for Secondary Schools Projects« und das »Anthropology Curriculum Study Project« (vgl. unten S. 225 und S. 211; Hrsg.) sich weniger mit Struktur als solche zu befassen scheinen, als vielmehr mit der Art, in der Begriffe der jeweiligen Disziplinen dem Schüler bei der artikulierenden Wahrnehmung seiner sozialen Umwelt helfen können. Man sollte auch festhalten, daß, sofern erfahrene Lehrer in die Entwicklung von Lehrmaterial und Unterrichtseinheiten hineingenommen werden, auch Überschneidungen zwischen sozialwissenschaftlichen Begriffen und der schon vorhandenen Begrifflichkeit des Schülers im Hinblick auf die pädagogische Strategie zum Problem werden.

14 *Committee of Seven*, The Study of History in the Schools: Report to the American Historical Association. New York: The Macmillan Co. 1899, S. 20.

15 Vgl. *Hans Myerhoff*, (Hrsg.), The Philosophy of History in Our Time. Garden City/N.Y.: Doubledy and Company, Inc. 1959; und *Fritz Stern* (Hrsg.), The Varieties of History. New York: World Book, Co. 1956.

16 Es gibt einige beachtenswerte Ausnahmen von der mangelnden Bereitschaft, quantitatives Material zu benutzen. Vgl. *Lee Benson*, The Concept of Jacksonian Democracy. Princeton/N.Y.: Princeton University Press 1961; *Whitney Cross*, The Burned-Over District. Ithaca/N.Y.: Cornell University Press 1950, und *Merle Curti*, The Making of an American Community. Stanford/Calif.: Stanford University Press 1959.

17 Eine ausgezeichnete Erörterung der Mängel historischer Schriften, wie sie in den Büchern der Secondary School erscheinen: *H. J. Noah, C. E. Prince,* und *C. R. Riggs*, History in High School Textbooks, in: School Review 70 (1962), S. 415–436. (Vgl. oben S. 60 f., Anm. 58; Hrsg.)

18 Hierin ist zweifellos ein beträchtlicher Teil der Opposition gegen staatliche Unterstützung in jeder Form für Konfessionsschulen begründet. Die Schule als Mittel, ein einziges Glaubenssystem zu lehren, gekoppelt damit, daß der Schüler von allen anderen Systemen abgeschirmt wird, mit denen er in öffentlichen Schulen durchaus zu tun hat, kann sich sehr wohl gegen die Anerkennung und Achtung der pluralistischen Basis unserer Gesellschaft auswirken.

19 Ein etwas skeptisches Urteil über die Möglichkeiten, Persönlichkeitsstrukturen durch Lehrerweiterbildungsprogramme zu ändern, fällen *Donald W. Oliver* und *James P. Shaver,* A Critique of »Practice in Teaching«, in: Harvard Educational Review 31 (1961), S. 437–448.

Lawrence Senesh

Zur Organisation eines Curriculum auf der Grundlage sozialwissenschaftlicher Begriffe[1]

Jahrelang haben einschlägige Berufsgruppen und Lehrer die Ziele der Social Studies immer wieder neu definiert. Dickleibige Bücher sind geschrieben worden über die Verhaltensänderungen, die Lernziele und den Wandel in den Einstellungen, die durch die Social Studies bewirkt werden sollen. Viele der Überlegungen heben hervor, es gehe in den Social Studies um die Indoktrination von Werten. Der »*National Council for the Social Studies*« hat in seinen Veröffentlichungen jahrelang nachdrücklich betont, höchstes Ziel der Social Studies sei die Entwicklung gesellschaftlich erwünschten bürgerlichen Verhaltens und die Hingabe der Jugend an die demokratische Gesellschaft. Tatsächlich hätte niemand gegen diese Ziele etwas einzuwenden, wenn Schüler und Studenten dieses Verhalten aufgrund von rationaler Analyse der Gesellschaft erzielen könnten. In den meisten Erörterungen jedoch wird die Indoktrination von Werten zu Lasten der Analyse betont.

Die Notwendigkeit analytischen Denkens

Es ist die primäre Funktion der Entwicklung analytischen Denkens, unserer Jugend das Verständnis der Struktur und der Prozesse innerhalb unserer Gesellschaft zu ermöglichen. Ausgerüstet mit dem entsprechenden analytischen Werkzeug wird sie fähig sein, die dynamischen Veränderungen unserer Gesellschaft und die Probleme, welche Wissenschaft und Technik mit sich bringen, zu begreifen. In ihrem Kern betrachtet sind Zweck und Ziel des sozialwissenschaftlichen Unterrichts die Entwicklung der Fähigkeit zur Problemlösung. Indem sie sich das analytische Instrumentarium und die Fertigkeit aneignet, dieses Instrumentarium auf vorhandene Probleme anzuwenden, wird unsere Jugend spüren, daß sie, ebenso wie die Erwachsenen, per Vernunft an den Entscheidungen in einer freien Gesellschaft teilhaben kann. Die Entwicklung der Fähigkeit zur Problemlösung wird den Sozialwissen-

schaften als einem organisierten System von Wissen in den Augen unserer Heranwachsenden Ansehen verschaffen und sie motivieren, die Sozialwissenschaft als Berufslaufbahn zu wählen. Die Studienberatungs-Pläne unserer Schulen indessen versäumen es, auf diesen Punkt angemessen hinzuarbeiten.
Der korrekte Gebrauch analytischer Instrumente und die Entdeckung der dem gesellschaftlichen Prozeß zugrundeliegenden Ideen und Begriffe erfordern eine besondere Art analytischen Denkens. Zu dessen Entwicklung bedarf es eines langen Bildungsprozesses. Er sollte in der ersten Klasse der Grundschule beginnen.
Das derzeitige Social Studies-Programm bietet keinen angemessenen intellektuellen Rahmen für eine Entwicklung analytischer Fähigkeiten. Lehrer, die versucht haben, Generalisierungen für ein umfassendes und allgemeines Curriculum zu erstellen, haben die unverwechselbaren und charakteristischen Züge der einzelnen sozialwissenschaftlichen Disziplinen unter den Tisch fallen lassen und so allgemeine Kategorien vorgelegt, daß sie jeglichen analytischen Inhalts entbehren. Da die Sozialwissenschaftler bisher keine einheitliche Theorie der Gesellschaft erarbeiten konnten, betrachten Ökonomen, Soziologen, Politologen und Anthropologen die Gesellschaft von ganz verschiedenen Standpunkten aus, und ihre Ergebnisse müssen aufaddiert werden, ehe sozialer Wandel verständlich wird. Da all die einzelnen sozialwissenschaftlichen Disziplinen notwendig sind zur Erklärung sozialer Phänomene, sollten die Grundbegriffe und -Konzeptionen aller dieser Disziplinen in das Curriculum eingehen. Warum nicht schon im ersten Schuljahr?

Sozialwissenschaftlicher Unterricht auf den einzelnen Stufen

Einige Hochschullehrer, die sich für das sozialwissenschaftliche Curriculum interessieren, haben immer wieder die Frage aufgeworfen, ob sozialwissenschaftlicher Unterricht nicht mit Geographie und Geschichte zu beginnen habe. Professor *Scriven* empfiehlt in seinem Aufsatz »The Structure of the Social Studies« [2], der Unterricht in den Social Studies solle in der ersten Klasse mit Geographie und Geschichte einsetzen. Er rechtfertigt einen solchen Beginn damit, daß hier die Generalisierungen weniger »hochtrabend« und dem Durchschnittsverstand näher seien. Er möchte in den Unterklassen eher einen »bescheidenen« Ansatz haben, in der Hoffnung, daß »höheres« Verständnis sich später entwickele. Die Geschichte des Social Studies-Curriculum zeigt, daß ein Lehrplan, der »bescheiden« anfängt, auch »bescheiden« bleibt.

Professor *Scriven* leistet der Geographie und der Geschichte einen Bärendienst, wenn er annimmt, man könne ein geographisches oder historisches Phänomen sinnvoll erklären, ohne sich auf die verschiedenen sozialwissenschaftlichen Disziplinen zu stützen. Grundschüler hören von Indianern und der Kolonialzeit, da sie aber ohne Grundkenntnisse in Ökonomie, Politologie, Soziologie und Anthropologie sind, bleibt ihr Lernen oberflächlich und bedeutungslos. Es wäre erheblich sinnvoller, Geographie und Geschichte in der High School als ausgesprochene Oberstufenfächer zu lehren. In der Zwischenzeit hätten die Kinder sich die Grundbegriffe der verschiedenen Sozialwissenschaften angeeignet, womit sie dann den Unterricht in Geographie und Geschichte eindeutig bereichern können.

Der organische Lehrplan

In den letzten zwei Jahren hat ein Team von Sozialwissenschaftlern mit mir daran gearbeitet, die Grundgedanken der verschiedenen Sozialwissenschaften zu umreißen. Zu diesem Team gehörten die Professoren
David Easton vom Department für Politologie an der University of Chicago; *Robert Perrucci* vom Department für Soziologie an der Purdue University; *Paul Bohannan* vom Department für Anthropologie an der Northwestern University und *Peter Greco* vom Department für Geographie an der Syracuse University.
Die Grundgedanken (fundamental ideas) der verschiedenen Sozialwissenschaften stellen dar
a) ein logisches System von Gedanken und Sätzen;
b) die oberste Grenze des Wissens; und
c) die Organisation der Gedanken und Sätze, die auf jeder Jahrgangsstufe anwendbar sind.
Die Wissensstruktur so darzubieten, fordert die gängigen Curricula heraus, die auf Minimalkenntnissen und einem Minimalverständnis beruhen und je nach Jahrgangsstufen aufgesplittert und parzelliert sind.
Unser Team ließ sich von dem Bewußtsein leiten, daß wir Kinder für ein Zeitalter zu unterweisen haben, das wir noch gar nicht absehen können. Wir vermitteln den Kindern Wissen, das sie im 21. Jahrhundert anwenden sollen. Vor hundert Jahren war der Gedanke, die Kinder seien eine Generation voraus, eine Platitude. Heute impliziert er ein Drama. Die Eltern verstehen ihre Kinder, die aus dem Rechen- oder dem technischen Unterricht nach Hause kommen, nicht mehr. Die

Stufe, auf der Eltern ihre Kinder nicht mehr verstehen, wenn diese gesellschaftliche Probleme diskutieren, wird bald erreicht sein.
Nachdem wir die Grundgedanken der Sozialwissenschaften formuliert hatten, besuchte ich Klassen des ersten Schuljahrs, um zu erkunden, wie viele dieser Gedanken sich mit den Erfahrungen und Kenntnissen dieser Schüler verknüpfen ließen. Ich sah, daß die Erfahrung der Kinder im sozialen Bereich immerhin bereits soweit vorhanden und von Bedeutung ist, daß man bei der Vermittlung von Wissensstrukturen durchaus an ihre Erfahrung anknüpfen kann.
Nachdem wir dies herausgefunden hatten, formulierten wir die nächste Frage. Wenn wir all diese Grundbegriffe in der ersten Klasse vermitteln, was lehren wir dann im zweiten Schuljahr? Die gleiche Wissensstruktur, jetzt allerdings mit zunehmender Tiefe und Komplexität. Und in der dritten Klasse wieder die gleiche Struktur, nun mit noch größerer Tiefe und Komplexität, und zwar in dem Maße, in dem die Erfahrungen der Kinder zunehmen.
In einem Diagramm werden alle Begriffe vertikal aufgeführt und alle Schulstufen horizontal. Da jeder Begriff auf jeder Stufe gelehrt wird, sollte das Diagramm in der ersten Spalte für die erste Klasse ganz schwache Markierungen aufweisen. Mit jeder Klasse nimmt die Intensität der Schraffierungen zu, bis die zwölfte Klasse die dunkelste Farbe zeigt, was bedeutet, daß derselbe Begriff mit zunehmender Tiefe und Komplexität unterrichtet wurde. Stellt sich die Frage, wie dies zu tun sei.
Wie können Politologie, Soziologie, Ökonomie und Anthropologie gemeinsam auf einer Stufe unterrichtet werden, und gar noch im ersten Schuljahr? Dies scheint mir eine neue Kunst zu sein, die ich als Orchestrierung des Lehrplans bezeichnen möchte. Unterrichtseinheiten müssen konstruiert werden, und zwar so, daß verschiedene Einheiten die verschiedenen Gebiete der Sozialwissenschaften betonen. In einigen Einheiten spielt der Soziologe das Solo, während die anderen Sozialwissenschaftler die Begleitung übernehmen; dann ist der Ökonom Solist, später der Anthropologe usw.
Den einen Baustein meines Ansatzes, nämlich die Vermittlung der Grundbegriffe an die Kinder, bei zunehmender Tiefe und Komplexität, bezeichne ich als den organischen Lehrplan deshalb, weil diese Begriffe nicht atomistisch zwischen der ersten und zwölften Klasse dargeboten werden. Sie werden alle gemeinsam und auf einmal eingeführt und wachsen mit dem Kind, während es von Klasse zu Klasse fortschreitet. Den anderen Baustein nenne ich die Orchestrierung des Lehrplans. Vielleicht nimmt der Schüler gar nicht wahr, daß der Soziologe,

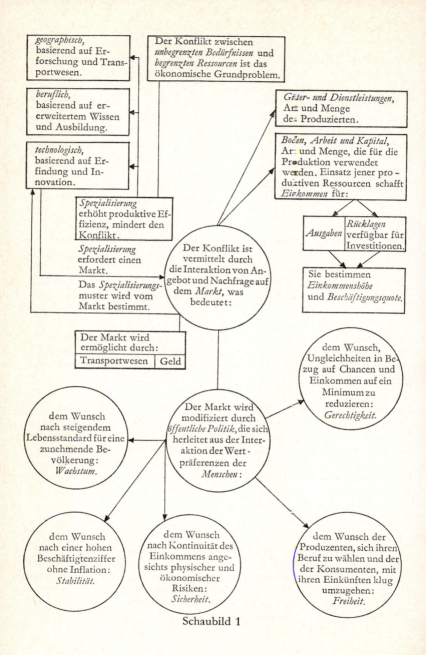

Schaubild 1

der Ökonom oder der Politologe zu ihm sprechen, und dennoch ist er den sozialwissenschaftlichen Disziplinen in einer unverfälschten Form ausgesetzt.

Grundgedanken der Ökonomie

Die Solistenrolle des Ökonomen läßt sich durch die nachfolgende Darlegung ökonomischer Grundgedanken illustrieren. Dieselben Überlegungen und Beziehungen zeigen wir in Form eines Modells im *Schaubild 1*.
1. Zentraler Gedanke der Ökonomie ist der Mangelbegriff, das heißt, jede Gesellschaft steht im Konflikt zwischen unbegrenzten Bedürfnissen und begrenzten Ressourcen.
2. Aus dem Mangelbegriff geht ein ganzes Bündel von kategorialen Sätzen hervor. Des Mangels wegen hat der Mensch versucht, Methoden zu entwickeln, um in weniger Zeit mehr oder mit weniger Material und in noch kürzerer Zeit mehr produzieren zu können. Verschiedene Arten der Spezialisierung wurden entwickelt, um den Konflikt zwischen unbegrenzten Bedürfnissen und begrenzten Ressourcen zu bewältigen. Wir spezialisieren geographisch, beruflich und technologisch. – Die dritte Gruppe ökonomischer Überlegungen ergibt sich aus der Spezialisierung.
3. Infolge von Spezialisierung sind wir abhängig. Wechselseitige Abhängigkeit erfordert ein monetäres System und ein Transportsystem. – Der vierte Gedanke ergibt sich aus dem ersten, dem Mangel und aus der Interdependenz.
4. Die Menschen mußten einen Verteilungsmechanismus erfinden, den Markt. Dort kommen durch die Interaktion von Käufern und Verkäufern Preisänderungen zustande. Preise bestimmen das Produktionsmuster, die Produktionsmethoden, die Einkommensverteilung und die Höhe des Ausgaben- und Rücklagenniveaus, welche umgekehrt das Niveau der gesamten wirtschaftlichen Aktivität bestimmen. – Die fünfte Gruppe von Gedanken erwächst aus der Tatsache, daß das Wirtschaftssystem Teil des politischen Systems ist.
5. Die Marktentscheidung wird modifiziert durch öffentliche politische Leitlinien, deren Durchsetzung in der Hand der Regierung liegt, zur Sicherung wohlfahrtstaatlicher Ziele. Diese wohlfahrtstaatlichen Ziele werden in den Vereinigten Staaten durch die politische Interaktion von 200 Millionen Menschen bestimmt; sie bringt Tausende von wohlfahrtsstaatlichen Zielen auf den Plan, die ich auf

fünf reduziert habe: unsere Versuche, das Wachstum zu beschleunigen, die Stabilität zu erhöhen, wirtschaftliche Sicherheit zu garantieren, wirtschaftliche Freiheit zu fördern und ökonomische Gerechtigkeit zu steigern.
Dies sind die Grundgedanken ökonomischen Wissens, welche wir in jede Schulstufe hineinzunehmen versuchen, wobei wir immer das Ziel verfolgen, dieses analytische Instrumentarium möge den Schülern helfen, die Ursache eines Problems zu analysieren, sein Ausmaß zu messen, Lösungen zu entwickeln, und die Verschiebung und Störung abzuschätzen, die durch den Lösungsversuch entstanden sind. Wir versuchen, das Problem in einen dynamischen Zusammenhang zu stellen und dann zu sehen, welche anderen Verschiebungen sich ergeben haben.

Anwendung von Ökonomie im Unterricht

Ich möchte jetzt einige Überlegungen darüber vortragen, wie ich diese ökonomischen Begriffe mit der Erfahrung des Kindes zu verknüpfen gedenke. Der Erstklässler versteht den Mangelbegriff, weil er ihn erlebt. Er geht zu A. & P. und stellt fest, daß er keineswegs all das haben kann, was dort in den Regalen steht. Die Märchen von den »drei Wünschen« spiegeln nur das sehnsüchtige Verlangen der Menschen wider, die Kluft zwischen unbegrenzten Bedürfnissen und begrenzten Ressourcen zu schließen.
Ausschnitte aus dem *National Geographic Magazine* und anderes Bildmaterial können den unterschiedlichen Grad, in dem die einzelnen Nationen die Bedürfnisse ihrer Bevölkerung befriedigen, durchaus drastisch verdeutlichen.
Arbeitsteilung läßt sich für die Kinder mit Hilfe simpler Experimente im Klassenzimmer darstellen. Die Klasse organisiert sich in zwei Gruppen. Die eine Gruppe übernimmt den Produktionsprozeß, sie fabriziert zum Beispiel Lebkuchenmänner am Fließband, während die andere das Gleiche tut, ohne Arbeitsteilung zu praktizieren. Der Zeitnehmer entscheidet, welche der Gruppen in der Lage war, eine bestimmte Menge in kürzerer Zeit und bei geringerem Materialaufwand und Instrumentenverschleiß zu produzieren. Kinder entdecken die Arbeitsteilung zu Hause (wo jedes Familienmitglied eine besondere Arbeit leistet), in der Nachbarschaft, in der Stadt, im eigenen Land und in der ganzen Welt. Kinder entdecken die Arbeitsteilung zwischen Menschen und Maschinen. All diese Arten von Spezialisierung bringen Kindern die Vorstellungen von internationalem Handel und Massenproduktion

nahe. In vielen Klassen bringt der Lehrer die Entdeckungen der Kinder in Zusammenhang mit jenen von Professor *Adam Smith* und *Mr. Henry Ford*. Solche Gleichsetzung der Erfahrung der Schüler mit der Erfahrung der gesamten Gesellschaft ist für den Erfolg eines solchen Lehrplans notwendig.

Die Literatur für Kinder steht voller ergötzlicher Geschichten, die sich zur Untermauerung von Spezialisierung und der daraus entstehenden Interdependenz heranziehen lassen. Durch Geschichten und Spiele lernen die Kinder, daß etwa der Handel viel schwieriger wäre, wenn wir nicht das Geld als Tauschmittel hätten.

Im zweiten Schuljahr können die Kinder Modelle für reinen und unreinen Wettbewerb entwickeln, sie können das Funktionieren des Marktes nachspielen. Um das Prinzip von reinem Wettbewerb darzustellen, können die Kinder einmal Weizenfarmer spielen. Die einzelnen Kinder stellen die Farmer der verschiedenen Weizenanbaugebiete dar. Der Lehrer übernimmt vielleicht die Rolle des Brokers, dessen Aufgabe es ist, den Weizen der Farmer zum bestmöglichen Preis zu verkaufen. Bei Abschluß der Ernte unterrichten die Bauern den Broker, wieviel sie produziert haben. Die Wetterbedingungen waren in der ganzen Welt gut, und da das Spiel die Produktion jedes Landes auf zwei Güterwagenladungen beschränkt, bitten die Bauern aus Australien, Kanada, Amerika und Argentinien den Broker, ihre Kontingente zum bestmöglichen Preis zu verkaufen. Der Broker eröffnet eine Auktion vor dem Rest der Klasse, welche als Käufer fungiert. Die Möglichkeit zu bieten hat ihre Grenze in der Summe des Spielgeldes, welches der Lehrer ausgegeben hat. Man beginnt mit niedrigen Geboten, und während die Käufer für die zehn Güterwagenladungen ihre Angebote machen, steigt der Preis bis zu einem Gleichgewichtspreis, zu dem aller Weizen, der angeboten wurde, verkauft werden kann. Die Kinder entdecken das wichtigste Merkmal echten Wettbewerbs – das Fehlen einer Kontrolle des Marktes durch Produzenten und Konsumenten. Die Klasse kann anschließend noch eine Situation darstellen, in der die Ernte doppelt so groß ist. Die Kinder werden überrascht sein herauszufinden, daß der eingependelte Preis diesmal so niedrig ist, daß die Verdienste der Bauern jetzt kleiner sind als vorher, als die Farmer eine geringere Menge auf den Markt gebracht hatten. Solche Aufgaben vermitteln den Kindern den Begriff der Elastizität der Nachfrage, ohne als solche benannt zu sein.

Um unreinen Wettbewerb darzustellen, können einige Schüler der Klasse die Rolle von Erfindern, Fabrikanten, von Inhabern von Kolonialwarengeschäften spielen. Dieses Spiel wird den Kindern entdecken helfen, daß alle diese Produzenten den Markt in unterschiedlichem Ausmaß kontrollieren können. Eine Klassendiskussion kann erbringen, in welcher Weise diese unterschiedlichen Kontrollmöglichkeiten die Macht der Produzenten bei der Festsetzung der Preise tangieren.

Schließlich kommt die Diskussion auf die Politik, wobei die Kinder entscheiden, welche Güter und Dienstleistungen gemeinsam gekauft werden sollen. Viele Güter und Dienstleistungen werden nicht von jeder Familie einzeln, sondern gemeinsam gekauft. Der Bürgermeister, der Gouverneur, der Präsident der Vereinigten Staaten, jeder stellt eine lange Einkaufsliste zusammen. Eine Diskussion der Listen erbringt, daß manche sie für zu lang halten, andere dagegen für zu kurz. Ist man über die angemessene Länge übereingekommen, werden Steuern eingetrieben. Die Leute können beschließen, für einen Teil der List aus den Steuergeldern aufzukommen und für den Rest mit Krediten zu bezahlen. Wenn sie keine Steuern bezahlen wollen, müssen sie Schulden machen, um Güter und Dienstleistungen gemeinsam zu kaufen.

Grundgedanken der politischen Wissenschaft

Die wichtigen gedanklichen Zusammenhänge der politischen Wissenschaft werden in gleicher Weise wie in der Ökonomie definiert. *Schaubild 2* zeigt die Systemanalyse des politischen Lebens, wie Professor *David Easton* von der University of Chicago sie entwickelt hat. Das Modell enthält folgende kategorialen Sätze:

1. Die Mitglieder einer Gesellschaft haben viele Bedürfnisse, auf deren Befriedigung sie hoffen.
2. Einige dieser Bedürfnisse werden befriedigt durch das wirtschaftliche System, das Familiensystem, das Schulsystem und das religiöse System. Bedürfnisse, die durch keine dieser Instanzen befriedigt werden können, werden auf das politische System gelenkt.
3. Wenn die Bedürfnisse der Menschen in den politischen Bereich eingehen und hier nach Befriedigung streben, werden sie zu Forderungen. Diese Forderungen werden gefiltert.
4. Der Filterungsprozeß findet statt in formellen und informellen Organisationen. Diese Organisationen agieren als Türhüter; einige der Forderungen verschwinden wieder. Andere werden zu Streitfragen und Problemen, über die in der politischen Interessengruppe (einer Gruppe, die den Wunsch teilt, als Einheit an der politischen Lösung von Problemen zu arbeiten) debattiert wird.

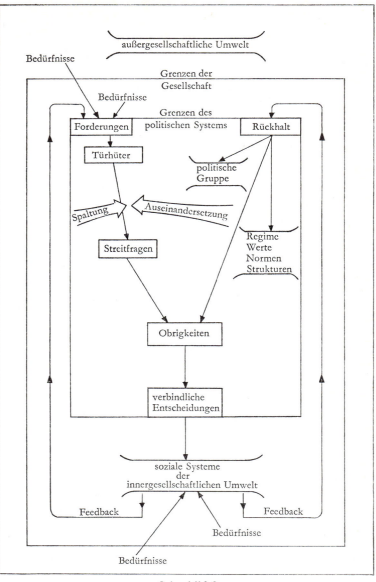

Schaubild 2

5. Die Probleme werden profiliert durch die Auseinandersetzungen innerhalb der politischen Gruppe und durch die Obrigkeiten, welche aus den Forderungen verbindliche Entscheidungen machen.
6. Die verbindlichen Entscheidungen betreffen die sozialen Systeme und die daran Beteiligten und rufen positive oder negative Unterstützung hervor.
7. Die Unterstützung kann der politischen Gruppe gelten, dem Regime (einem politischen System, das ein bestimmtes Normen- und Wertesystem und eine bestimmte Autoritätsstruktur verkörpert), und oder den Obrigkeiten (den besonderen Personen, welche politische Machtpositionen innerhalb der Autoritätsstruktur innehaben).
8. Die verbindlichen Entscheidungen erzeugen neue Bedürfnisse, die wiederum an der Tür zum politischen System erscheinen und nach Anerkennung verlangen.
9. Quelle des Rückhalts für politische Gruppierungen, das Regime und die Obrigkeiten kann in den sozialen Systemen in Form von Erziehung, im Patriotismus oder anderen Mechanismen liegen.

Anwendung der politischen Wissenschaft im Unterricht

Auf die gleiche Weise, in der die Grundgedanken ökonomischen Wissens auf die Erfahrungen des Kindes sich beziehen lassen, können wir mit den Grundgedanken der politischen Wissenschaft jede Schulstufe erreichen. Das Zuhause ist ein ausgezeichnetes Beispiel dafür, wie die zahllosen Bedürfnisse der Familie mittels verschiedener Institutionen befriedigt werden und wie viele der Bedürfnisse einer politischen Prüfung der Familienmitglieder unterzogen werden, ehe sie zu Normen im Hause werden. Die Diskussion über die verschiedenen Kräfte, welche die Familie zusammenhalten, weist eine frappierende Ähnlichkeit auf mit der der verschiedenen stützenden Kräfte, welche die politische Gesellschaft zusammenhalten. Das politische System auf diese Weise zu betrachten, bedeutet eine grundlegende Abweichung von den gegenwärtigen Social Studies-Curricula, in denen der Hauptakzent auf die Beschreibung der Legislative, der Jurisdiktion und der exekutiven Bereiche der Regierung gelegt wird.

Grundgedanken der Soziologie

Professor *Robert Perrucci* von der Purdue University hat eine Grundstruktur der Soziologie herausgearbeitet, die bereits in Experimentierklassen angewandt wird. Ihre kategorialen Sätze erfassen Normen und Werte. Das System wird in *Schaubild 3* dargestellt.

1. Werte und Normen sind die Hauptenergiequellen für Individuen und Gesellschaft.
2. Werte und Normen der Gesellschaften prägen die sozialen Institutionen, welche durch Organisationen und Gruppen verkörpert werden, in denen die Menschen Positionen und Rollen innehaben.
3. Positionen und Rollen der Menschen beeinflussen ihre Einstellung den Werten und Normen gegenüber und münden entweder in der Unterstützung der bestehenden Werte und Normen oder in Forderungen nach deren Veränderung – dann beginnt der Kreis von neuem.

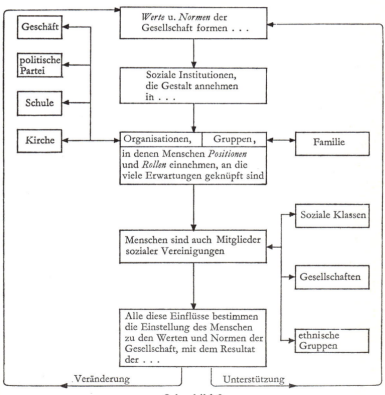

Schaubild 3

Anwendung der Soziologie im Unterricht

Die Begrifflichkeit der Soziologie ermöglicht es Unterrichtseinheiten in den ersten Klassen zu entwickeln, welche die Kinder die Bedeutung vorhersagbaren Verhaltens von Menschen gewahr werden und begreifen lassen. Die Einheiten können zeigen, wie die Fähigkeit, menschliches Verhalten vorauszusagen, innerhalb der Familie, der Nachbarschaft, der Stadt und der Welt Ordnung und Übersicht schafft. Der Lehrer kann mit Hilfe von Experimenten demonstrieren, wie unerwartete Situationen sowohl sehr komische wie auch sehr traurige Folgen haben können. Durch Spiele der Kinder kann deutlich werden, daß Schule, Geschäft und Familie nicht existieren könnten ohne Vorhersagbarkeit und Ordnung im menschlichen Verhalten.

Die vielen Positionen, die Menschen in der Gesellschaft einnehmen, lassen sich zu Hause beobachten. Die Kinder mögen Modelle auszeichnen, welche die verschiedenen Positionen, die Vater, Mutter und Kinder haben können, zeigen, und die Schwierigkeit, all die Erwartungen, die an die Positionen geknüpft sind, zu erfüllen. Die Schüler können weiter zeigen, daß wir, je nachdem, welche Positionen wir für wichtiger oder weniger wichtig halten, und je nach unserer Fähigkeit, bestimmte Positionen besser ausfüllen als andere. Die Geschichte von der *Ameise und der Grille*[3] zeigt nachhaltig die Wertpräferenzen der beiden. Die Kinder können auch beobachten und im Klassenzimmer ausprobieren, wie die Positionen der Menschen infolge von Wissenschaft und Technologie und infolge von Bewußtseinsänderungen im Laufe der Geschichte sich geändert haben.

Legt man den Grundstock für soziologische Begriffe in den ersten Klassen, so hilft dies den Kindern, später zu verstehen, wie das Wechselspiel von Werten und Institutionen soziale Reformen zustandebringt.

Grundgedanken der Anthropologie

Die kategorialen Sätze der Anthropologie hat Professor *Paul Bohannan* von der Northwestern University entwickelt. Schaubild 4 zeigt die folgenden gedanklichen Zusammenhänge:
1. Der Mensch kann betrachtet werden als
   a) Lebewesen, das den Säugern zuzurechnen ist,
   b) als soziales Wesen und
   c) als kulturelles Wesen.

Zur Organisation eines Curriculum

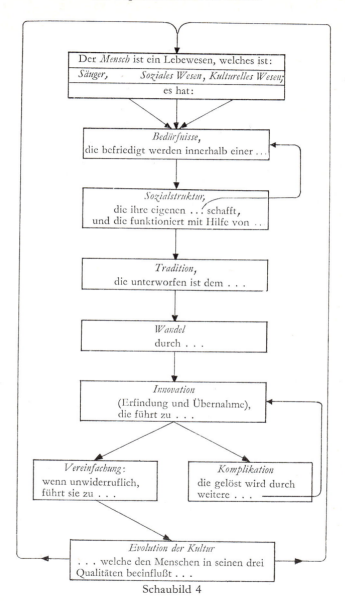

Schaubild 4

2. Der Mensch hat Bedürfnisse, und zwar in Richtung auf all diese Qualitäten.
3. Die Bedürfnisse des Menschen werden innerhalb einer sozialen Struktur befriedigt.
4. Die soziale Struktur selber entwickelt Bedürfnisse (»Erfordernisse« genannt), die erfüllt werden müssen, wenn sie erhalten bleiben soll.
5. Bedürfnisse werden innerhalb eines bestimmten Rahmens vorgegebener Verhaltensweisen befriedigt: der Tradition.
6. Jede Tradition läßt einige Wünsche unbefriedigt.
7. Unzufriedenheit führt zu Veränderungen in der Tradition.
8. Veränderungen kommen durch Erfindung und Übernahme zustande: durch Innovation.
9. Innovation bringt Komplizierung und Vereinfachung mit sich.
10. Komplizierung führt zu sozialen Verschiebungen und Störungen. Probleme, die daraus entstehen, können durch weitere Innovation gelöst werden.
11. Wenn Vereinfachung solche Ausmaße annimmt, daß sie die neue unwiderrufliche Basis für menschliches Verhalten abgibt (zum Beispiel der Gebrauch des Feuers), hat sie die Evolution der Kultur zur Folge.
12. Die Evolution der Kultur beeinflußt den Menschen in seinen Qualitäten als Säuger, als soziales und als Kulturwesen.

Anwendung der Anthropologie im Unterricht

Diese Begrifflichkeit ermöglicht den Curriculum-Autoren für die Grundschule, sinnvolle Einheiten über so geläufige Themen wie »Eskimos« und »Indianer« zu entwickeln.

Eine Einheit über die Eskimos zum Beispiel demonstriert, wie die Übernahme des Geldes das Leben der Eskimos verändert hat. In unserer Einheit gehen wir davon aus, daß sie Nahrung, Kleidung und einen Teil ihrer Wohnung durch die Jagd gewinnen. Mangel und Nomadenleben bestimmen das Wertsystem unserer Eskimos. Da stellten sie fest, daß es weit weg einen Markt gibt, wo Eskimos Silberfuchspelze gegen Waren eintauschen können, die sie nie zuvor gekannt haben. Unsere Eskimofamilie gab nun die Jagd auf und begann, Silberfüchsen Fallen zu stellen, die sie als Tauschmittel benutzte. Die Familie ließ sich in der Nähe des Marktes in einer Eskimosiedlung nieder. Hier war die Unsicherheit geringer. Diese Geschichte veranschaulicht den Kindern die Evolution der Eskimokultur. Das Zusammenleben mit anderen Eskimos brachte neue Probleme mit sich. Die Bedürfnisse der Familie wandelten sich. Ihr Wunsch, zu lernen und etwas zu erfahren, wuchs. Zu der Veränderung kam es, weil Geld als Tauschmittel von der Eskimofamilie akzeptiert worden war.

In den höheren Klassen werden solche anthropologischen Aussagen die Curriculum-Autoren in die Lage versetzen, Einheiten zu erstellen, die zeigen, wie die Entwicklung unterentwickelter Gebiete und entstehender Nationalismus die Stammestreue der Menschen beeinflußt und ihre physischen, sozialen und kulturellen Bedürfnisse verändert.

Dies sind die vier sozialwissenschaftlichen Fachbereiche, deren grundlegenden kategorialen Zusammenhänge wir zu formulieren versucht haben. Wir stellen die Geographie und die Geschichte absichtlich ans Ende unserer Untersuchung, da beide Bereiche sich von den übrigen Sozialwissenschaften unterscheiden. Um ein bestimmtes Territorium oder irgendwelche geschichtlichen Prozesse zu erklären, müssen sie eine Menge des analytischen Instrumentariums den anderen Bereichen entnehmen. Bis heute bedeuten Geschichte und Geographie im Lehrplan der Grund- und höheren Schulen weitgehend die Erzählung und Darstellung menschlicher Taten und die Beschreibung ihrer Umwelt. Unser Team aus Sozialwissenschaftlern hofft nun, sein analytisches Werkzeug einsetzen zu können, um die Zusammenhänge von Ursache und Wirkung in dem, was die Menschen unternommen haben, in Zeit und Raum zu klären. Mit Hilfe des analytischen Instrumentariums der Sozialwissenschaftler können die Kinder anfangen, die Forschungsmethoden von Historikern und Geographen nachzuahmen.

Grundgedanken der Geographie

Der Rahmen geographischer Forschung ist von Professor *Peter Greco* von der Syracuse University abgesteckt worden. Das grundlegende begriffliche System der Geographie ist in *Schaubild 5* dargestellt und wird im Folgenden beschrieben.

1. Jedes geographische Gebiet wird von physikalischen, biotischen und gesellschaftlichen Kräften beeinflußt.
2. Die Einwirkung dieser Kräfte auf ein geographisches Gebiet schafft Ähnlichkeiten unter verschiedenen Gebieten. Diese ähnlichen Gebiete bezeichnet man als einheitliche Regionen. Sie sind statisch in ihrem Charakter.
3. Die Ähnlichkeiten zwischen verschiedenen Gebieten sind durch unterschiedliche Kombinationen physikalischer, biotischer und gesellschaftlicher Kräfte zustande gekommen.

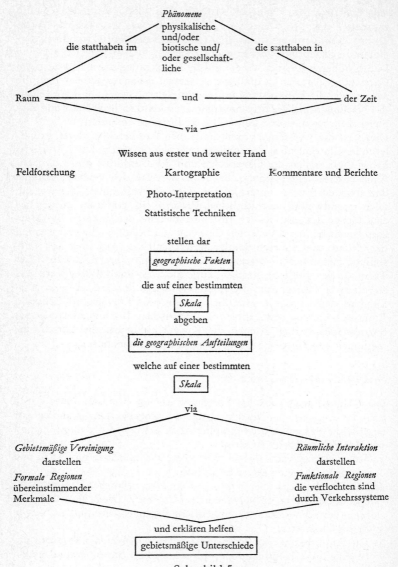

Schaubild 5

4. Ein Gebiet kann durch ein Verkehrssystem, welches das Gebiet an einen zentralen Punkt bindet, zusammengehalten werden. Dieses Gebiet nennt man eine um einen Knotenpunkt zentrierte, nodale Gegend, die durch funktionale Beziehungen zusammengehalten wird. Diese auf einen Knotenpunkt ausgerichtete Region ist in ihrem Charakter dynamisch.
5. Einheitliche und nodale Regionen sind häufig durch Gravitation um denselben zentralen Ort miteinander verflochten.

Anwendung der Geographie im Unterricht

An der Anwendung von Geographie in der Klasse wird gegenwärtig gearbeitet. Wir konstruieren Aufgaben und Arbeiten, welche die vielen Möglichkeiten zeigen, nach denen die Oberfläche der Erde von Geographen aufgeteilt werden kann, je nach den Zielen ihrer Untersuchungen. Es werden Einheiten entworfen, die zeigen sollen, wie Form und Umfang der Aufteilung der Erdoberfläche nicht nur von Naturkräften beeinflußt werden, sondern auch vom Stand der Wissenschaft und Technologie. Wüsten und kalte Länder, die in der Vergangenheit unproduktiv waren, können jetzt durch den wissenschaftlichen Fortschritt produktiv gemacht werden; so machen Bewässerung oder Erdölfunde eine Wüste produktiv, und die Entdeckung von Erzen in der Antarktis oder in Alaska vermag die Nutzbarkeit dieser kalten Regionen zu erhöhen.

Bei der Bestimmung und Erforschung von Regionen müssen sich die Geographen mit physikalischen, ökonomischen, soziologischen, anthropologischen und politischen Problemen befassen. Selten fallen die Regionen, welche durch physikalische, ökonomische, soziologische und anthropologische Faktoren definiert sind, zusammen mit den Grenzen politischer Systeme, welche Menschen aufgerichtet haben, um einige der wichtigsten sozialen Probleme zu lösen. Viele Schwierigkeiten sind daraus entstanden. Wenn zum Beispiel ein Flußbett oder eine ethnische Gruppe durch eine politische Grenze geteilt sind, können schwerwiegende politische Spannungen entstehen. Solche Probleme können durch Krieg, durch internationale Abkommen oder mit Hilfe anderer sozialer Mechanismen gelöst werden. Der Ansatz, den wir versuchen – und wie ihn diese kurze Darstellung zeigt –, schafft eine partielle Synthese von politischer Wissenschaft, Ökonomie, Soziologie und Anthropologie mit Geographie.

Schluß

Der Entwurf des organischen Lehrplans und seine Orchestrierung ist kein schnell zusammengezimmertes Programm; es ist eine Lebensaufgabe. Es ist die Aufgabe der Departments an den Universitäten, immer mehr Sozialwissenschaftler anzuregen, dem Problem der Strukturierung des Wissens ihrer eigenen Disziplin Aufmerksamkeit zu widmen. Solche logischen Begriffssysteme werden dem Sozialwissenschaftler bei der Entdeckung neuer Forschungsbereiche und den Curriculum-Autoren als Anleitung bei den neuen Curricula als Wegweiser dienen. Sie sind dann jeweils in der Lage, neue Begriffe und Vorstellungen zu integrieren, wenn die Grenze des Wissens sich weitet.

Anmerkungen

1 *Lawrence Senesh*, Organizing a Curriculum around Social Science Concepts, in: Concepts and Structure in the New Social Science Curricula. Ed.: Irving Morrissett. New York: Holt, Rinehard and Winston 1966, S. 21–38 (vgl. auch unten S. 211).
2 In *G. W. Ford/Lawrence/Pugno*, The Structure of Knowledge and the Curriculum. Chicago: Rand McNally 1964.
3 The Ant and the Grasshopper: A Georgian Folk Tale, translated from the Russian by *Fainni Solasko*. Moscow: Foreign Languages Publishing House, no date.

Fannie R. Shaftel

Rollenspiel und soziales Lernen[1]

Letztes Jahr ereignete sich in einer kalifornischen College-Stadt ein Zwischenfall, der einen kritischen Aspekt des amerikanischen Lebens ins helle Licht rückte.
Zu einer Studentenschaft von über 4000 zählen auch vierzig Schwarze. Diese schwarzen Studenten waren meist beisammen, um sich gegenseitig Rückhalt zu geben. Eines Abends, so gegen elf Uhr, betraten fünf schwarze Studenten das einzige Eßlokal, das zu dieser Stunde noch geöffnet war. Alle Tische waren besetzt, die einzigen sechs freien Sitzplätze befanden sich am Tresen. Auf die Aufforderung der Wirtin hin setzten sie sich. Ein Weißer betrat das Lokal, die Wirtin bot ihm den sechsten Platz an. Er protestierte: »Ich setze mich doch nicht neben diese Nigger! Sie müssen mir schon einen anderen Platz beschaffen!« Die Wirtin wandte sich zu den fünf Studenten und sagte: »Warum geht ihr nicht! Mit euch hat man nichts als Ärger!« Jedermann im Restaurant hörte, was sie sagte. Als die Studenten versuchten, ihr Recht zu behaupten, kam ihnen kein Kommilitone und keines der anwesenden Fakultätsmitglieder zu Hilfe! Am nächsten Tag versuchten einige der Weißen, sich bei ihnen dafür zu entschuldigen, daß sie nicht einzugreifen gewagt hätten.
In einem Seminar über das Soziodrama und verwandte Techniken für Lehrer legte die Autorin diese Begebenheit einer Gruppe von Studenten, ihren Mentoren und einigen erfahrenen Lehrern vor. Ziel war, sie bei der Erforschung ihrer »Verdrängungen« ihrer rassischen Vorurteile zu unterstützen, die zweifellos größtenteils verdeckt waren.
Nachdem der Zwischenfall beschrieben war, wurde eine Rollenspiel-Situation hergestellt. Die Wirtin wurde gewählt, und weiße Studenten sollten die Rolle der fünf schwarzen Studenten übernehmen.
Eine Gruppe von Personen, die um einen Tisch herumsaß, spielte die Rolle der Fakultätsmitglieder, während der Rest des Seminars die übrigen Studenten im Lokal darstellte. Schließlich wurde der Weiße bestimmt, der sich weigerte, Platz zu nehmen. Man begann zu spielen.

Als der Weiße zu schimpfen begann, wandte sich die Wirtin giftig an die fünf Studenten. Die fünf Schwarzen protestierten ärgerlich und weigerten sich zu gehen. Mitten im Streit standen die Fakultätsmitglieder auf und gingen weg! Ein schwarzes Seminarmitglied, »G«, das einen weißen Studenten spielte, schrie plötzlich »Ruft die Polizei!« Zwei Männer (die ausziehende Fakultät) kamen als Polizisten zurück.
»Was ist hier los?«
»Diese Burschen (und er zeigte auf die Schwarzen) fingen plötzlich Streit an,« sagte G.
Das Seminar begann zu protestieren und sagte: »So war das gar nicht!«
»Ja, so ist es«, sagte G. ruhig, jetzt als Schwarzer sprechend, »genau so ist es, die Schwarzen werden bestraft, selbst wenn sie unschuldig sind.«
Für einen Moment trat Stille ein. Dann sagte jemand: »Das ist mir bisher gar nicht aufgegangen«, und nun redeten plötzlich alle. Das Seminar dauerte eine Stunde über die Zeit hinaus, völlig in Anspruch genommen von dem Problem und der Frage, warum die Weißen nicht reagiert hatten, was jeder von ihnen in einer solchen Situation wohl tun würde, und wie Weiße sich in einer solchen Situation als Schwarze fühlen. Die beiden schwarzen Studenten und ein brauner (Mexiko-Amerikaner) wurden plötzlich sehr beredt, und alle Anwesenden hörten zu. Hätte man Zeit gehabt, man hätte weitere Szenen spielen können, in denen Weiße andere Möglichkeiten der Reaktion in dieser Situation hätten erforschen können.
Was war geschehen? Die Höflichkeitsbarriere, wo Worte als Schutz gegen unangenehme Realitäten dienen, war durchbrochen worden; statt dessen argumentierte man auf der emotionalen Ebene. Das Ausspielen der Situation ermutigte eher zu spontanen Reaktionen als zu wachsamen Manövern. In diesem Augenblick der Wahrheit erkannten etliche Mitglieder des Seminars, daß man sie im Prozeß ihres Erwachsenwerdens in der amerikanischen Gesellschaft so sozialisiert hatte, daß sie Formen der Diskriminierung als Realitäten des Lebens akzeptierten, und dabei selten bemerkten, daß sie sich an dieser Diskriminierung beteiligten.
Beim zweiten Durchspielen der Episode zeigten einige Teilnehmer ein durch die Konfrontation mit den realen Erfahrungen der Schwarzen und braunen Mitglieder der Gruppe erweitertes Bewußtsein.

Rollenspiel

Rollenspiel oder Soziodrama ist ein Verfahren, Realität so herzustellen, daß Gruppen in der Lage sind, Situationen, die im Leben auftauchen, in »sicherer« Umgebung zu untersuchen; hier können Gefühle geäußert, Begriffe der Realität in Aktion erforscht und Konsequenzen beschrieben werden. Rollenspiel ist, richtig eingesetzt, ein wirksames pädagogisches Instrument, um in den vielen kritischen Situation unseres Lebens bestehen zu können.

Notwendigkeiten

Heute wird mehr denn je in der Geschichte der Menschheit die Fähigkeit verlangt, soziale Probleme zu lösen, zum Wohle der Menschen. Wie helfen wir Kindern und Jugendlichen, zu rational und bewußt handelnden Menschen heranzuwachsen, die sich für die Lösung kritischer Probleme interessieren und einsetzen? Welche Lebenserfahrung zum Beispiel ließ *Ron Ridenhour*, den jungen Soldaten, der die My Lai-Untersuchung in Gang setzte, nicht ruhen, bis er mit seinem Wissen über diese menschliche Tragödie etwas unternahm? Dieses Interesse und der Anteilnahme der Menschen aneinander bedürfen wir, um Rassenkonflikte, Gewalt, Armut und Übervölkerung, was alles unser Überleben bedroht, verhindern zu können.

Lehrer, die Social Studies unterrichten und dabei überhaupt Erfolg haben, müssen sich daranmachen, solches Interesse zu provozieren. Sie müssen den Mut haben, das Curriculum-Paket auszupacken und ein »Curriculum des Überlebens« zu entwickeln.

Das Rollenspiel ist ein Lehrverfahren, dessen Durchführung unmittelbar Erfahrungen vermittelt, die für die Verwirklichung dieser Ziele von unbedingter Bedeutung sind. Was ist »Rollenspiel« oder »Soziodrama?« Dem Neuling erscheint es wie eine dramatische Parodie, in der eine Begebenheit dargestellt und anschließend besprochen wird. Rollenspiel als pädagogischer Prozeß ist jedoch viel mehr als das, wenn es qualifiziert und sensibel betrieben wird.

Problemlösen in Gruppen

Rollenspiel ist eine der Methoden, Probleme in Gruppen zu lösen. Es ermöglicht Kindern und Jugendlichen, menschliche Probleme im spontanen Spiel, dem gelenkte Diskussionen folgen, zu beobachten und zu analysieren. Normalerweise wird dem Unterricht, in dem ein Rollenspiel stattfindet, eine Begebenheit oder Problemsituation zugrunde gelegt, die zwei oder mehr Personen einschließt und in der irgendeine Aktion ablaufen muß, die dann zur Lösung des Problems führen soll. Da es eine offene Situation ist (der Gruppe wird keine Lösung angeboten; die Beschreibung endet am kritischen Punkt), muß eine Analyse dessen stattfinden, was geschieht, verbunden mit einigen Vorschlägen für ein Verhalten, welches das Problem lösen könnte.

Befinden wir uns in solchen Situationen, dann verhalten wir uns im wirklichen Leben meistens folgendermaßen: wir fühlen, wir handeln und *dann* denken wir (wobei wir häufig wünschen, wir hätten uns anders verhalten). Unsere Jugend sollte lernen, zu fühlen, zu denken (wer ist betroffen, was empfinden sie, was wird geschehen, wenn ...) und *dann* erst zu *handeln*. Im Rollenspiel besteht immer noch die Chance, neue Ideen auszuprobieren; auf diese Weise kann man aus seinen Fehlern lernen.

Gewöhnlich sieht die Sequenz von Aktivitäten im Rollenspiel wie folgt aus: eine Situation wird skizziert; ein Ablauf der Handlung geplant, dann durchgeführt und schließlich diskutiert. Die Gruppe kann entscheiden, ob die Vorführung adäquat (realistisch) war, und mit weiteren Darstellungen oder Szenen untersuchen, was geschieht, wenn dieser oder jener Handlungsstrang verfolgt wird. So kann man die Folgen dieser Alternativen feststellen. Weitere Diskussionen schaffen zusätzliche Alternativen, und jede kann in der Aktion auf ihre Konsequenzen überprüft werden. Rollenspiel schließt im Normalfall folgende Schritte ein:

1. »Warmwerden« der Gruppe (Problemkonfrontation),
2. Auswahl der Beteiligten (Problemkonfrontation),
3. Vorbereitung des Auditoriums, das beobachtend teilnimmt,
4. Einrichten der Szenerie,
5. Rollenspiel (eine – der möglichen – Darstellungen),
6. Diskussion der Darstellung,
7. Weitere Darstellung (erneutes Spielen revidierter Rollen, naheliegende nächste Schritte, Erkunden alternativer Möglichkeiten),
8. Weitere Diskussion (der weitere Darstellungen folgen können),
9. Gemeinsame Erfahrungen (die das Rollenspiel mit Erfahrungen aus dem eigenen Leben verknüpfen), die in allgemeine Erkenntnisse, in Generalisierungen münden können.

»Transaktioneller« Prozeß

Das Einmalige beim Rollenspiel, wodurch es der Diskussion überlegen ist, zeigt sich dort, wo jemand eine Handlungslinie aufnimmt und zu spielen beginnt, und zwar *zusammen mit anderen Personen, die ihre Rollen spielen:* die Situation unterliegt nicht mehr völlig seiner Kontrolle. *Die Situation wird transaktionell,* sie nimmt Eigenständigkeit an. Die Vorstellungen des Spielens werden durch die nicht vorhersagbaren Reaktionen der anderen in der Situation kompliziert. Das ist realitätsgerecht. Man muß handeln und auf die Handlungen anderer reagieren.

Lebenserfahrung als Spiel und Reflexionsmaterial

Viele persönliche Wahrnehmungen und Auffassungen der Schüler werden im Spiel entfaltet; ihre Lebenserfahrungen werden also als Quelle genutzt. Da jeder seine Vorstellung von dem, was geschieht, anbietet, erkennt die Gruppe, daß verschiedene Menschen in einem gemeinsam erlebten Geschehnis Verschiedenes sehen. Die vielerlei Wahrnehmungen, die sichtbar werden, sollten das Bewußtsein jedes Beteiligten erweitern. Bei dem oben geschilderten College-Zwischenfall erlebten die schwarzen Studenten das, was geschah, völlig anders, als die Weißen.

In einem geschickt geführten Rollenspiel werden Überzeugungen herausgefordert, und die Vielfalt der Möglichkeiten, eine Begebenheit zu erleben, erlaubt jedem Teilnehmer, gleich welchen Erfahrungshintergrund er hat, zur Situation beizutragen. Resultat ist, daß Schüler eine Vielfalt von Interpretationen sozialer Realitäten respektieren und schätzen lernen. Folgende Episode aus dem Unterricht mag dieses illustrieren:

Mary sagt: »Nun, wenn mein Vater ›nein‹ sagt, dann frage ich eben meine Mutter.«

Rick sagt: »Es ist sein Geld; er hat das Recht, damit anzufangen, was er will.«

Aber J., ein anderer Zehnjähriger, meint: »Es gibt noch einen ganz anderen Weg. Du gehst zu deinem Vater und sagst ihm, daß du ein Mikroskop brauchst. Er wird dir das Geld dafür geben. Dann bezahlst du deinen Club und leihst dir das Mikroskop eines Freundes, um es deinem Vater zu zeigen.«

Nun kann der Lehrer antworten: »Die Menschen können auf vielerlei

Weise versuchen, ein Problem wie dieses zu lösen. Ich möchte nun wissen, was herauskommt, wenn wir jede Möglichkeit ausprobieren.« Die Kinder spielen die Verhaltensweisen, von denen sie glauben, daß sie ans Ziel führen. Nach jeder Variante liefert die Diskussion in der Klasse eine ganze Skala von Einsichten in die Konsequenzen solcher Lösungen. Hilfskonstruktionen, wie J. sie vorschlägt, können untersucht und für nicht ganz in Ordnung befunden werden. Vielleicht sagt ein Kind: »Das mag schon hinhauen, aber ich würde mich an deiner Stelle nicht so recht wohl dabei fühlen!« Der einfühlsame Lehrer wird sagen: »Zuweilen sind wir gezwungen, zu Lösungen zu greifen, mit denen zu leben gar nicht so leicht ist ...«, und er ermöglicht eine weitere freimütige Diskussion. Neue Vorschläge können den Kindern eine Reihe von Möglichkeiten vermitteln, die sie das Problem auf produktivere Weise lösen lassen. Sie haben aus der Zustimmung und dem Widerspruch ihrer Altersgenossen gelernt. Der Lehrer trägt dazu bei, wenn er fordernde oder klärende Fragen stellt, wie: »Was wird ... denken, wenn wir folgendes tun?« oder: »Was passiert jetzt?«.

Ein weiterer Begriff von Individualisierung

In einer Gesellschaft und in einem Erziehungssystem, in dem man Individualisierung interpretiert hat »als seinen eigenen Kram machen« und sein eigenes Tempo gehen, um schneller voranzukommen, kann Rollenspiel einen erheblich subtileren Begriff von Individualität vermitteln [2]. Der Lehrer sorgt in Gruppen, die Rollen durchspielen, für ein Klima, in dem ungehemmt alle Ideen ausprobiert werden können: sozial gebilligte, trickreiche und sogar sozial nicht anerkannte. Jede ist eine Realität, die jetzt in der öffentlichen Arena zu testen ist. Es geht nicht um richtige Antworten, sondern um offene Untersuchung. Beide, Lehrer und Gruppe, »hören« einander in voller Aufmerksamkeit. Der Lehrer gestaltet die Situation, indem er solche Fragen stellt wie: »Wenn ich dich richtig verstehe, dann sagst du, daß ...«, und ein Kind wird sagen: »Ja, das wollte ich sagen«, oder »Nein, ich meine ...«. Die beobachtende Klasse ist aufgefordert, sorgfältig zuzuhören, um in der Lage zu sein, auf einen Vorschlag nach folgendem Muster zu reagieren: wie empfinden die Leute, wer ist betroffen, könnte dies wirklich geschehen, und was wird jetzt passieren?
Statt einer Konkurrenzsituation, in der jeder Schüler versucht, die bessere Idee von sich zu geben, wird die Gruppe dahin gebracht, der Reflexion von Debbys Gedanken volle Unterstützung angedeihen zu

lassen, ehe sie etwa zu Bobs Vorschlag weitergeht. Dieser kooperative Prozeß kann eine kohärente Gruppe zustande bringen, in der die einzelnen lernen, einander zu mögen, ihre Vorstellungen gegenseitig zu respektieren und Unterschiede zu tolerieren. Solch eine Gruppe kann zu einer »Gemeinschaft« werden, in der die Kinder ihre Überzeugungen mutig vertreten und sowohl Gruppeninitiativen und -anstrengungen unterstützen wie sich ihnen zuweilen auch widersetzen können. In solchen Gruppen lernen Kinder, wer sie sind, was sie glauben und was sie schätzen.

Kenneth Benne hat sehr eloquent formuliert: »Das Ich bildet sich ursprünglich im Prozeß von Interaktion und Austausch mit anderen«. Und er fährt fort: »Wenn die Normen einer Gruppe ehrliches individuelles Sich-Äußern und Sich-Suchen ihrer Mitglieder und wichtige Begegnungen und Konflikte zwischen ihnen fördern und belohnen, dann werden jene, denen die Gruppe etwas bedeutet, in ihrem Streben nach Identität unterstützt.« [2]

Der Lehrer, der sich nicht scheut zu sagen: »Ihr beide habt gegensätzliche Vorstellungen von dem, was geschehen ist (oder von dem, was geschehen wird); laßt uns diese Unterschiede analysieren und herauszufinden versuchen, wie jeder von euch zu seiner Meinung gekommen ist,« hilft seinen Schülern, Individualität zu respektieren.

Der Inhalt ist ebenso wichtig wie das Verfahren

So wie Kinder lernen, Konsequenzen zu bedenken, indem sie Rollen übernehmen und indem sie erfahren, wie es ist, Addressat einer Aktion zu sein, so ist *der Inhalt des Lebens,* das sie erforschen, ebenso wichtig wie der Prozeß selber. Kinder treffen jeden Tag Entscheidungen, die ihre Werte sowohl prägen wie auch widerspiegeln. In diesen Alltagserlebnissen können sie lernen, auf andere zu achten oder die andern für ihre eigenen egoistischen Zwecke zu benutzen.

Sie können beschließen, mit der Menge zu gehen, wenn ein grausamer Scherz geplant ist, statt zu riskieren, ausgestoßen zu werden. Sie können stumm dabeistehen, wenn ein Freund gefoppt oder abgelehnt wird. Manchmal wendet sich ein Kind gegen die Gruppe und folgt seiner Überzeugung. Aber dies zu tun, ist sehr schwierig.

Kinder bedürfen der Hilfe in solchem Dilemma. Man kann ihnen helfen, aus ihren eigenen Erfahrungen zu lernen, helfen, nach sozial produktiven Lösungen zu suchen, die das Wohlbefinden der anderen ebenso berücksichtigen wie das eigene. Solch frühes Lernen wird zur Basis der Entwicklung achtsamer, überlegter menschlicher Individuen.

Nach Meinung des Autors ist es vergeblich, Kindern, die noch nicht gelernt haben, sich mit Nachdruck auf andere zu beziehen, umfassende kritische gesellschaftliche Probleme vorzulegen. Signifikantes soziales Lernen beginnt bei den eigenen nachhaltig erlebten Erfahrungen der Kinder. Wenn sie in einem Gruppenprozeß wie dem Rollenspiel festgestellt haben, wie es ist, abgelehnt oder diskriminiert zu werden, was es bedeutet, ein Freund zu sein, und ob es den Preis lohnt, einfach nur mit den meisten zu gehen, dann machen sie ganz allmählich die Werte deutlich, auf deren Grundlage sie ihre Entscheidungen treffen. In dieser Schmiede können sie Werte im Lichte der Klärung reflektieren, die sich aus der Gruppenkontroverse ergibt. Wenn ein Kind sagt: »Ich muß etwas aus dem Warenhaus klauen, um in die Bande aufgenommen zu werden ...«, und der Lehrer antwortet: »Was war los?« und das Kind sagt: »Nichts, ich hab' nur einen Radiergummi genommen, aber das macht mir Kopfzerbrechen ...« dann ist der Weg offen für eine freimütige Diskussion über Zwänge, Gefühle und soziale Fragen. So können die Kinder, nach etlichen Rollenspielen und Diskussionen, selbst den Schluß ziehen, daß Freunde, die man nur gewinnen kann, indem man sich auf Vandalismus einläßt, vielleicht gar nicht die Freunde sind, die man schließlich gerne hätte.

Bei ganz kleinen Kindern können Problemsituationen sich um Entwicklungsprobleme etwa der Art drehen, wie man in die Rolle des Bruders oder der Schwester hineinwächst, wenn ein neues Baby kommt, wie man auf dem Spielplatz seine Rechte behauptet, oder wie man damit fertig wird, wenn einem etwas kapputgeht. Durch Rollenspiel können sie allmählich lernen, ihre Empfindungen zu verstehen und Konsequenzen von Entscheidungen und Verhalten mitzudenken. Ein einfacher und wirksamer Weg, Kindern Probleme zu präsentieren, besteht darin, ihnen Bilder zu zeigen, die Probleme beinhalten, oder ihnen eine kurze Problemgeschichte zu erzählen [3]. Viele Situationen ergeben sich aus dem Alltag auf dem Spielplatz oder im Klassenzimmer [4].

Schon ältere Primarschüler sind heute in zunehmendem Maße dem Zwang ausgesetzt, es einmal mit Drogen zu versuchen, an Vandalismus sich zu beteiligen und als kleine Diebereien Mutproben zu praktizieren. Wie kann man ihnen helfen, sich den Zwängen ihrer Umwelt zu widersetzen? Ein Lehrplan, der Rollenspiel enthält, kann Situationen aus dem Leben präsentieren, die von weniger bedrohlichen Problemen etwa von der Art, wie sich Loyalität einem neuen Freund gegenüber vereinbaren läßt mit gegenläufigen Ansprüchen der Gruppe, zu der man gehört, bis zu der Frage, was zu tun sei, wenn die Bande eine Mutprobe in Form eines Diebstahls im Supermarkt verlangt, reichen [5]. Wenn Kinder sich frei fühlen, solche Zwangssituationen in der Rollenspiel-»Gemeinschaft« freimütig zu erkunden, dann können sie ihre Ängste mitteilen, ihren Wunsch, zu gefallen oder geliebt zu werden, zugeben; sie können ihre impulsiven oder ihre trickreichen oder notdürftigen Lösungen akzeptieren als Ideen, die coram publico zu überprüfen und vielleicht durch die Gruppendiskussion zu modifizieren sind, die nach dem Rollenspiel zustande kommt.

Ein Lehrer, der es versteht, unparteiisch zu sein, nicht zu urteilen, der alle Ideen der Überprüfung für wert erachtet, ist sehr wohl in der Lage, den Kindern dabei zu helfen, sich über ihre Wertvorstellungen klarzuwerden und aus Erfahrungen zu lernen. Man kann den Schülern begreiflich machen, daß wir durchaus nicht all unsere Probleme lösen können; daß wir häufig vor Alternativen stehen und wählen müssen. Oft sind wir gezwungen, auf einen »Vorteil« zugunsten eines anderen zu verzichten. Wenn Kinder dies erkennen und um den Entschluß, auf welchen »Vorteil« sie verzichten sollen, ringen, wachsen sie ständig in ihrer Fähigkeit, jenen Vorteil zu wählen, der den geringsten Schaden anrichtet.

Erfolgreicher Führung im Rollenspiel liegt die Überzeugung zugrunde, jeder Mensch verfüge über die Fähigkeit, es mit seinen eigenen Lebenssituationen aufzunehmen, und er und eine förderliche Gruppe könnten, wenn ihm geholfen werde, seine innersten Gefühle wirklich wahrzunehmen, durchaus humanere und dauerhafte Lösungen menschlicher Probleme zustande bringen. Wenn man mit Kindern arbeitet und dabei das Rollenspiel benutzt, um die Bereiche zu erforschen, in denen Kinder ihre täglichen Lebensentscheidungen treffen, findet diese Auffassung immer wieder ihre Bestätigung. Das gesellschaftliche Leben wird in den kommenden Jahren voller Kontroversen und Konflikte sein. Die Probleme werden kritisch und verwickelt sein. Grundschüler müssen schon ganz früh lernen, Probleme voller Selbstvertrauen und mit Geschick anzugehen. Sie sollten ermutigt werden, Konflikte als Belegmaterial für leidenschaftlich gehegte Ideen willkommen zu heißen und zu nutzen und unterschiedliche Vorstellungen mit Engagement und Leidenschaft zu erforschen. In einem solchen Prozeß werden sie zu verantwortlichen und rationalen Menschen heranwachsen.

Anmerkungen

1 *Fannie R. Shaftel,* Role Playing: An Approach to Meaningful Social Learning, in: Social Education 34 (1970), S. 556–559.
2 *Benne, Kenneth, D.,* Education in the Quest for Identity and Community. The College of Education, Ohio State University. 1962, S. 39–40.
3 *Shaftel, Fannie/Shaftel, George,* (a) Words and Action: Roleplaying Photo-Problems for Young Children. New York: Holt, Rinehart and Winston 1968; (b) People and Action: Roleplaying and Discussion Photographs for Elementary Social Studies. New York: Holt, Rinehart and Winston 1969. Vgl. auch *Nichols, Hildred/Williams, Lois,* Learning about Role Playing for Children and Teachers. Washingtor D.C.: Association for Childhood Education. International, 1960.
4 *Solt, Marie Zimmerman,* George Wanted In, in: Childhood Education (April) 1962, S. 374–76.
5 *Chessler, R./Fox, R.,* Role Playing for the Classroom. Chicago: Science Research Associates 1968. Vgl. auch *Shaftel, Fannie/Shaftel, George,* (a) Values and Action: Role-playing Problem-Situations for Intermediate Grades (Filmstreifen mit Dialog), New York: Holt, Rinehart and Winston 1970); (b) Role-Playing for Social Values: Decision Making in the Social Studies. Englewood Cliffs/New Jersey: Prentice-Hall 1967; c) Building Intelligent Concern for Others. New York: National Conference of Christians and Jews, 1968.

June R. Chapin

Planspiele[1]

Social Studies-Lehrer werden in zunehmendem Maße auf das wachsende Interesse an Planspielen im Unterricht und deren Beliebtheit hingewiesen. In einer der letzten Nummern von *Social Education* veröffentlichte *Arthur J. Hogan* eine annotierte Bibliographie der einschlägigen Literatur[2]. In der gleichen Nummer erörterte *John D. Gearon* bejahend den Wert von Planspielen im allgemeinen und beschrieb eins detailliert unter dem Titel »Einen Bürgermeister für Mount Van Buren«; es ist für die High School gedacht[3]. Dieses Planspiel war die Erweiterung eines Spiels, das er schon früher vorgelegt hatte: »Arbeiterschaft kontra Management«; er hatte es erfolgreich innerhalb einer Unterrichtseinheit über die amerikanische Arbeiterbewegung in der Geschichte der USA verwendet[4]. Mr. *Gearon* hat auch den Entwurf zu dem Planspiel »Krieg und Frieden« geliefert[5], das *Gordon* und *Kaplan* heftig kritisiert haben, weil keiner der Zwänge, die in der Realität herrschten, im Spiel vorkämen[6]. Ein weiteres Zeichen für das zunehmende Interesse an der Verwendung von Planspielen im Unterricht ist in der Tatsache zu sehen, daß auf dem Jahreskongreß des »National Council for the Social Studies« in Seattle im letzten November 1967 allein drei Sitzungen diesem Thema galten.

Mit der zunehmenden Publizität von Planspielen geht eine breite Skala von Meinungen über ihre Nützlichkeit und ihren Sinn und sehr ungenaue Vorstellungen über den Umfang des vorhandenen Materials einher. Um die Situation ein wenig zu klären, enthält dieser Artikel: (1) eine kurze Definition der Terminologie in diesem Bereich; (2) eine Zusammenstellung der verfügbaren Planspiele in den Sociel Studies; (3) eine Skizze des Forschungsstandes auf diesem Gebiet.

Terminologie

Wissenschaftler und Fachautoren unterscheiden im allgemeinen deutlich zwischen Simulation und Spiel. Dabei werden folgende Merkmale mit den Termini *Simulation, Spiel und Rollenspiel* assoziiert.

Simulation

(1) Simulation ist ein Modell einer Situation (einer sozialen, mathematischen oder physikalischen), in der die Realität vereinfacht ist; es gestattet, an einem spezifisch konstruierten Problem innerhalb einer Zeitabfolge methodisch zu arbeiten. (2) Um die Reaktion der Schüler auf das Problem zu erhalten, benutzt man zumeist einen Computer. (3) In der Verwendung von Simulation steckt eine pädagogische Absicht, und häufig arbeiten die Schüler an dem jeweiligen Problem mit Hilfe von speziellen Materialien und/oder speziellem Werkzeug. (4) Man sagt, sich »durch das Problem hindurchzuarbeiten«, sei etwas ganz anderes als eine Diskussion des Problems, da die Schüler auf diese Weise aktiv am Lösungsprozeß beteiligt seien: *Planspiel*.

Spiel

(1) Ein Spiel ist ein Wettstreit oder eine Spielaktivität zwischen gegnerischen Spielern; sein Ziel ist gewöhnlich das Gewinnen, und zwar in einer Konkurrenzsituation. (2) Im Normalfall finden die Spieler die Aktivität vergnüglich und erfreulich. (3) Es wird kein Computer verwendet.

Rollenspiel [7]

(1) Rollenspiel schließt viele Momente der Simulation ein, ist aber gewöhnlich stärker in generelle Arbeitsschritte strukturiert und erfordert nicht die Anwendung eines Computers oder eines speziellen Instrumentariums, d. h. besonderer Materialien oder differenzierter Vorinformationen. Impuls zum Rollenspiel gibt häufig die Lektüre einer Problemgeschichte, die eine Illusion von Realität schaffen soll; die Problemgeschichte ist »unfertig« in dem Sinne, daß sie ein hohes Maß an Intensität erreicht in Form eines Dilemmas, d. h. eines offenen Falles, der mehrere Alternativen für Aktionen eröffnet. (3) Die Schüler geben dem ungelösten Problem einen Schluß, von dem sie glauben, so könnte oder sollte die Sache enden, und zwar mittels einer Diskussion oder eben im Rollenspiel.

Aus den obengenannten Unterscheidungen geht hervor, daß Simulation, Spiel und Rollenspiel sich nicht scharf unterscheiden lassen. Tatsächlich haben alle drei die folgenden Merkmale gemeinsam.

Simulation – Spiel – Rollenspiel

(1) Ein Interessenkonflikt wird präsentiert, der den Schüler aktiv betrifft. (2) Im Gegensatz zu den traditionellen Lernerfahrungen in der Schule übernimmt der Schüler eine aktive Rolle. (3) Dem Schüler stehen einige Alternativen zur Verfügung, und er hat einige Kontrolle über das, was geschieht. (4) Der einzelne muß Entscheidungen treffen; häufig werden Entscheidungen von Gruppen getroffen, und der einzelne hat als Mitglied der Gruppe zu fungieren. (5) Unmittelbares Feedback ist häufig Teil des Prozesses; die Folgen von Entscheidungen werden ganz schnell auf die Schüler verlagert.

Da die meisten Lehrer sich um die fachliche Validität und die Unterscheidungen der drei Begriffe nicht kümmern, neigt man im volkstümlichen Gebrauch dazu, die Charakteristika zu verwischen, und die Unterschiede fallen allmählich unter den Tisch. Häufig wird die Unterscheidung zwischen Simulation und Spiel nicht betont, und der Begriff »Planspiel« findet zunehmend allgemeine Verwendung. Die Kürzel »G/S« (Game/Simulation) oder die Bezeichnung »Spiele/Simulationen« sind ebenso häufig in der diesbezüglichen Literatur anzutreffen.

Verfügbare Planspiele

Die hier aufgeführten Spiele bedürfen keines Computers [8].

1. *Abt Associates, Inc., 55 Wheeler Street, Cambridge, Massachusetts 02138*
   English Civil War. Die Beschreibung eines Spiels (hektographiert), entworfen und entwickelt für das Education Development Center. Das Spiel wird demnächst beim Education Development Center zu haben sein, 15 Mifflin Place, Cambridge, Massachusetts 02138. Für die Junior High School.

2. *The John Hopkins University, Department of Social Relations, Baltimore, Maryland 21218.*
   Community Response. Eine Simulation von Problemen, vor denen die einzelnen stehen, wenn eine Gruppe von einem Unglück betroffen wird. Für die Junior und Senior High School.

Consumer. Dieses Spiel soll die Probleme und die Ökonomie der Ratenzahlung einsichtig machen. Es befaßt sich mit Budgetplanung, Kaufen auf Kredit und Geldkrediten und mit maximaler Bedürfnisbefriedigung durch Erwerb von Konsumgütern. Für die Grundschule und die Junior High School.
Economic System. Simulation der Zusammenhänge im ökonomischen System einschließlich Fabrikanten, Arbeiter und Bauern, die versuchen, ihre ökonomische Position zu verbessern. Für die Junior und Senior High School.

3. *Charles E. Merrill, Inc., 1300 Alum Creek Drive, Columbus, Ohio, 43216.*
   Crisis. Simulation einer internationalen Krise, ausgelöst in einem wichtigen Bergbaugebiet. Für die Senior High School.
   Napoli. Simuliert den Gesetzgebungsprozeß und seine Verflochtenheit mit den politischen Parteien. Für die Junior und Senior High Scholl.

4. *National 4H Foundation. 7100 Connecticut Avenue, Washington, D.C. 20015.*
   Game of Democracy. Acht Spiele über den Prozeß der Gesetzgebung, am bekanntesten das »Game of Legislature«. Für die Junior und Senior High School.

5. *Science Research Associates, 259 East Erie Street, Chicago, Illinois 60611.*
   Economic Decision Games. Ökonomische Spiele mit Bleistift und Papier. Für die Senior High School.
   Inter Nation Simulation. Simuliert werden internationale Zusammenhänge und Beziehungen, die die Abhängigkeit von Außen- und Innenpolitik zeigen. Diese Schulversion des Planspiels der Northwestern University dürfte am weitesten verbreitet sein. Für die Senior High School.

6. *Western Behavioral Sciences Institute, 1121 Torrey Pines Road, La Jolla, California 92037.*
   Plans. Simuliert werden Interessengruppen, die versuchen, Einfluß zu nehmen und Veränderungen in der amerikanischen Gesellschaft durchzusetzen. Für die Senior High School.

7. *World Affairs Council of Philadelphia, John Wanamaker's Store, 13th and Market Streets, Philadelphia, Pennsylvania 19107.*
   Simulation: Decision Making. Eine vereinfachte, internationale Simulation, die Einblicke in die Außenpolitik vermitteln soll. Für die Senior High School.

Wenn man die vorhandenen Planspiele zusammengestellt und die *Hogan*-Bibliographie ausgewertet hat, stellt man überrascht fest, daß gegenwärtig doch recht wenige Planspiele zur Verfügung stehen. Die unverhältnismäßige Publizität, die ihnen zuteil wurde, hat den Eindruck hervorgerufen, es seien unzählige auf dem Markt und die Schulen bauten sie eifrig in ihre Curricula ein; in Wahrheit wenden aber nur relativ wenige Schulen bis heute diese Lehrmethode überhaupt an. Immerhin sind zahlreiche Planspiele »in Vorbereitung«, und es gibt Anzeichen dafür, daß sowohl Quantität als auch Qualität der für die Social Studies in Betracht kommenden Spiele in naher Zukunft steigen werden.

Die Forschung

Wer bisher die Verwendung von Planspielen im Unterricht rechtfertigte, hat sich meist auf deren vermuteten Wert für die Entfaltung kognitiver Prozesse, die Wissensaneignung, die Entwicklung und Veränderung von Einstellungen und die gesteigerte Motivation und das Interesse am Lernen berufen. Welche Erfahrungen hat man bisher bei der Überprüfung ihrer Effizienz gemacht?
Die Lehrer reagieren wahrscheinlich positiv oder negativ, wenn es um die Anwendung von Planspielen in ihrem Unterricht geht. Entweder sind sie voller Enthusiasmus über deren Nützlichkeit oder sie äußern sich gänzlich ablehnend. Die Begründung oder Rechtfertigung, Planspiele zu verwenden oder nicht zu verwenden, scheint auf eine Art intuitiver Einschätzung zu beruhen, sie paßten oder paßten nicht in die philosophische Richtung (liberal bzw. konservativ) des jeweiligen Lehrers. Diese Form der Rechtfertigung, die zwar für die Weiterbildung von Lehrern wichtig ist, kann aber kaum bei der Beurteilung von Planspielen von Nutzen sein.
Forschungsergebnisse aus diesem relativ neuen Gebiet liegen kaum vor. Die Probleme sind vielfältig: Der Mangel eines theoretischen Rahmens; der Einfluß des Schulleiters oder Lehrers auf den Ton, der anzuschlagen sei; die Frage, ob Außenstehende die Effektivität von Planspielen überhaupt beurteilen sollen oder nicht; ihr möglicher Einfluß auf die Aktivitäten der Teilnehmer; die spezifische Umgebung und der Typ von Schülern, die sich an den Spielen beteiligen; die Schwierigkeit, genaue und verläßliche Instrumente für die Messung von kurzfristigen und langfristigen Verhaltensänderungen zu erhalten; die Berücksichtigung des Hawthorne-Effekts; und das immense

Problem, von einem einzelnen Spiel auf Planspiele im allgemeinen zu schließen. Alle diese Faktoren haben widersprüchliche Daten produziert, und angesichts der Schwierigkeiten bei der Forschung auf diesem Gebiet ist dies auch nur verständlich. So hat die Frage, ob kritisches Denken, eine bestimmte Haltung und Faktenwissen am besten mit Hilfe des Planspiels zu erlangen seien oder nicht, eine Vielfalt von Antworten provoziert. Wie ein witziger Kopf schrieb: »Die Literatur bietet dem Leser eine breite Auswahl an«, und sowohl Kritiker wie überzeugte Anhänger von Planspielen können Forschungsmaterial vorlegen, das jeweils ihren Standpunkt stützt. Immerhin hat die Forschung den anfänglichen Enthusiasmus derjenigen gedämpft, die der Auffassung waren, mit Planspielen sei nahezu alles besser zu machen. Aber man kann mit einiger Sicherheit sagen, daß Planspiele effektiver sind als konventionelle Methoden, wenn man das Interesse der Schüler gewinnen und sie motivieren will, sich an Lernaktivitäten stärker zu beteiligen [9]. So scheinen Planspiele ein über das Normalmaß hinausreichendes Interesse am Gegenstand zu bewirken [10]. Wie erwartet, ziehen nicht alle Schulen Planspiele den typischen Schulmethoden des Lernens vor, die Mehrheit jedoch ist dafür.

Dieser Vorteil mag in den meisten Unterrichtssituationen tatsächlich von Nutzen sein und weitere Entwicklungsarbeit rechtfertigen. Zwar ist es weiterhin notwendig, daß Lehrer und Forscher die Effektivität ihrer Arbeit überprüfen, aber es scheint doch sicher, daß Planspiele vielversprechende pädagogische Möglichkeiten bieten, die in das Social Studies-Curriculum aufgenommen werden können.

Anmerkungen

1 *June R. Chapin,* Simulation Games, in: Social Education 32 (1968), S. 798/99, 803.
2 *Arthur J. Hogan,* Simulation: An Annotaded Bibliography, in: Social Education 32 (1968), S. 242–244. Folgende Titel, die in *Arthur J. Hogans* Bibliographie nicht enthalten sind, dürften für die Social Studies-Lehrer ebenfalls von Interesse sein: *Clark C. Abt* Games for Learning, Occasional Paper Nr. 7 (1966), The Social Studies Curriculum Program, Education Development Center, 15 Mifflin Place, Cambridge, Massachussetts, 02138. Die Theorie wird behandelt, die hinter Lehrspielen steckt, und etliche spezielle Spiele für das Social Studies Curriculum werden diskutiert. – *John Blaxall,* MANCHESTER. hektographiert (1965). Abt Associates, Inc., 55 Wheeler Street, Cambridge Massachusetts, 02138. Die Beschreibung eines

Spiels, das als Teil einer Unterrichtseinheit über die Industrielle Revolution in England entwickelt wurde und für Schüler in der Oberstufe der High School gedacht ist. – *R. L. Hilgert,* Arbitration Case Simulation: A University Classroom Experience, in: Journal of Business Education, (Januar) 1965, S. 157–158. Die Beschreibung einer Simulation, bei der Studenten die Rollen von Zeugen der Gewerkschaft, des Managements und das Schiedsgericht spielten. – *E. Roger Majak,* Social Science Teaching with Inter-Nation Simulation: A Review, in: The Social Studies (März) 1968, S. 116–119. Die »Inter Nation Simulation« scheint ein Unterrichtsmittel zu sein, das sich für den Unterricht in High School-Klassen eignet und reiche Lernmöglichkeiten enthält. – *James A. Robinson,* et al., Teaching with Inter-Nation Simulation and Case Studies, in: The American Political Science Review (März) 60 (1966), S. 53–66. Simuliert wurden internationale Beziehungen, Außenpolitik, Politik der nationalen Sicherheit, kommunale Politik, politische Parteien und Wahlen.

3 *John D. Gearon,* Simulation and Stimulation: Teaching Politics and Government in High School, in: Social Education 32 (1968), S. 273–278, 281.

4 *John D. Gearon,* Labor vs Management. A Simulation Game, in: Social Education 30 (1966), S. 421–422.

5 *John D. Gearon,* War or Peace: A Simulation Game, in: Social Education 30 (1966), S. 521–522.

6 *Alice J. Kaplan* and *Martin S. Gordon,* A Critique of War and Peace: A Simulation Game, in: Social Education 31 (1967), S. 383–385.

7 Eine ausgezeichnete Kennzeichnung des Rollenspiels liefern *Fannie R. Shaftel/George Shaftel,* Role-Playing for Social Values: Decision-Making in the Social Studies, Englewood Cliffs/N.J.: Prentice-Hall, 1967. (Vgl. auch oben S. 193 ff.; Hrsg.)

8 Den folgenden beiden Quellen für meine Zusammenstellung von Simulationsspielen bin ich sehr verpflichtet: Teaching Research in Cooperation with Northwest Regional Educational Laboratory, Instructional Uses of Simulation: A Selected Bibliography, September 1967; The Foreign Policy Association, Simulation Games for the Social Studies Classroom, New Dimensions Booklets: 1, Nr. 1, 1968. Vgl. auch Anm. 2 und *Boocock/Schild* (Hrsg.), Simulation Games in Learning. Beverly Hills: Sage Publications 1968.

9 *Sarane S. Boocock,* An Experimentel Study of the Learning Effects of Two Games with Simulated Environments, in: American Behavioral Scientist (Oktober) 10 (1966), S. 8–17; *James A. Robinson,* Simulation and Games, in: *Peter H. Rossi/Bruce J. Biddle* (Hrsg.), The New Media and Education. Garden City/N. Y.: Anchor Books 1967, S. 115 ff.

10 *Cleo Cherryholmes,* Some Current Research an Effectiveness of Educational Simulations: Implications for Alternative Strategies, in: American Behavioral Scientist (Oktober) 10 (1966), S. 4–7.

Merle M. Knight

Neue Curriculum-Projekte zu den "Social Studies" (Stand: August 1970)[1]

Anthropologie

Universitiy of Georgia, Anthropology Curriculum Project, Marion J. Rice, Director, 105 Fain Hall, University of Georgia, Athens, Georgia 30601.

Dieses Projekt ist empirisch erprobt worden, in der Grundschule und in der Junior High School. Die Materialien behandeln die Begriffe: Entwicklung, Urmensch, Rasse, Zivilisation, Vorgeschichte der Alten Welt, Vorgeschichte der Neuen Welt, Technologie, Wirtschaft, Verwandtschaft, öffentliche und private Gruppen, Religion, Generationsfolge. Sie reichen vom Kindergarten bis zum 7. Schuljahr und machen vier bis fünf Wochen im jährlichen Social Studies-Lehrplan aus. Das Programm stellt eine Curriculum-Spirale dar, so daß im ersten und vierten Schuljahr Zivilisation, im zweiten und fünften Schuljahr die Vorgeschichte der Alten und Neuen Welt im Vordergrund stehen. In den Jahrgängen drei und sechs befassen sich die Schüler mit dem kulturellen und zivilisatorischen Wandel, mit Rasse, sozialer Schichtung (Kaste, Klasse) und mit dem Vorurteil. Die Materialien für das siebente Schuljahr behandeln das Generationsproblem, Sprachen und noch einmal den kulturellen und zivilisatorischen Wandel. Unter den öffentlich geförderten ist dieses Projekt einzigartig, weil es den deduktiven Weg des Lehrens und Lernens geht, wenn auch viele der neueren Materialien ebenfalls den induktiven Lehr- und Lernprozeß bevorzugen. Die Materialien bestehen aus Textbüchern für den Schüler und didaktisch-methodischen Handbüchern für den Lehrer.

American Anthropological Association, Anthropology Curriculum Study Project, Malcolm Collier, Director, 5632 Kimbark Avenue, Chicago, Illinois 60637.

Das Anthropology Curriculum Study Project ist ein einsemestriger Kurs im Rahmen der »Weltgeschichte« im zehnten Schuljahr. Es ist in der Unterrichtspraxis entwickelt und erprobt worden. Bis heute hat der Verlag Macmillan Company (New York) als einführendes Beispiel nur einen Dreiwochenkurs herausgebracht. Der Kurs handelt von Kultur und Zivilisation. Das Daten-Sammeln für die Schlußfolgerung und Überprüfung der Schlußfolgerung (Hypothesenbildung) macht vor allem die Lernprozesse aus. Eines der interessantesten Kennzeichen des veröffentlichten Beispiels ist die Interdependenz zwischen den Lernzielen, der Schüleraktivität und der Überprüfung des Gelernten. Nicht minder interessant ist das Multimedia-Verfahren. Das Vorauspaket des Verlages enthält zwei Dia-Streifen, einen Lageplan, vier Nachbildungen von Kunstgegenständen, eine Schallplatte, fünf Texte, Mehrfachfolien und einfache Transparente für den Tageslichtprojektor, dazu Tabellen und Diagramme.

Wirtschaftswissenschaften

University of Colorado, Our Working World, Lawrence Senesh, Director, 970 Aurora Avenue, Boulder, Colorado 80302.

Die Serie »Unsere Arbeitswelt« ist entworfen worden, um Kinder in die grundlegenden Regeln einzuführen, die unsere soziale Wirklichkeit bestimmen und um die Erfahrungen der Kinder auf diese Prinzipien zu beziehen. Obgleich die Wirtschaftswissenschaften das Kernstück dieser Serie sind, sind die übrigen Sozialwissenschaften ein integrierter Teil des Programms. Das Programm soll Kindern das analytische Instrumentarium der Sozialwissenschaften vermitteln und sie in die Lage versetzen, diese Instrumente zu benutzen, um Ursache-Folge-Beziehungen in der Gesellschaft und die Ordnung zu entdecken, die unserer scheinbar chaotischen Welt zugrunde liegt. Die Erfahrungen der Kinder mit der gesellschaftlichen Wirklichkeit sind Ausgangspunkt der Arbeit. Mit dem Aufstieg des Kindes von Jahrgang zu Jahrgang werden die grundlegenden Kategorien der Sozialwissenschaften mit zunehmender Gründlichkeit und Komplexität erfahren. –

Das Curriculum-Paket eines jeden Jahrgangs enthält ein Textbuch für den Schüler, ein Arbeitsheft, eine Materialsammlung, Schallplatten und eine Niederschrift der dort aufgezeichneten Informationen. Die Materialien für das dritte Schuljahr schließen einen Satz Dia-Streifen ein, als ergänzendes Begleitmaterial zu den Schallplatten. Es fehlt in den Einheiten für das erste und zweite Schuljahr. Die Curriculum-Einheiten für das erste bis dritte Schuljahr können z. Z. vom Verlag »Science Research Associates« (SRA) in Chicago bezogen werden. Eine überarbeitete Ausgabe, vom Kindergarten bis zum sechsten Schuljahr, kommt voraussichtlich im September 1972 heraus.

University of Ohio, Manpower Development Project. Robert L. Darcey and Phillip E. Powell, Co-directors, The Joint Council on Economic Education, 1212 Avenue of the Americas, New York, New York 10036.

In diesen Curriculum-Materialien gehen die Autoren wirtschaftliche Probleme von der Hypothese aus an, daß der Mensch mehr sei als nur Verbraucher von Waren und Dienstleistungen; er sei auch deren Produzent. Ein Verständnis der wirtschaftlichen Prozesse und der Rolle, die die Menschen im Wirtschaftsleben spielen, sind integrierter Bestandteil dieses wirtschaftskundlichen Curriculum-Projekts. Die Begriffe, die im Laufe des Unterrichts konkretisiert werden sollen, sind in drei kategorialen Bereichen enthalten: (1) Das ökonomische System, (2) Fertigkeiten und Verhaltensweisen als Voraussetzung für Produktivität; und (3) Selbständige Verfügung über eine Begrifflichkeit, die notwendig ist, um einen positiven Beitrag im gesellschaftlichen Leben zu leisten. – Mit den Materialien wird versucht, den Schüler in Situationen hineinzustellen, die einige Relevanz und Bedeutung für ihn haben –, wenn nicht zum augenblicklichen Zeitpunkt, so doch in sehr naher Zukunft. Man hofft, daß der Schüler ein Gefühl dafür entwickelt, in der Lage und daran interessiert zu sein, in seiner Gesellschaft eine lohnende Rolle zu spielen. – Die Materialien enthalten Geschichten, Fälle, Dokumente, Karikaturen und statistische Daten. Texte für Schüler und das Lehrerhandbuch können vom »Joint Council on Economic Education« bezogen werden.

University of Chicago, Elementary School Economics Project, William D. Rader, Director, Industrial Relations Center, 1225 East 60th Street, Chicago, Illinois 60637.

Diese Curriculum-Einheiten zur Wirtschaftskunde sind für ein Social Studies-Programm im vierten bis sechsten Schuljahr entwickelt worden. Die Materialien für das vierte Schuljahr behandeln die Kategorie: »Verbrauch«. Die Schüler arbeiten über ökonomischen Mangel, Arbeit, Geld, Verbrauch und Sparen. Die Einheiten für das fünfte Schuljahr konzentrieren sich auf Produktion und Markt. Die Schüler arbeiten über Profit, effiziente Nutzung der Produktionsfaktoren, Verkehrswesen, Großhandel, Einzelhandel und Werbung. Diese Einheiten – jede umfaßt etwa sechs Wochen Unterricht –, verbleiben zumeist in Diskussionen, schriftlichen Arbeiten, Lektüre und Interpretationen von Karten und graphischen Darstellungen, die vom Lehrer gelenkt werden. – Die drei Einheiten für das sechste Schuljahr befassen sich mit Produktion, Handel und Verbrauch. In der ersten Einheit studieren die Schüler ein einfaches ökonomisches Modell zu Produktion und Handel mit Hilfe einer Geschichte, die davon handelt, wie Schiffbrüchige ihre Bedürfnisse auf einer tropischen Insel befriedigen. Die zweite Einheit führt die Schüler in Markt-Probleme ein und stellt sie in ein Planspiel zu Fragen des Kaufens und Verkaufens. Die dritte Einheit verwendet Begriffe, die in den ersten beiden gelernt wurden, und befaßt sich mit dem Außenhandel. Z. Z. sind die Einheiten für das vierte und fünfte Schuljahr vom »Allied Education Council« zu beziehen, die Materialien für das sechste Schuljahr von der Projekt-Gruppe.

Ohio State University, The Development of Economics Curricular Materials for Secondary Schools, Meno Lovenstein, Director, Department of Economic Education, College of Business Administration, Ohio University, Athens, Ohio.

Diese Materialien beruhen ganz auf wirtschaftskundlichen Inhalten, mit gelegentlichen Hinweisen auf die Verknüpfung mit anderen Sozialwissenschaften; und sie beruhen auf einer spezifischen begrifflichen Struktur des Hauptautors Lovenstein. Die achtzehn Einheiten sind in drei Gruppen aufgeteilt, die den drei wichtigsten Kategorien entsprechen: (1) Mangel; (2) Überfluß an Waren, Dienstleistungen und Geld; (3) Koordination ökonomischer Aktivität. In jeder der drei

Gruppen werden die Kategorien »*Randanalyse*« *(marginal analysis)* und »*Institutionen*« verwendet. Die erste Gruppe handelt von Bedürfnissen, Produktion und Verteilung, die zweite von Nationaleinkommen, Wirtschaftswachstum, Geld und Stabilität. Die letzte hebt die ökonomische Rolle der Regierung hervor und handelt in aller Kürze von einer Fülle wirtschaftlicher Probleme. – Die Materialien präsentieren Situationen und Probleme, von denen die Schüler Kategorien und Beziehungen abzuleiten haben. Fragen, zusätzliche Informationen und viele weitere Hilfe enthält das didaktisch-methodische Handbuch für den Lehrer, das die Aktivitäten der Schüler eng an die begriffliche Struktur des Materials bindet. Es herrschen vor: vom Lehrer geführte Diskussion und ein Frage-und-Antwort-Spiel auf der Grundlage der Schülertexte. Es gibt ein wenig Rollenspiel und Umgang mit Daten. – Das Projekt liegt in Form fotokopierter Schreibmaschinenseiten vor, die in ziemlich schwere Pappdeckel gebunden sind. Das Format ist unhandlich und wenig attraktiv. Die Inhaltsangaben sind unterschiedlich; es gibt keinen Index. Die Materialien können von der Projekt-Gruppe bezogen werden.

San Jose State College, Econ 12 Project, Suzanne Wiggins Helburn and John Sperling, Co-directors, Economic Education Center, San Jose State College, San Jose, California 95114.

Dieser wirtschaftskundliche Kurs besteht aus vier Einheiten: (1) grundlegende ökonomische Kategorien und analytische Verfahren; (2) die Struktur der US-amerikanischen Wirtschaft und ihr Preissystem; (3) die Determinanten des Nationaleinkommens, Bankwesen und Außenhandel; (4) Vergleich von Wirtschaftssystemen: herkömmlich, zentralverwaltet, und Marktsysteme. Die begriffliche Struktur, die verwendet wird, ist ein System von Kategorien und Generalisierungen, die kennzeichnen, was Wirtschaftswissenschaftler studieren, und die das Studium wirtschaftlicher Probleme mit dem Studium der Gesellschaft verbinden. Zwei Strukturmodelle werden benutzt: das erste zeigt, wie ökonomische Aktivität aufgrund der Mangelsituation zustande kommt; das zweite ist ein dynamisches Modell, das die Wirtschaft auf Natur und Gesellschaft bezieht. – Die Lehrtheorie des Autors gründet auf Richard Suchmans Denk-Lern-Modell, das sowohl Elemente der Feld- als auch der Stimulus-Reaktion-Theorie enthält. Auf die Verwendung von Organisatoren, die selektieren, gruppieren und Erfahrungen ordnen, wird Wert gelegt. Die vorgeschlagenen

Lehrverfahren variieren entsprechend der Vielfalt des Materials. Zahlreiche Gesichtspunkte, Fragen und Probleme für die Diskussion in Groß- und Kleingruppen werden vorgeschlagen. Programmierte Instruktion kann entsprechend dem je spezifischen Lerntempo der Schüler zu bestimmten Fragen benutzt werden. Auf Texte mit weiterführenden Informationen und zur Ergänzung wird verwiesen. – Das Material wird bald beim Verlag Addison-Wesley Publishers zu beziehen sein.

Developmental Economic Education Program, John E. Maher, Director, Joint Council on Economic Education, 1212 Avenue of the Americas, New York, New York 10036.

Das Projekt, mit dem der Joint Council on Economic Education 1964 begann, stellt den Schulen Quellen in Form von Materialien, Experten und Workshop-Versuchen zur Verfügung. Die Projektgruppe verbreitet eine Vielfalt an Materialien, die vom Joint Council in Zusammenarbeit mit Schul-Distrikten in Minneapolis, Seattle, Pittsburgh u. a. entwickelt worden sind. Die Materialien bestehen aus Lehrerhandbüchern, Dia-Streifen, Textsammlungen, Taschenbüchern und Broschüren mit empfohlenen Lehr- und Lernstrategien. All dies kann man beim Joint Council on Economic Education beziehen.

Geographie

University of Georgia, The Geography Curriculum Project, Marion J. Rice, Director, 105 Fain Hall, University of Georgia, Athens, Georgia 30601.

Die Projektgruppe erarbeitet geographische Curriculum-Einheiten für die Social Studies in der Grundschule, die den lokalen Aspekt wichtiger Kategorien reflektieren lassen wollen, wie Heimat, Wohnort, Standort, Rohstoff, Produktion, Raumordnung, Bezirk, städtische Siedlung, ländliche Siedlung, Bevölkerung. Die Anordnung der Medien und die Lehrverfahren provozieren die Aneignung von Kategorien, aber auch deren Gebrauch. Jede Kategorie wird in einem erläuternden Verfahren entwickelt. Neu einzuführende Kategorien werden jeweils in eine ausgedehnte geographische Struktur integriert. Diese Struktur dient als Modell für eigenes wissenschaftliches Entdecken durch die Schüler. – Vier Einheiten liegen in den Grundzügen vor. Die Einheit »Die Erde: das Haus des Menschen« entwickelt die Kategorie »Heimat«. Eine zweite Einheit, »Wohnort und Umwelt«, behandelt die Begriffe Standort und Lokalcharakter. Die dritte Einheit konzentriert sich auf »Rohstoffe und Produktion« und entfaltet deren kulturelle und zivilisatorische Bedeutung und einige grundlegende Vorstellungen, die mit der Ausnutzung der Rohstoffe durch den Menschen zum Zwecke der Bedürfnisbefriedigung verbunden sind. Eine letzte Einheit, betitelt »Räumliche Gliederungen und Bereiche«, entwickelt Kategorien, die sich auf die Verteilung von Erscheinungsformen auf der Erdoberfläche und auf regionale Bereiche beziehen. – Die Materialien für die mittleren Jahrgänge werden durch drei Einheiten repräsentiert. Die erste, »ländliche Landschaft«, identifiziert die genetischen Elemente in der Landschaft von einem geographischen Standpunkt aus. Eine zweite Einheit über die »Städtische Landschaft« verfährt ebenso. Die letzte Einheit handelt von »Bevölkerung« und stellt vor allem demographische Schlußfolgerungen und Zukunftsperspektiven heraus, die auf Daten beruhen wie Dichte, Verteilung, Einkommen, Beschäftigung, Siedlung, Erziehung, Rasse, Alter, Geschlecht, Geburten- und Sterberaten. – Schüler- und Lehrermaterial für die ersten beiden Einheiten der ersten Jahrgänge können von der Projektgruppe bezogen werden.

American Association of Geographers, High School Geography Project, Dana Kurfmann, Director, Post Office Box 1095, Boulder, Colorado 80 302.

Diese Materialien stellen einen einjährigen Kurs zur Siedlungsgeographie dar. Einheit I handelt von Städten. Es geht um Standorte, um die Faktoren, die das Anwachsen der Städte beeinflussen, um Gewohnheiten städtischer Landnutzung und um die Frage, wie städtische Siedlungen miteinander in Verbindung stehen. Ein attraktives Kennzeichen dieser Einheit ist die Konsruktion einer hypothetischen Stadt, Portsville, bei der historische Daten von Seattle (Washington) benutzt werden. Einheit II befaßt sich mit Wirtschaftsgeographie, vor allem mit Industrie und Landwirtschaft. Die Materialien handeln von der Bedeutung der Landwirtschaft und der Industrieproduktion und der von ihnen verursachten Veränderung der Landschaft und von den landschaftlichen Faktoren für ihre jeweilige Standortwahl. Zwei der wichtigsten Aktivitäten für die Schüler sind Planspiele zur Entscheidungsfindung für den Standort einer Fabrik und zum Risiko in der amerikanischen Landwirtschaft. Einheit III konzentriert sich auf die Kulturgeographie. Sie enthält Aktivitäten zur Frage, welch unterschiedlichen Stellenwert in verschiedenen Kulturen das Vieh hat, ein Planspiel über kulturelle Verbreitung, eine Aktivität über die Ausbreitung bestimmter Sportarten, eine Studie über die Ausdehnung des Islam und eine Aktivität zu der Frage, wie Modernisierung zu kultureller Uniformität führen kann. Die Materialien setzten sich zusammen aus Quellenbüchern und Arbeitsheften für den Schüler, Folien für die Tageslichtprojektion, Lokalkarten, Datensammlungen, Kartenmappen, Stereogrammen, Stereoskopen, Dias und didaktisch-methodischen Handbüchern für den Lehrer. – Alle sechs Einheiten werden vom Verlag Macmillan Company (New York) veröffentlicht. Einheit IV (Political Geography) und Einheit V (Habitat and Resources) sind 1969 erschienen. Einheit VI (Japan) ist seit Herbst 1970 auf dem Markt.

Geschichte

Amherst College, Basic Concepts in History and the Social Studies,
    Edwin Rozwenc, Director, American Studies Department, Amherst College, Amherst, Massachusetts 01002.

Die Materialien dieses Curriculum-Pakets stellen sich als zwölf Paperback-Bücher heraus, die den Schüler dazu bringen sollen, den Prozeß der Interpretation der Geschichte der Vereinigten Staaten zu studieren. Das Präsentationsmodell ist für alle Bücher gleich. Zuerst die Einführung eines Interpretationsproblems, das von einiger Bedeutung für die US-Geschichte ist. Dann folgt eine Serie von zeitgenössischen Texten; danach eine Serie kontrastierender Interpretationen bekannter Historiker. Der Höhepunkt einer jeden Studie ist eine Übung, die den Schüler veranlaßt, einen eigenen Bericht über das historische Geschehen zu schreiben. Die zwölf Bücher kann man beim Verlag D. C. Heath and Company kaufen.

University of Chicago, Social Studies Project, Edgar Bernstein, Director, 1326 East 59th Street, Chicago, Illinois 60637.

Die Projektgruppe arbeitet an der Entwicklung von Materialien zu einem zweijährigen Kurs zur Weltgeschichte. Die logische Struktur des Kurses: (1) gründliches Studium ausgewählter Inhalte aus der Weltgeschichte; (2) Einfügung – mit wachsender Komplexität – der strukturierenden Kategorien sozialwissenschaftlicher Theorie; und (3) Übernahme der Problem-Lösung provozierender Verfahren, um die eigene entdeckende und forschende Arbeit der Schüler zu fördern. Die folgenden Materialien – alle mit einem Lehrerhandbuch versehen – werden z. Z. erarbeitet: »Zinch Valley«; »The Mystery of Torralba: Three Investigations«; »India: Selected Problems«; »Poverty and Economic Development«; »Greece: Selected Problems«; »Medieval Studies«; »The Modern World: Contacts Between West and Non West«.

Amherst College, Committee on the Study of History, Richard Brown, Director, The Newberry Library, 60 West Walton Street, Chicago, Illinois 60610.

Der Arbeit dieser Projektgruppe liegt die Theorie zugrunde, daß Geschichte häufig unangemessen gelehrt wird, indem sie als ein Faktenoder Antwortkatalog präsentiert wird, der kaum offensichtliche Beziehungen zu den Problemen der Schüler hat. Das heißt: der Geschichtsunterricht trägt nur wenig oder gar nichts zur personalen und sozialen Entwicklung der Schüler, vor allem nicht zur Entwicklung der intellektuellen Fähigkeiten bei. Wie in den übrigen Disziplinen provozieren auch diese Materialien den Schüler, selbst der »Wissenschaftler« zu sein – mit echtem Beweismaterial zu arbeiten, zu lernen, Fragen zu stellen und eigene Schlußfolgerungen zu formulieren –, anstatt ihn zu bitten, er möge doch, exklusiv, mit den Folgerungen und »Antworten« auf Fragen, die der Schüler selbst häufig nur dunkel erfaßt, umgehen. Man hofft, daß der Schüler auf diese Weise lernt, zu zweifeln, Hypothesen zu formulieren und im Lichte der Evidenz zu überprüfen und die Grenzen der eigenen Generalisierung zu erkennen. Und so wird er, anstatt daß er selbstgenügsame Fakten lernt, erst einmal lernen, was Fakten sind, wie sie zustande kommen und wie man mit ihnen umgeht. – Das Projekt propagiert weder eine bestimmte Lehrmethode noch einen bestimmten Umgang mit den Dokumenten: die Autoren setzen als zentrale These für ihre Arbeit, daß Lernen vor allem einen aktiven Prozeß ausmacht, der auf seiten des Lernenden von irgendeiner Form des Entdeckens ausgeht. Seit 1969 erscheinen die Materialien in loser Form beim Verlag Addison-Wesley Publishing Company. Eine staatlich vertriebene Ausgabe, in der die mit Copyright belasteten Materialien fehlen, kann über das ERIC-System des Office of Education bezogen werden. Informationen über das Projekt enthält die Zeitschrift »Research in Education«, die im Government Printing Office, Washington, D.C., erscheint. Eine frühere Fassung der Materialien, die vor Errichtung der Forschungsgruppe entstand, hat der Verlag D. C. Heath and Company (Raytheon Education Company) unter dem Serien-Titel »New Dimensions in American History« herausgebracht; man kann sie dort noch beziehen. Die Arbeit an einem einführenden Materialsatz für die Junior High-School, mit der schon vor 1964 begonnen wurde, hatte die Projekt-Gruppe gefördert und der Schulbezirk von Amherst (Massachusetts) finanziert. Unter dem Titel »Discovering American History« sind die Materialien im Verlag Holt, Rinehart and Winston (New York) erschienen.

Carnegie-Mellon University, The Education System Research Project, Robert L. Ciaburri and Mitchell P. Lichtenberg, Co-directors, 240 Baker Hall, Carnegie-Mellon University, Schenley Park, Pittsburgh, Pennsylvania 15213.

Die Projektgruppe plant die Entwicklung von Curriculum-Einheiten für Kurse zur Geschichte der Vereinigten Staaten in der High-School und im College. Die Schüler werden ermutigt, aus historischen Beschreibungen, Essays und Dokumenten Hypothesen zu gewinnen, die mit Hilfe von Computern überprüft werden können. Der Schüler soll seiner eigenen Findigkeit und Geschicklichkeit vertrauen, damit er geeignete Fragen stellen und mit einschlägigen Daten umgehen kann. – Diese Materialien bestehen aus Dokumenten, Texten und Essays. Daraus entwickelt der Student eine Reihe von Hypothesen, die er testen kann. Als Verbindung zum Computer benutzt er eine Fernschreibmaschine, mit der er Daten erfragen und Antworten erhalten kann.

Black History Project, Price Cobbs and William Grier, Co-directors, 3516 Sacramento Street, San Francisco, California 94118.

Mit diesen Materialien wird beabsichtigt, der schwarzen und weißen Jugend eine positive Identität zu ermöglichen. Das Programm ist für die Stadtzentren und »lilienweiße« Vorstädte geplant. Die Materialien sollen Weißen dazu verhelfen, den signifikanten Beitrag der schwarzen Bevölkerung zur gesellschaftlichen Entwicklung in der Welt zu erkennen. Die Medien dieses Kurses bestehen aus 15 audio-visuellen Sätzen, insgesamt 2000 Dias, und dazu methodische Hilfen zur Diskussionsführung. Die Materialien können von der Projektgruppe bezogen werden.

Northwestern University, World History Project, L. S. Stavrianos, Director, Department of History, Northwestern University, Evanston, Illinois 60201.

Die Projektgruppe bereitet Materialien zur Weltgeschichte vor. Sie bestehen aus Textbüchern für den Schüler, ein Lehrerhandbuch und ergänzenden Medien. Es handelt sich um ein interdisziplinäres Konzept und behandelt menschliche Vergangenheit anhand von fünf grundlegenden technischen Revolutionen: die der Menschwerdung, die zur Landwirtschaft, zur Verstädterung und zu Industrialisierung führenden Revolutionen und den gegenwärtigen technologischen Veränderungsprozeß. Die Materialien sind für das siebente Schuljahr bestimmt. – Schon früher ist ein Materialsatz für das zehnte Schuljahr entwickelt worden: »Global History of Man«. Er besteht aus einem Textbuch, das den Schülern einen Überblick über die Geschichte der Menschheit bietet, und aus einer Textsammlung, die einen kurzen Blick auf verschiedene historische Epochen zurückwirft. Der Verlag Allyn and Bacon bietet die Materialien an.

Vallejo Unified School District, Human Dignity Through American History Project, Arthur L. Satterlie, Director, Vallejo Unified School District, 211 Valle Vista Avenue, Vallejo, California 94590.

Die Projektgruppe entwickelt Materialien für das fünfte, achte und elfte Schuljahr. Sie stellen den historischen Beitrag der Neger zur Geschichte der USA heraus. Die Curriculum-Einheiten stecken in der ersten Entwicklungsphase.

Politische Wissenschaften

University of Indiana, High School Curriculum Center in Government, Howard D. Mehlinger, Director, 1129 Atwater, Bloomington, Indiana 47401.

Dieses Curriculum-Institut entwickelt einen zweisemestrigen Kurs für das neunte Schuljahr mit dem Titel »American Political Behavior« und zwei Kurse für das zwölfte Schuljahr zu den Themen »The American Political System« und »Comparative Political Systems«. – »American Political Behavior« behandelt gegenwärtige politische Probleme. Das auf Verhalten gerichtete Konzept für das Studium der Politik wurde gewählt, weil es einen Beitrag leistet zur Analyse der Rolle des einzelnen in der Politik und der Auswirkungen individuellen Verhaltens auf das politische System. Es wurde aber auch gewählt, um die Aufmerksamkeit auf die Sozialisation der Schüler durch Eltern, Kirche, Schule und andere Institutionen zu lenken. – Die Einheit »The American Political System« handelt von den Ursachen politischen Verhaltens und die Folgen dieses Verhaltens für das Individuum und das politische System. Im Mittelpunkt stehen Kategorien, die Politologen benutzen, um ihren Beobachtungen einen größeren Informationsgehalt abzugewinnen: z. B. Rolle, Sozialisation, öffentliches und privates politisches Verhalten, Hilfsmittel, Methoden und Entscheidungsfindung. Gruppendiskussion, Befragung, Analyse von Fallstudien, Texte, Auswertungstabellen und statistische Daten werden benutzt, um diese Kategorien bewußt und verfügbar zu machen. Die Materialien für das zwölfte Schuljahr werden noch erarbeitet.

Hartford Board of Education, American Liberties Project, Irving Shein, Director, Hartford Board of Education, 249 High Street, Hartford, Connecticut 06103.

Mit diesem Projekt wurden Materialien zu verfassungsrechtlichen Fällen entwickelt, für Schüler des zwölften Schuljahres in den Schulen der Stadtzentren, die nicht das College besuchen. Zwei Bücher liegen vor:

»You and Your Civil Liberties« und »Problems in American Liberties«. Die Bücher provozieren einen gesteuerten Lektüre-Unterricht. Visuelles Material begleitet die Tests, unter Einschluß von Transparenten für die Tageslichtprojektion, die den Gesetzgebungsweg aufzeigen. Das Material kann man bei der Projektgruppe bekommen.

University of California, Los Angeles, Committee on Civic Education, Richard P. Longaker and Charles Quigley, Co-directors, School of Law, University of California, Los Angeles, California 90024.

Hier geht es um Materialien zu kontroversen politischen Fragen für Primar- und Sekundarschulen. Die Einheiten enthalten Situationen und Fallstudien, die zumeist die wichtigsten Probleme der konstitutionellen Demokratie berühren. Zwei Verfahren folgen in den Materialzusammenstellungen aufeinander. Zunächst entwickelt man jeden Begriff in Zusammenhang mit Situationen aus der Erfahrungswelt der Schüler. Danach werden diese nun verstandenen Begriffe auf entferntere Situationen bezogen. Das zweite Verfahren Die Lerngelegenheiten sind so entwickelt worden, daß der Schüler ein Bezugsraster entwickeln kann. Dieses Bezugsraster wird als Instrument zur analysierenden Erfassung kontroverser Fragen benutzt. Bisher liegen zwei Bücher für den Schüler und dazugehörige Lehrerhandbücher vor. Titel: »Your Rights and Responsibilities as an American Citizen: A Civics Casebook« und »Conflicts, Politics and Freedom«. Als Paperback liefert sie der Verlag Ginn and Company aus.

World Law Fund, High School Program, Betty Reardon, Director, 11 West 42nd Street, New York, New York 10036.

Diese Projektgruppe bereitet z. Z. Materialien vor, die zusammen mit einer Serie von Fallstudien zu internationalen Konflikten und mit einigen Unterrichtsmodellen die Grundlage für ein umfassendes Programm zum Völkerrecht abgeben werden. Man hofft, daß die Medien das Studium des Völkerrechts erleichtern und fördern, indem sie den großen Beitrag des Rechts zur Machtkontrolle in internationalen Konflikten herausstellen. – Darüber hinaus stellt die Projektgruppe Interpretationshilfen für drei Filme zur Verfügung: »Lord of the Flies«, »Dr. Strangelove« und »High Noon«, die zur Provokation von Diskussionen über Völkerrechtsprobleme benutzt werden können.

Zwei Bücher »Peace is Possible« und »Peace: The Control of National Power« liefert die Projektgruppe auf Anfrage aus, nebst einem Lehrerhandbuch zu »Peace is Possible«. Zur Zeit arbeiten die Autoren an Planspielen und methodischen Modellen. Materialien und Informationen kann man von der Projektgruppe erhalten.

Law in American Society, Robert H. Ratcliffe, Room 850, 29 South LaSalle Street, Chicago, Illinois 60603.

Die Projektgruppe hat Materialien für Zwischenkurse und für die Junior High School entwickelt, dazu Kurse für die High School in Bürgerkunde und Geschichte der Vereinigten Staaten, die den Schüler anleiten, sich mit zentralen Fällen der Entwicklung des Rechtswesens der Vereinigten Staaten zu befassen. Die grundlegende didaktische Struktur gilt für alle Stufen: Ein Buch für den Schüler enthält Texte und Fragen; ein Lehrerhandbuch hält Hintergrundsinformationen, Lernziele, und alternative Unterrichtsstrategien bereit. Man hofft, daß der Student durch die Beschäftigung mit diesen Materialien Achtung vor Gesetz und Ordnung entwickelt, beruhend auf ein zunehmendes Verständnis für die Rolle des Rechts in der amerikanischen Gesellschaft. – Der Zwischenkurs trägt den Titel »Law in a New Land«. »Legal Issues in American History« heißt der Kurs für die Junior High School, und der für die Senior High School »Law and American History«. – Die Einheiten können von der Projektgruppe bezogen werden.

Sozialpsychologie

University of Michigan Social Science Education Project, Robert S. Fox and Ronald Lippitt, Co-directors, University of Michigan, Ann Arbor, Michigan 48104.

Das »Michigan Elementary Social Science Education Program« macht für diesen sozialwissenschaftlichen Unterricht den Klassenraum zu einem modifizierten sozialwissenschaftlichen Laboratorium und schließt die Schüler in das Sammeln, Organisieren und Benutzen von Daten mit ein. Es handelt sich um ein Verfahren für mittlere Jahrgänge zur Beobachtung von Sozialverhalten und zur Analyse von

Wertvorstellungen; es behandelt Erscheinungen, die der Lebenssituation der Heranwachsenden entnommen sind. – Die Projektgruppe hat sieben Einheiten für das vierte, fünfte und sechste Schuljahr entwickelt. Die erste Einheit führt in die Sozialwissenschaft und ihre Techniken ein; sie enthält die Methodologie, die in den übrigen Einheiten benutzt wird. Diese übrigen sechs behandeln verschiedene Aspekte menschlichen Verhaltens, die Gegenstand sozialwissenschaftlicher Forschung sind; man kann sie nach der ersten Einheit in beliebiger Reihenfolge benutzen. – Die Schüler arbeiten in allen Einheiten mit Verhaltens-Beispielen. Es handelt sich dabei um hypothetische Fälle sozialer Interaktion in Form von Handlungsentwürfen im Materialbuch der Schüler (Social Science Resource Book), um eine Szene auf der Schallplatte oder um Episoden, die von den Schülern in der Klasse im Rollenspiel vorgestellt werden, oder aber um Beschreibungen oder Bilder in dem zu jeder Einheit gehörenden Arbeitsheft der Schüler (Project Book). In diesen Arbeitsheften halten die Schüler Beobachtungen fest, sie identifizieren Zusammenhänge und Werturteile, die im Zusammenhang mit den Verhaltensbeispielen gefällt werden. Die Schüler beziehen sozialwissenschaftliche Kategorien auf weitere Beispiele, die in der Gruppendiskussion zur Sprache kommen. In der Einheit sammeln und analysieren die Schüler Daten über ihre Mitschüler mit Hilfe von Beobachtungen, Interviews und Fragebogenaktionen. Zuweilen haben sie Gelegenheit, ihre Schlußfolgerungen zu den Verhaltensbeispielen und zu ihrem eigenen Verhalten mit den Ergebnissen sozialwissenschaftlicher Forschung zu vergleichen, die im Materialbuch der Schüler beschrieben sind – Materialbuch und Arbeitsheft enthalten die grundlegenden Informationen. Für den Lehrer steht ein didaktisch-methodisches Handbuch (Teacher's Guide) zur Verfügung, darüber hinaus eine auf die Curriculum-Einheiten bezogene Einführung in die Sozialwissenschaften (The Teacher's Role in Social Science Investigation). Zum Arbeitsmaterial gehört eine Kassette mit fünf Schallplatten. – Das Material ist 1969 im Verlag Science Research Associates, Inc. (Chicago) erschienen. (Vgl. oben S. 13 ff.; eine deutsche Fassung wird z. Z. an der Universität Bielefeld unter Leitung von Hartmut von Hentig und Helmut Skowronek erarbeitet. Sie erscheint im Klett-Verlag, Stuttgart [Hrsg.]).

Soziologie

Sociological Resources for the Social Studies, Robert C. Angell, Director, 503 First National Building, Ann Arbor, Michigan 48108.

Die Projektgruppe entwickelt drei Typen soziologischen Materials für Sekundarschüler. Beim ersten Typ handelt es sich um sogenannte »Episodes«, um kurze Konfliktszenen mit sozialen Daten. Mit jeder Episode wird versucht, die Schüler zum Gebrauch soziologischer Kategorien und Methoden zu bringen, damit sie soziale Probleme analysieren können. Ein weiterer Typ, sogenannte »Operation Paperback«, besteht aus sechs Büchern mit soziologischen Texten. Der dritte Typ mit dem Titel »Inquiries in Sociology«, enthält auf der Grundlage eigener entdeckender (»forschender«) Tätigkeit der Schüler und soziologischer Methodologie unterrichtliche Arbeit über Jugendprobleme, Institutionen, soziale Schichtung und den Wandel in der Sozialordnung. – Der Verlag Allyn and Bacon bringt die drei Einheiten heraus.

Allgemeine und interdisziplinäre Projekte

University of California, Asian Studies Curriculum Project, John U. Michaelis, Director, School of Education, Tolman Hall, University of California, Berkeley, California 94720.

Dieses Programm zu asiatischen Problemen soll die Schüler eigene Folgerungen zur Vergangenheit und Gegenwart Asiens erarbeiten helfen. Jedes der fünfzehn Hefte für den Schüler ist in folgender Weise angelegt: (1) Einführung als Hilfe für die Schüler, sich auf das Problem oder den Gegenstand einzustellen, (2) eine Reihe von Texten mit aufschlußreichen Daten, (3) eine Reihe von Fragen am Schluß eines jeden Heftes, die den Schüler in das eigene Formulieren von Generalisierungen einführen. – Das Handbuch für den Lehrer bezieht sich auf je fünf Hefte. Es enthält methodische Hinweise zur Organisation der »Forschung« in der Klasse, aber auch eine Liste von Fragen, die nach Lektüre in den Gruppendiskussionen benutzt werden können. – Die fünf Einheiten zum Thema »Asian Thought« führen den Schüler in die asiatische Kultur ein. Dazu dienen Diskussionen über Kunst, Literatur, Religion und den ihnen zugrunde liegenden Prinzipien. Diese fünf Einheiten, so meinen die Autoren, helfen dem Schüler, die Kategorien und Einstellungen, die in den anderen beiden Bereichen behandelt werden, besser zu verstehen. – Die fünf Einheiten zum Thema »Changing Patterns of Asian Life« sollen dem Schüler helfen, ein besseres Verständnis für die kritischen Probleme zu entwickeln, die Asien im 20. Jahrhundert und die internationalen Beziehungen zwischen Ost und West betreffen. Der Schüler kann lernen, wie sich politische Veränderungen vollziehen, wie Zivilisation auf traditionsverhaftete Gesellschaften einwirkt und wie Völker mit scharf kontrastierender Kultur miteinander umgehen. – Die dritte Fünfergruppe, »Traditional Patterns of Asian Life«, versucht den Schülern ein Bewußtsein von den Ähnlichkeiten und Unterschieden asiatischen Lebens zu vermitteln. Die Materialien zeigen dem Schüler, wie einflußreich Landschaft, Klima, Philosophie und Religion die Entwicklung der Völker Asiens und ihrer wirtschaftlichen, politischen und sozialen Institutionen beeinflußt haben.

Harvard Social Studies Project, Fred M. Newmann and Donald Oliver, Co-directors, Harvard Graduate School of Education, 210 Longfellow Hall, Appian Way, Cambridge, Massachusetts 02138.

Das »Harvard Social Studies Project« hat Curriculum-Materialien, Unterrichtsstrategien und Evaluationsverfahren entwickelt, die auf der Überzeugung beruhen, daß die Analyse öffentlicher Kontroversen anhand von Fallstudien das hervorragende Interesse des Social Studies-Unterrichts in den öffentlichen Sekundarschulen beanspruchen sollte. – Die Themen sollen der Entwicklung der Fähigkeit zur Konflikt-Analyse dienen. Es geht um einen kontinuierlichen Dialog mit den Schülern und um Anregung und Moderierung von Diskussion und Argumentation. Die Themen enthalten Kategorien der sozialwissenschaftlichen Disziplinen und des analytischen Reflexionsprozesses. Einige hervorragende Kategorien sind: Herrschaft des Rechts, gleicher Rechtsschutz, Zustimmung, Repräsentation, gerechtes Verfahren, Gewaltenteilung, Föderalismus, Menschenwürde, öffentliche Angelegenheiten und Konflikt. – Bei den Materialien handelt es sich um schmale Hefte von 45 bis 65 Seiten. Sie enthalten Texte der unterschiedlichsten Form: Erzählung, journalistischer, historischer Bericht, Daten aus der Forschung, Original-Dokumente, Essays und Planspiele. – Die Hefte sind im Verlag American Education Publications erschienen.

San Francisco State College, Taba Social Studies Curriculum Project,
Norman E. Wallen, Director, Room 10, Education Building, San Francisco State College, 1600 Holloway, San Francisco, California 94132.

Dieses Curriculum liegt in einem Satz Handreichungen für den Unterricht im ersten bis achten Schuljahr vor, die den Schülern den Erwerb von Wissen, Denkfähigkeit, wissenschaftlichen und gesellschaftlichen Fertigkeiten und bestimmten Verhaltensweisen ermöglichen sollen. Es geht vor allem um Denkfähigkeit, die in drei Bereiche aufgeteilt ist: Kategorienbildung, induktive Entwicklung von Generalisierungen und Anwendung von Prinzipien. Das Programm integriert Kategorien der verschiedenen sozialwissenschaftlichen Disziplinen. Die ausgewählten Begriffe dienen als Leitfaden durch alle acht Schuljahre des Programms. – Es gibt je eine Strategie für die Entwicklung kognitiver und affektiver Qualifikationen. Die für den kognitiven Bereich veranlassen den Schüler, Fragen zu stellen, die sie spezifische Fakten zu vorgegebenen Phänomenen sammeln lassen; sie veranlassen die Schüler, die Fakten begrifflich zusammenzufassen, sie zu kennzeichnen und aufeinander zu beziehen, um daraus wiederum Generalisierungen zu formulieren. Nach diesen Übungen lernt der Schüler, die Generalisierungen, Fakten und Kategorien, auch Prinzipien genannt, auf bestimmte Situationen anzuwenden. – Die Strategien zur Entwicklung der affektiven Qualifikationen enthalten eine Reihe von Fragen, die den Schüler dazu bringen sollen, emotionale Reaktionen von Menschen in einer bestimmten Situation aus dem Verhalten abzuleiten und miteinander zu vergleichen, Konfliktlösungen vorzuschlagen, zu vergleichen und zu überprüfen, und Wertungen zu identifizieren und zu vergleichen, die im menschlichen Verhalten zum Ausdruck kommen. Diese Verfahren ermutigen den Schüler, sein eigenes Fühlen und seine Wertungen in jede Situation hineinzunehmen. – Die inhaltlichen und methodisch-didaktischen Handbücher für den Lehrer vertreibt der Verlag Addison-Wesley Publishers.

Carnegie-Mellon University, Social Studies Curriculum Project,
Edwin Fenton, Director, Carnegie Education Center, Schenley Park, Pittsburgh, Pennsylvania 15213.

Die Projektgruppe hat eine Folge von Kursen für Schüler im neunten bis zwölften Schuljahr entwickelt. – Die Materialien enthalten eine

Reihe von Unterrichtsverfahren von der Darstellung auf der einen Seite bis zur schülergesteuerten »Forschungsarbeit« auf der anderen Seite. Gelegentlich veranlassen die Lektionspläne den Lehrer, mitten in einer Diskussion eine kurze Vorlesung zu halten. Häufiger wird er angehalten, Wissensfragen zu stellen, um sicher zu sein, daß die Schüler den Inhalt der Texte kennen, als Vorspiel zur Generalisierung. Wie auch immer, die meisten der Lektionspläne bevorzugen gelenkte Diskussionen, in denen der Lehrer die Schüler durch Inhalt und Form seiner Fragen durch die Datensammlung hin zur Generalisierung führt. Die Daten, die die Schüler sammeln, sind in Texten, Transparenten für die Tageslichtprojektion, Schallplatten, Dia-Streifen, Bildern und ergänzenden Arbeitsblättern enthalten. – Dieses Curriculum-Paket zu den Social Studies besteht aus folgenden Kursen:

9. Schuljahr: »Comparative Political Systems«. Dieser erste Semesterkurs vergleicht ein primitives System mit den Regierungen der Vereinigten Staaten und der Sowjetunion. Es untersucht persönliche Herrschaft, das institutionelle System, Entscheidungsprozesse, die Rolle des einzelnen Bürgers und Ideologie. – »Comparative Economic Systems«. Der zweite Semesterkurs vergleicht ein Wirtschaftssystem, in dem die meisten Entscheidungen durch die am Markt beteiligten Kräfte getroffen werden (Vereinigte Staaten), mit einem Wirtschaftssystem, in dem die meisten Entscheidungen durch Regierungsanweisung getroffen werden (Sowjetunion). Es geht um drei grundlegende Fragen: (1) Was wird produziert? (2) Wie wird produziert?

10. Schuljahr: »The Shaping of Western Society«. Der erste Semesterkurs ist eine Studie des längerfristigen Wandels in vier Bereichen der westlichen Gesellschaft: Wirtschaftssystem, Sozialordnung, Politik und Denkmodelle und -gewohnheiten. – »Tradition and Change in Four Societies. Der zweite Kurs untersucht vier Länder: Südafrika, China, Indien und Brasilien. Die Schüler analysieren in jedem Fall das überkommene Gesellschaftssystem, den Einfluß westlicher Ideen und Institutionen, und ein größeres derzeitiges Problem, z. B. die wirtschaftliche Entwicklung.

11. Schuljahr: »American History«. Dieser Einjahreskurs konzentriert sich auf vier hauptsächliche Themen: die Entwicklung des amerikanischen Wirtschaftssystems, die Entwicklung des amerikanischen politischen Systems, die Veränderungen der amerikanischen Sozialstruktur und die Reflexion dieser Entwicklungen in der amerikanischen intellektuellen Tradition.

12. Schuljahr: »Introduction to the Behavioral Sciences«. Dieser erste Semesterkurs ist eine Studie über zwei Bereiche: Die Forschungsmethoden in den Verhaltenswissenschaften und ausgewählte Generalisierungen über menschliches Verhalten als Individuum und in Gruppen. – »Humanities in Three Cities«. Dieser zweite Semesterkurs behandelt Auffassungen vom guten Menschen, guten Leben und der guten Gesellschaft, wie sie in Literatur und Kunst des alten Athen, des Florenz der Renaissance und des modernen New York zum Ausdruck kommen.

Obgleich jeder Kurs isoliert benutzt werden kann, sind die Curriculum-Einheiten so entwickelt worden, daß der Stoff der jeweils vorhergehenden Kurse in den folgenden ergänzt, bekräftigt und verwertet wird. Jeder Materialsatz besteht aus Texten, einer audio-visuellen Mappe, einem Textprogramm und einem Handbuch für den Lehrer, das die Ausarbeitungen der täglichen Lektionen enthält. – Die Materialien sind im Verlag Holt, Rinehart and Winston (New York) erschienen.

Education Development Center's Social Studies Curriculum, Peter B. Dow, Director, 15 Miffin Place, Cambridge, Massachusetts.

Die Projektgruppe legt folgende Kurse vor: (1) »*Man: A Course of Study*«. In der ersten Hälfte dieses Kurses werden Lebenszyklus und Verhalten des Menschen mit denen dreier Tiere verglichen; des Lachses, der Silbermöwe und des Pavian. Der zweite Teil des Kurses enthält eine Studie des Menschen in der Gesellschaft. – Der Kurs ist für die oberen Klassen der Grundschule bestimmt, er enthält Arbeitsanleitungen für den Schüler, Lehrerhandbücher, Spiele, Filme, Dias, Beobachtungsnotizen, Zeitungsausschnitte, analysierende und beschreibende Hefte, Dichtung und Lieder. – Diese Materialien können zum Selbstkostenpreis von der Projektgruppe bezogen werden. (2) »*Inventing the Western World*«. Dieser Kurs für die Junior High-School erkundet die Westliche Welt, ihre Werte, politischen Konzeptionen und ihr Bild vom Menschen als politischem Wesen. Eine der Einheiten, »The Death of the Roman Republic«, ist fertig, und an einer zweiten, die Athen und Sparta des 5. Jahrhunderts v. Chr. einander gegenüberstellt, wird gearbeitet. – Die Schüler erhalten als Material Texte, Schallplatten, Dia-Streifen, Dias, Karten, Kunsterzeugnisse in Nachbildungen, Plakate und Hilfen für Rollenspiele. – Die Materialien sind noch nicht erhältlich. – (3) »*Form Subject to Citizen*«. Dieser Kurs konzentriert sich auf die Entwicklung der amerikanischen politischen Freiheit und Verantwortung. Er ist in fünf Einheiten aufgeteilt: (a) »Queen Elisabeth: Conflict and Compromise«, (b) »The King vs. the Commons«, (c) »The Emergence of the American«, (d) »The Making of the American Revolution« und (e) »We The People«. – Die Materialien können bezogen werden beim Verlag K.D.I. Instructional Systems, Inc. – (4) *»The American Experiment«.* Dieser Kurs für das neunte Schuljahr erkundet amerikanische Geschichte mit Hilfe von Fragen zur amerikanischen Kultur und Identität. – Die Materialien werden z. Z. erprobt und sind darum nicht allgemein zugänglich. – (5) *»The Afro-American«.* Diese Einheit für sechs bis zwölf Wochen Unterricht behandelt die Rassenfrage in den USA für Schüler des neunten bis elften Schuljahres. Bei der Projektgruppe kann sie bezogen werden. – (6) *»Modernization«.* Dieser Kurs untersucht den zivilisatorischen Entwicklungsprozeß und seinen Einfluß auf verschiedene Kulturen. – Die Materialien liegen noch nicht vor.

Educational Research Council of America, Greater Cleveland Social Studies Program, Raymond English, Director, Educational Research Council of America, Rockefeller Building, Cleveland, Ohio 44113.

Diese Projektgruppe entwickelt Materialien für den Kindergarten und das erste bis neunte Schuljahr. Das Programm für jedes Schuljahr besteht einheitlich aus zusammengehörigen Handbüchern für den Lehrer und Textbücher für den Schüler. Kennzeichnend für dieses Curriculum sind Schüleraktivitäten am Ende jeder Einheit und Fragen an den Schüler auf jeder zweiten oder dritten Seite des Textbandes. Das Hauptthema eines jeden Kurses ist in eine Struktur hineingenommen, die wichtige Kategorien hervorhebt. – Der Verlag Allyn and Bacon hat die Materialien veröffentlicht.

University of Minnesota, Project Social Studies, Edith West, Director, 130 Piek Hall, University of Minnesota, Minneapolis, Minnesota 55455.

Das Curriculum-Gerüst dieser Planungsgruppe versucht die kontinuierliche und folgerichtige Entwicklung von Begriffen und Kategorien, Generalisierungen, Fertigkeiten und Einstellungen von Kindergarten bis zum zwölften Schuljahr zu ermöglichen. Die Kategorie Kultur dient als Faden, der das Curriculum zusammenhält. Kultur und die übrigen Kategorien werden in den ersten Klassen in einfacher Form eingeführt und in den späteren Jahrgängen zunehmend differenziert. Wichtige Generalisierungen werden ebenso zunächst im einfachen Kontext eingeführt und dann in komplexerem Zusammenhang verwendet, wobei sie manchmal durch nachgeordnete Generalisierungen in ihrer Bedeutung ausgeweitet werden. In allen Kursen werden geeignete Kategorien und Generalisierungen miteinander in Beziehung gebracht und zuweilen zu einer Theorie zusammengefaßt. In den oberen Jahrgängen wird manches an Kontroversen und Skepsis in bezug auf sozialwissenschaftliche Kategorien, Generalisierungen und Theorien dazu benutzt, den experimentierenden, sich wandelnden Charakter der Abstraktion in den Sozialwissenschaften zu reflektieren. Zunehmend komplexe Erfahrungen mit Haltungen und Fertigkeiten sind über das gesamte Curriculum verteilt. Das Curriculum-System ist interdisziplinär angelegt, indem Abstraktionen verschiedener Disziplinen miteinander verbunden werden, auch wenn in einigen Kursen eine Disziplin dominiert. – Das Programm hebt das eigene entdeckende Tun der Schüler hervor, neben anderen Arbeitsformen. Dieses Tun wird definiert als ein Verfahren, das Schüler veranlaßt, Hypothesen zu bilden und zu überprüfen, und das häufig mit einer vom Lehrer geleiteten Diskussion abgeschlossen wird. Eigenes entdeckendes Tun, »Forschungsarbeit« der Schüler wird vom Material provoziert, um Interesse zu wecken und Kategorien, Generalisierungen und Forschungsmethoden zu lehren. – Die staatlich empfohlenen Versionen der Lehrerhandbücher, der Material-Einheiten, des Schülermaterials und Papiere mit Hintergrundinformation sind zu beziehen beim Verlag Green Printing Company (Minneapolis). Die kommerzielle Veröffentlichung der Einheiten für das siebente und achte Schuljahr plant der Verlag. Addison-Wesley Publishing Company.

Carnegie-Mellon University, Project Africa, Barry K. Beyer, Director, Baker Hall, Schenley Park, Pittsburgh, Pennsylvania 15313.

Eine beeindruckende Liste von Wissenschaftlern, die viele Afrika-Spezialisten enthält, verspricht einen gründlichen und maßgebenden Blick auf das Afrika südlich der Sahara. Der Kurs wird als multidisziplinär beschrieben. Es wird vor allem über Afrika unterrichtet und nicht so sehr das Vokabular und die Konventionen bestimmter Disziplinen, die Afrika als Lieferant für geeignete Beispiele benutzen. – Detaillierte Stundenentwürfe und Lehrmittel werden in unterschiedlicher medialer Form über drei wichtige Themen vorgelegt. Sie können eine einsemestrige Gebietsstudie ergeben, oder aber in einen Teil eines Welt-Geographie- und eines Weltgeschichte-Kurses eingefügt werden. Die Projektgruppe schlägt die Materialien für Schüler vom siebenten bis zehnten Schuljahr vor. Sie sind im Verlag Thomas Y. Crowell erschienen.

Children's Museum, Materials and Activities for Teachers and Children, Frederick Kresse, Director, Children's Museum, The Jamaicaway, Boston, Massachusetts 02130.

Die Projektgruppe hat Einheiten bzw. »Koffer« mit unterschiedlichen Materialien entwickelt, die nichtverbales Lernen bewirken sollen. Nichtverbales Lernen bedeutet in diesem Falle, daß das Kind bedeutungsvoll in das Studium eines bestimmten Objektes, wie z. B. ein Modell, ein altes Kunstwerk, einen Klumpen Ton, einen Film, ein Eßstäbchen oder vielleicht ein anderes Kind, das einen japanischen Kimono trägt, einbezogen wird. Bisher sind drei Einheiten über den Handel zu beziehen: »The City«, »A House in Ancient Greece«, und »Japanese Family«. – Die Einheit *»The City«* handelt vom »Städtischen«. Sie soll jungen Kindern dazu verhelfen, eine Vorstellung davon zu entwickeln, was eine Stadt ist, was dort geschieht und wie sich eine Stadt verändert. Es werden nicht spezifische Fakten in bezug auf Städte gelehrt, sondern man versucht eher, ihre charakteristischen Merkmale durch Anschauungsunterricht herauszuarbeiten, die neue Vorstellungen hervorrufen, mit denen dann Kinder und Lehrer arbeiten können. Charakteristische Aktionsformen: Rollenspiel aus einer spontanen Situation heraus; Entwurf von Geschichten über die Stadt anhand von Fotos; Anfertigung von Karten; Errichtung einer Stadt mit Spielzeugmodellen; Aufeinanderabstimmen von Stadtgeräuschen und Bildern; Analyse von Luftaufnahmen bestimmter Bezirke; Beschäftigung mit städteplanerischen Problemen. – Die Einheit *»Japanese Family«* stellt japanisches Leben in typischen familiären Situationen vor. Die Kinder lernen die Beziehungen zwischen Individuen kennen, ihr Eigentum und ihr Verhalten, ihre Berufe und ihre Arbeitsplätze in der Industrie. Dazu wird die Klasse in fünf Familien aufgeteilt, jede mit unterschiedlichen Merkmalen und Erfahrungsbereichen. Die ganze Lektion über bleiben sie in ihren Familien. Viele der Aktivitäten ermöglichen ihnen Erfahrungen vom Leben in einem japanischen familiären Raum. – Die Einheit *»A House of Ancient*

Greece« führt Kinder in den Alltag eines griechischen Haushalts ein und damit zugleich in die Archäologie als ein Instrument, mit dessen Hilfe man den Alltag der Völker, die vor langer Zeit gelebt haben, kennenlernt. Es geht vor allem um das Eindringen in Zeugnisse der Vergangenheit und um Schlußfolgerungen, die von eben diesen Zeugnissen ausgehen. Die Kinder gehen mit Bildern um und mit Nachbildungen in natürlicher Größe von Gegenständen, die in einem Haus, das im Jahre 1920 in Plynthus (Griechenland) entdeckt worden ist, hätten ausgegraben werden können. Daraus setzen sie ein Bild des Lebens in diesem Hause vor 2300 Jahren zusammen. Es ist wichtig, daß die Kinder die Rolle von Archäologen spielen. Die Schüler sind in Teams aufgeteilt, die unabhängig voneinander arbeiten, um ihre eigenen archäologischen Probleme innerhalb des Hauses zu lösen, wobei sie entscheiden, wozu ihr Teil des Hauses benutzt worden ist. – Alle Einheiten sind zu beziehen über den Verlag American Science and Engineering, Inc.

Lincoln Filene Center, Program in Research and Development in the Social Studies, John S. Gibson, Director, Lincoln Filene Center, Tufts University, Medford, Massachusetts 02155.

Die Materialien für die Grundschule handeln von Gruppenbeziehungen, die für die Sekundarschulen von verschiedenen Themen des Fachbereiches Social-Studies. Sie sind drei Themenbereichen zugeordnet: (1) »*Dimension of Citizenship*«. Hierzu gehören z. B. »Effective Citizenship: Upton Sinclair and The Jugnle« (16 Seiten); »Citizenship Denied: Diary of a Young Girl« (Anne Frank, 15 Seiten); »Citizenship Affirmed: The Story of Frederick Douglas« (25 Seiten – (2) »*Inner City Problems and Prospects*«. Einige Titel: »The Police: Fact and Fiction« (19 Seiten); »Welfare: A Way of Life?« (17 Seiten); »Civil Disobedience: A Higher Law?« (25 Seiten); »Urban Renewal: Planners and People« (26 Seiten). – (3) *Decision Making in the International System.* (»The Boycott of the 1968 Olympics«, »Nation Building in Ghana«, »The Nation Commitment«, »The Hungarian Revolution«, »The Lebanese Crisis: Prevention of Conflict«, »The Dominican Republic: Engagement in Conflict«. »The Suez Crisis: Resolution of Conflict«, »The Alliance for Progress: Trade and Aid«, »The Marshall Plan: Domestic Sources of Foreign Policy«. – Alle Titel können bei der Projektgruppe käuflich erworben werden. Zu jedem Titel gibt es ein Lehrerhandbuch. – Zusätzliches Material wird z. Z. entwickelt. Es behandelt folgende Themen: »Civil Rights and the American Negro«, »The American Economic System: Problems and Prospects«, und »U.S. History for the General Level 11th Grade Student«. – Das Institut hat darüber hinaus ein Planspiel mit dem Thema »Conflict: A Game of Power and Policy in the World Today« entwickelt.

Anmerkung

1 Hektographierter Text aus dem Social Science Education Consortium, 970 Aurora, Social Science Building, Boulder, Colorado 80302; vgl. auch *Sanders/Tank*, A Critical Appraisal of Twenty-Six National Social Studies Projects, in: Social Education 34 (1970), S. 383–449. (Hrsg.).

Bibliographie

Literatur aus den USA

Die wichtige Zeitschriftenliteratur ist in den zahlreichen »Reader« gut dokumentiert. Die Zeitschrift »Social Education« (vgl. Anm. 1 des einleitenden Aufsatzes) informiert über Neuerscheinungen und den jeweiligen Stand der Diskussion. Zur politischen Sozialisation vgl. die Literaturangaben in Anm. 44 des einleitenden Beitrages des Herausgebers.

Banks/Joyce (Hrsg.), Teaching Social Studies to culturally different Children. Reading/Mass.: Addison Wesley Company 1971.
Becker/Mehlinger (Hrsg.), International Dimensions in the Social Studies. Washington D.C.: National Council for the Social Studies 1968. (38. Yearbook).
Berg, Harry D. (Hrsg.), Evaluation in Social Studies. Washington D.C.: National Council for the Social Studies 1965 (35. Yearbook).
Boocock/Schild (Hrsg.), Simulation Games in Learning. Beverly Hills: Sage Publications 1968.
Braybrooke, David (Hrsg.), Philosophical Problems of the Social Studies. New York: Macmillan Company 1965.
Brubaker, Dale L., Alternative Directions for the Social Studies. Scranton: International Textbook Company 1967.
Calderwood/Lawrence/Maher, Economics in the Curriculum. Developmental Economic Program. New York: John Wiley and Sons, Inc. 1970.
Chase, Linwood W., A Guide for the Elementary Social Studies Teacher. Boston: Allyn and Bacon, Inc. 1966.
Chesler/Fox, Role Playing Methods in the Classroom. Chicago: Science Research Associates (SRA) 1966.
Clements/Fielder/Tabachnick, Social Study: Inquiry in Elementary Classrooms. Indianapolis/Ind.: Bobbs-Merrill Co. 1966.
Cox/Massialas, Social Studies in the United States: A Critical Appraisal. New York: Harcourt, Brace and World, Inc. 1967.
Ducharme/Katz/Shukey, A Bibliography for Teachers of Social Studies. New York: Teachers College Press 1968.
Dunfee/Sagl, Social Studies through Problem Solving: A Challenge to Elementary School Teachers. New York: Holt, Rinehart and Winston 1966.

Estvan, Frank J., Social Studies in a Changing World. New York: Harcourt, Brace and World, Inc. 1968.
Fair/Shaftel (Hrsg.), Effective Thinking in the Social Studies. Washington D.C.: National Council for the Social Studies 1967 (37. Yearbook).
Fawcett, Verna S. u. a., Social Science Concepts and The Classroom. Syracuse/New York: Social Studies Curriculum Center 1968.
Feldman/Seisman, The Social Studies. Structures, Models, and Strategies. Englewood Cliffs/New Jersey: Prentice Hall, Inc. 1969.
Fenton, Edwin, The New Social Studies. New York: Holt, Rinehart, and Winston 1967.
Fenton, Edwin (Hrsg.), Teaching the New Social Studies in Secondary Schools. An Inductive Approach. New York: Holt, Rinehart and Winston 1966.
Fleckenstein/Lyon (Hrsg.), Inquiry in the Social Studies. Washington D.C.: National Council for the Social Studies 1968.
Fraser/McCutchen (Hrsg.), Social Studies in Transition: Guidelines for Change. Washington D.C.: National Council for the Social Studies 1965.
Gibson, John S., New Frontiers in the Social Studies. 2 Bde., New York: Citation Press 1967.
Goldmark, Bernice, Social Studies: A Method of Inquiry. Belmont/Calif.: Wadsworth 1968.
Gross/McPhie/Fraenkel (Hrsg.), Teaching the Social Studies. What, Why, and How. Scranton: International Textbook Company 1969.
Hanna/Sabaroff/Davies/Farrar, Geography in the Teaching of Social Studies. Boston: Houghton Mifflin Company 1966.
Hebert/Murphey (Hrsg.), Structure in the Social Studies. Washington D.C.: National Council for the Social Studies 1968.
Herman, Wayne L. (Hrsg.), Current Research in Elementary School Social Studies. London: Macmillan Company 1969.
Hertzberg, Hazel W., Teaching a Precolumbian Culture: The Iroquois. Albany/New York: Bureau of Secondary Curriculum Development, University of the State of New York, State Department of Education 1966.
Howes, Virgil M., Individualizing Instruction in Reading and Social Studies: Selected Readings in Programs and Practices. New York: Macmillan Company 1970.
Hunt/Sellers/Taussig/Bostor, The Role of History in Today's Schools. Washington D.C.: Council for Basic Education 1965.
Jarolimek, John, Social Studies in Elementary Education. New York: Macmillan Company 1970.
Jarolimek, John (Hrsg.), Social Studies Education: The Elementary-School. Washington D.C.: National Council for the Social Studies 1967.
Jarolimek/Walsh (Hrsg.), Readings for Social Studies in Elementary Education. New York: Macmillan Company 1965.
Joyce, Bruce R., Strategies for Elementary Social Science Education. Chicago: Science Research Associates (SRA) 1965.

Kenworthy, Leonard S., Guide to Social Studies Teaching in Secondary Schools. Belmont/Calif.: Wadsworth 1970.

Krug, Mark M., History and the Social Sciences: New Approaches to the Teaching of Social Studies. Waltham/Mass.: Blaisdell 1967.

Kohn, Clyde F., Selected Experiences: High School Geography Project. Normal/Ill.: National Council for Geographic Education 1964.

Lee/McLendon, Readings on Elementary Social Studies: Prologue to Change. Boston/Mass.: Allyn and Bacon 1965.

Leinwand/Feins, Teaching History and the Social Studies in Secondary Schools. New York: Pitman Publishing Corp. 1968.

Lovenstein, Meno u. a., Development of Economic Curricular Materials for Secondary Schools. Columbus/Ohio: Ohio State University Research Foundation 1966.

Lowe, William T., Structure and the Social Studies. Ithaca: Cornell University Press 1969.

Mandelbaum, David G. u. a., The Teaching of Anthropology. Berkeley: University of California Press 1963.

Massialas, Byron G., Education and the Political System. Reading/Mass.: Addison-Wesley Publishing Company 1969.

Massialas/Cox, Inquiry in Social Studies. New York: McGraw-Hill Book Company 1966.

Massialas/Kazamias (Hrsg.), Crucial Issues in the Teaching of Social Studies: A Book of Readings. Englewood Cliffs/New Jersey: Prentice Hall 1964.

Massialas/Smith (Hrsg.), New Challenges in the Social Studies: Implications of Research for Teaching. Belmont/Calif.: Wadsworth 1965.

Massialas/Zevin, Creative Encounters in the Classroom. New York: John Wiley and Sons, Inc. 1967 (deutsch: Kreativität im Unterricht, Stuttgart 1969).

McClure Fraser, Dorothy (Hrsg.), Social Studies Curriculum Development. Prospects and Problems. Washington D.C.: National Council for the Social Studies 1969 (39. Yearbook).

McCracken Carpenter, Helen (Hrsg.), Skill Development. Washington D.C.: National Council for the Social Studies 1963 (33. Yearbook).

McLendon, Jonathan C., Social Studies in Secondary Education. New York: Macmillan Company 1965.

McLendon, Jonathan, Readings in Social Studies in Secondary Education. New York: Macmillan Company 1966.

McLendon/Joyce/Lee (Hrsg.), Readings on Elementary Social Studies: Emerging Changes. Boston: Allyn and Bacon, Inc. 1970.

Michaelis, John N., Social Studies for Children in a Democracy. Recent Trends and Developments. Englewood Cliffs/New Jersey: Prentice Hall, Inc. 1963.

Michaelis/Johnston, The Social Sciences: Foundations of the Social Studies. Rockleigh/New Jersey: Allyn and Bacon, Inc. 1965.

Morrissett/Stevens, Social Science in the Schools. A Search for Rationale. New York: Holt, Rinehart and Winston 1971.
Morrissett, Irving (Hrsg.), Concepts and Structure in the New Social Science Curricula. Boulder/Colorado: Social Science Education Consortium 1967.
Muessig, Raymond H. (Hrsg.), Social Studies Curriculum Improvement: A Guide for Local Committees. Washington D.C.: National Council for the Social Studies 1965.
National Science Foundation (Hrsg.), Course and Curriculum Improvement Projects. Mathematics, Science, Social Sciences. Washington D.C.: US Government Printing Office 1970.
Oliver/Shaver, Teaching Public Issues in the High School. Boston: Houghton Mifflin Company 1966.
Patrick, John J., Political Sozialization of American Youth: Implications for Secondary School Social Studies. Washington D.C.: National Council for the Social Studies 1967.
Preston, Ralp C., Teaching Social Studies in the Elementary School. New York: Holt, Rinehart and Winston 1968.
Rose, Caroline B., Sociology: The Study of Man in Society, Columbus/Ohio: Charles E. Merrill Books 1965.
Saveth, Edward (Hrsg.), American History and the Social Sciences. New York: Free Press of Glencae 1964.
Selakovich, Daniel, Social Studies for the Disadvantaged. New York: Holt, Rinehart and Winston 1970.
Servey, Richard E., Social Studies in the Elementary School. San Francisco: Chandler 1967.
Shaftel/Shaftel, Role Playing for Social Values: Decision Making in the Social Studies. Englewood Cliffs/New Jersey: Prentice-Hall, Inc. 1967.
Shaver/Berlak (Hrsg.), Democracy, Pluralism and the Social Studies. Readings and Commentary. Boston: Houghton Mifflin Company 1968.
Smith, James A., Creative Teaching of the Social Studies in the Elementary School. Boston: Allyn and Bacon, Inc. 1967.
Taba, Hilda, Curriculum Development: Theory and Practice. New York: Harcourt, World and Brace, Inc. 1962.
Womack, James G., Discovering the Structure of Social Studies. New York: Benziger 1966.

Literatur aus der BRD

Behrmann, Günther, Politische Sozialisation in den USA und Politische Bildung in der BRD, in: Gesellschaft, Staat, Erziehung 14 (1969) 3, S. 145–160.
Engel, Joachim, Das Verhältnis von Social Studies und Erdkunde in den Schulen der USA. Fachprinzipielle Überlegungen im Zusammenhang mit dem Unterrichtsvorhaben »High School Geography Project«, in: Die Deutsche Schule 61 (1969) 5, S. 294–306; auch in: Arnold Schultze (Hrsg.), Dreißig Texte zur Didaktik der Geographie, Braunschweig 1971, S. 140–157.

George, Siegfried, Curriculum-Forschung in den Social Studies, in: Gesellschaft, Staat, Erziehung 15 (1970) 4, S. 209–229.
Hilligen, Wolfgang, Zu Jerome S. Bruners Vorschlägen für die Social Studies, in: Correll/Süllwald (Hrsg.), Forschung und Erziehung, Donauwörth 1968, S. 41–67.
Hilligen, Wolfgang, Forschung im Bereich Social Studies, in: Ingenkamp/Marsolek (Hrsg.), Handbuch der Unterrichtsforschung, Teil III, Weinheim 1971, Sp. 2532–2670.
Holtmann, Antonius, Social Studies. Neue Lehrpläne und Unterrichtsmittel in den USA, Berlin: Pädagogisches Zentrum 1969.
Holtmann, Antonius, Social Studies. Curriculum-Entwicklung in den USA – Ein Vorbild für deutsche Lehrpläne, in: Berliner Lehrerzeitung 23 (1969) 12, S. 8–11.
Holtmann, Antonius, Lehrpläne und Medien bei uns und in den USA. Von der Notwendigkeit einer didaktischen Integration, in: Lehrmittel aktuell 2 (1970) 1, S. 2–8.
Huhse, Klaus, Theorie und Praxis der Curriculum-Entwicklung. Ein Bericht über Wege der Curriculum-Reform in den USA mit Ausblicken auf Schweden und England (Studien und Berichte, Bd. 13), Berlin: Institut für Bildungsforschung in der Max-Planck-Gesellschaft 1968.
Kayser, Ine, Zur Kritik amerikanischer Curricula in den Social Studies, in: Bildung und Erziehung 24 (1971) 5, S. 452–462.
Mickel, Wolfgang W., Curriculum-Forschung in den USA, in: Die Pädagogische Provinz 22 (1968), S. 392–411.
Mickel, Wolfgang W., Curriculumforschung in den USA, in: ders., Lehrpläne und politische Bildung. Ein Beitrag zur Curriculumforschung und Didaktik, Berlin/Neuwied 1971, S. 77–101.
Minssen, Friedrich u. a., Erziehung zur Demokratie in den USA. Meinungen, Beiträge, Berichte, in: Gesellschaft, Staat, Erziehung 7 (1962) 6.
Minssen, Friedrich (Hrsg.), Politische Bildung als Aufgabe. Beiträge deutscher Amerika-Fahrer, Frankfurt/Stuttgart 1966 (auch in: Gesellschaft, Staat, Erziehung 11 (1966) 3).
Mitter, Wolfgang, Social Studies in der amerikanischen Elementarschule, in: Die Grundschule 1 (1969) 4, S. 37–46.
Multhoff, Robert, Social Studies und Gemeinschaftskunde als didaktisches Problem, in: Internationales Jahrbuch für Geschichts- und Geographie-Unterricht 11 (1967), S. 5–14.
Multhoff, Robert, Die Methodik der Social Studies, in: Internationales Jahrbuch für Geschichts- und Geographie-Unterricht 11 (1967), S. 15–25.
Multhoff, Robert, Testmethoden und Lernmaschinen für den Unterricht in Geschichte und den Social Studies an amerikanischen Schulen, in: Geschichte in Wissenschaft und Unterricht 20 (1969) 7, S. 398–409.
Prokasky, Herbert (Hrsg.), Curriculumtheorie der politischen Bildung in den USA, in: Politische Bildung 4 (1971) 3.
Steinlein/Kreibich, Wie erneuern wir die Schulgeographie? Ein Modell: Das

High School Geography Project in den USA, in: Geographische Rundschau 21 (1969) 6, S. 221–226.

Wenzel, Achill, »Social Science« – Eine Anregung für grundlegenden Sachunterricht?, in: Die Grundschule 1 (1968) 4, S. 34–40.

Wulf, Christoph, Die »New Social Studies« in den USA, in: Die Grundschule 3 (1971) 4, S. 19–24.

Wulf, Christoph, Curriculumentwicklung in den New Social Studies in den USA. Entwicklungstendenzen und gegenwärtiger Stand, in: aus politik und zeitgeschichte. Beilage zur Wochenzeitung Das Parlament, B 6/72 vom 5. Februar 1972, S. 3–23.

Literatur aus den USA (2. Aufl.)

Beyer, Barry K., Inquiry in the Social Studies Classroom, Columbus/Ohio: Charles E. Merrill 1971.

Boulding/Kuhn/Senesh, System Analysis and its Use in the Classroom, Boulder/Col.: Social Science Education Consortium 1973 (dtsch.: Systemanalyse und ihre Anwendung im Unterricht (Forschen und Lernen, Bd. 1), Bad Heilbrunn 1975).

Buros, Oscar Krisen, Social Studies Tests and Reviews, Highland Park/N.J.: The Gryphan Press 1975.

Chapin/Gross, Teaching Social Studies Skills, Boston: Little, Brown 1973.

Engle/Longstreet, A Design for Social Education in the Open Curriculum, New York: Harper and Row Publishers 1972.

Fraenkel, Jack R., Helping Students Think and Value: Strategies for Teaching the Social Studies, Englewood Cliffs/N.J.: Prentice-Hall 1973.

Krug/Poster/Gillies III, New Social Studies. Analysis of Theory and Materials, Itasca/Ill.: F. E. Peacock Publishers 1970.

Merelman, Richard M., Political Socialization and Educational Climates, New York: Holt, Rinehart and Winston 1971.

Morrissett/Stenvens (Ed.), Social Science in the Schools: A Search for Rationale. New York: Holt, Rinehart and Winston 1971.

Muessig, Raymond H. (Ed.), Controversial Issues in the Social Studies: A Contempory Perspective (45th Yearbook). Arlington/Virg.: National Council for the Social Studies 1975.

Newmann, Fred M., Education for Citizen Action. Challenge for Secondary Curriculum, Berkeley: Mc.Cutchan Publishing Corporation 1975.

Sarason, Seymour B., The Culture of the School and the Problem of Change, Boston: Allyn and Bacon 1971.

Shaftel/Shaftel, Rollenspiel als soziales Entscheidungstraining, München 1973 (UTB 279) (vgl. oben die Bibliographie von 1972).

Literatur aus der BRD (2. Aufl.)

Gebert, A. J., Sociological Resources for the Social Studies, in: Thema Curriculum (1973) 3. S. 50 ff.

Herz, Otto, „Social Science Laboratory Units". Ziel und Zweck der deutschen Fassung, in: Thema Curriculum (1973) 3, S. 61—75.

Lange-Quassowski, Jutta-B., Curriculumreform und „New Social Studies" in den USA, in: aus politik und zeitgeschichte. beilage zur wochenzeitung das parlament, B 21/72 vom 20. Mai 1972, S. 16—38; auch in Internationales Jahrbuch für Geschichtsunterricht 15 (1974), S. 283—314.

Mayer, F., Zur Prozeßorientierung in den neueren amerikanischen Social Studies Curricula. Voraussetzungen und Konsequenzen für einige Aspekte der Curriculumentwicklung, in: Thema Curriculum (1973) 3, S. 3—27.

Mertineit, Walter, „Social Studies" in der amerikanischen „High School", in: Geschichte in Wissenschaft und Unterricht 25 (1974) 7, S. 410—424.

Oertel, F., Social sciences versus social studies. Auswirkungen dieses Spannungsverhältnisses auf die amerikanische Curriculumreform, in: Hoffmann/Tütken (Hrsg.), Realistische Erziehungswissenschaft (Festschrift für Heinrich Roth), Hannover 1972, S. 275—304.

Schmidt-Sinns, Dieter, Politische Bildung in den USA und in der Bundesrepublik Deutschland. Konferenz in Bloomington/Indiana vom 16. bis 19. September 1975, in: Das Parlament 25 (1975) 42, S. 6/7.

Schmidt-Sinns, Dieter (Hrsg.), Politische Bildung in den Vereinigten Staaten (Schriftenreihe der Bundeszentrale für politische Bildung, Heft 115), Bonn 1976.

Schwenk/Kick/Umbach, Der Junge mit den grünen Haaren, oder: Sozialwissenschaft für Zehnjährige — keimfrei, in: betrifft: erziehung 6 (1973) 1, S. 19—31.

Sitte, Karin, Zur Adaption der „Social Science Laboratory Units" von Lippitt/Fox/Schaible. Projektbeschreibung, in: Lernziele und Stoffauswahl im politischen Unterricht (Schriftenreihe der Bundeszentrale für politische Bildung, Heft 93), Bonn 1972, S. 84—87.

Wulf, Christoph, Das politisch-sozialwissenschaftliche Curriculum. Eine Analyse der Curriculumentwicklung in den USA, München 1973.

Analysen

Kritische Darstellung von Problemen aus Gesellschaft, Wirtschaft und Politik. Sachverhalte, Meinungen und Gegenmeinungen, Alternative Lösungskonzeptionen

1 **Regina Siewert/Helmut Bilstein**
   Gesamtdeutsche Kontakte
   Erfahrungen mit Parteien- und Regierungsdialog
   Hrsg. Hans-Joachim Winkler
   164 Seiten. DM 9,80

2 **Volker Matthies**
   Schwarzafrika
   112 Seiten. DM 8,50

3 **Helmut Bilstein**
   Studenten als Bildungsreformer
   Bilanz der Aktion Bildungswerbung
   90 Seiten. DM 6,50

4 **Peter Ibiher**
   Hauptstadt oder Hauptstädte?
   Die Machtverteilung zwischen den Großstädten der BRD
   Hrsg. Hans-Joachim Winkler
   138 Seiten. vergriffen

5 **Gerhard Schlott**
   Die NATO
   Auflösung oder Reform?
   Hrsg. Hans-Joachim Winkler
   115 Seiten. DM 9,80

6 **Martin Doehlemann**
   Junge Schriftsteller — Wegbereiter einer antiautoritären Gesellschaft?
   Hrsg. Helmut Bilstein
   97 Seiten. DM 8,50

7 **Gerhard Schlott**
   Das Negerproblem in den USA
   Trennung oder Verschmelzung der Rassen?
   Hrsg. Hans-Joachim Winkler
   2., überarbeitete und erweiterte Auflage
   78 Seiten. DM 8,50

8 **Reimut Jochimsen/Peter Knobloch/Peter Treuner**
   Gebietsreform und regionale Strukturpolitik
   Das Beispiel Schleswig-Holstein
   Hrsg. Friedrich-Wilhelm Dörge
   135 Seiten. DM 9,80

9 **Michael Hereth**
   Reform des Deutschen Bundestages
   Hrsg. Helmut Bilstein
   137 Seiten. vergriffen

10 **Helmut Dahm**
    Demokratischer Sozialismus
    Das tschechoslowakische Modell
    Hrsg. Friedrich-Wilhelm Dörge
    82 Seiten. DM 8,50

11 **Bilstein/Hohlbein/Klose**
    Jungsozialisten — Junge Union — Jungdemokraten
    Die Nachwuchsorganisationen der Parteien in der Bundesrepublik
    2. Auflage. 115 Seiten. DM 8,50

12 **Hartmut Lüdtke**
    Freizeit in der Industriegesellschaft
    Zwischen Manipulation und Emanzipation
    Hrsg. Helmut Bilstein
    2., neubearbeitete Auflage.
    112 Seiten. DM 9,80

13 **Friedrich-Wilhelm Dörge**
    Qualität des Lebens
    Ziele und Konflikte sozialer Reformpolitik didaktisch aufbereitet
    126 Seiten. DM 9,80

14 **Ralf Mairose/Gerhard Orgaß**
    Wohnungs- und Bodenpolitik in der Bundesrepublik Deutschland
    Kostenmiete — Städtebaurecht — Wohnungseigentum durch Mietkauf
    2. Auflage in Vorbereitung

15 **Helmut Bilstein/Sepp Binder/Manfred Eisner/Hans-Ulrich Klose/Ingo Wolkenhaar**
    Organisierter Kommunismus in der BRD
    3. überarbeitete Auflage in Vorbereitung
    DKP — SDAJ — MSB Spartakus
    KPD/KPD (ML)/KBW
    144 Seiten. DM 9,80

16 **Hans-Hermann Hartwich/Nina Laatsch-Nikitin/Monika Schaal**
    Arbeitslosigkeit
    Fachwissenschaftliche Analyse und didaktische Planung
    80 Seiten. DM 6,80

Leske Verlag + Budrich GmbH

Schriften zur politischen Didaktik

Antonius Holtmann (Hrsg.)
Das sozialwissenschaftliche Curriculum im Unterricht
Neue Formen und Inhalte
2. überarbeitete und erweiterte Auflage. UTB 48
248 Seiten. Kartoniert 19,80 DM

Rolf Schörken (Hrsg.)
Curriculum Politik
Von der Curriculumtheorie zur Unterrichtspraxis
278 Seiten. Kartoniert 26,80 DM

Walter Gagel/Rolf Schörken (Hrsg.)
Zwischen Politik und Wissenschaft
Politikunterricht in der öffentlichen Diskussion.
132 Seiten. Kartoniert 16,80 DM

Wolfgang Hilligen
Zur Didaktik des politischen Unterrichts I
Wissenschaftliche Voraussetzungen — Didaktische
Konzeptionen — Praxisbezug.
Ein Studienbuch.
330 Seiten. Katoniert 30,— DM

Wilhelm Heitmeyer et al.
Curriculum „Schule und aggresives Konflikthandeln"
Konzept — Materialien — Praxisberichte —
Einstellungsuntersuchungen.
272 Seiten. Kartoniert 18,— DM

Zur Didaktik des politischen Unterrichts II
Die Entwicklung 1950—1975.
Ca. 200 Seiten. Kartoniert ca. 25,— DM

Leske Verlag + Budrich GmbH, Opladen